KB064617

서재에서 탄생한 위대한 CEO들

일러두기

1. 본문에 등장하는 단행본 저작은 『 』으로, 보고서나 논문, 잡지 및 기타 저작, 영화는 「 」으로 표기했습니다.
2. 본문에 등장하는 외래어는 국립국어원 외래어표기법을 따랐으며, 필요에 따라 한자, 영문 및 외국어를 병기했습니다. 표기법에는 어긋나지만, 제프 베조스나 일론 머스크처럼 이미 대중들에게 굳어진 이름들은 그대로 썼습니다. 외국인명은 원칙적으로 영문명을 병기했으나, 잘 알려진 인물의 경우나 특별히 불필요하다는 판단이 들 때에는 본문의 가독성을 위해 생략했습니다.
3. 책이나 기타 자료에서 인용한 본문의 출처는 미주를 달아 밝혔으며 해당 출판사에 인용 허락을 받았습니다. 연락이 닿지 않아 허가를 얻지 못한 몇몇 자료가 있습니다. 출판사에 정식 요청하시면 추후 협의를 진행하도록 하겠습니다. 전체적인 책의 가독성과 본문의 일관성을 위해 필요하다면 인용문이라도 맞춤법과 띄어쓰기, 고유명사 등을 고쳤습니다. 본문에 들어간 참고문헌은 책 뒤에 따로 실었습니다.
4. 책 속에 등장하는 사진은 위키피디아나 구글, 핀터레스트 및 저작권이 해결된 소스에서 가져왔으나, 그 외 삽화의 저작권은 출판사에 귀속됩니다.

서재에서 탄생한 × 위대한 CEO들

경영의 위기에서 그들은 왜 서재로 가는가?

최종훈 지음

피톤치드

우리가 세계적인 CEO들의 서재를
훔쳐봐야 하는 이유

그저 파일로 존재하는 전자책과 오디오북 같은 '가짜' 책은 논외로 하고, 우리네 서재를 채우고 있는 '진짜' 책들은 생계에 직접적인 필요를 요구하지 않는 그 어떤 사치품도 누릴 수 없는 특권, 그러니까 주인으로 하여금 빡빡한 거주지 한 귀퉁이에 일정한 공간을 내어 주는 배려와 사려 깊은 이해심을 당부하는 지구상 거의 유일한 실체적 사물이다. 책이 없다고 해서 우리 삶이 당장 박살 나지는 않는다. 남들 다 읽는다는 베스트셀러 몇 권 모른다고 해서 인간관계가 벌어지거나, 벌이가 시원찮아지는 일도 좀처럼 일어나지 않는다. 그럼에도 우리는 '무인도에 갈 때 꼭 가져가야 할 책'이나 '서울대 필독서 100선' 등 이런저런 방식으로 책에 '필수'라는 아우라를 덧씌우는 데 익숙하다. 왜 그럴까? 간단하다. 책은 위대하기 때문이다. 책에 인생의 답이 있다는 명사들의 그 흔한 클리셰가 아니더라도 책에서 우리는 한 치 앞도 나아갈 수 없는 흑암 속에서 한 줄기 빛을 발견하거나, 세상이 무너질 것 같은 절망감 속에서 진심 어린 위로를 얻는다.

책은 소유자의 가치관을 말해 주는 거울이다. 우연한 기회에 지인이나 이런저런 관계에 얽힌 사람의 집을 방문했을 때를 떠올려 보라. 집을 두르고 있는 휘황찬란한 백색가전과 각종 진기한 장식물, 이국적인 기념품들이 주인의 성격과 성품에 대해 말해 주는지, 아니면 한쪽 선반을 가득 채운 술병과 즐비한 와인잔, 냉장고나 셀러에 두는 것도 모자라 어느덧 식탁 위를 점령한 수제 맥주병들이 주인의 인격과 품위에 대해 증언하는지 말이다. 자랑이라곤 주량밖에 없는 주인의 이야기는 10분 이상 듣기 거북할 정도로 견디기 힘든 고문이다. 대신 주인의 서재에 문을 탁 열고 들어갔을 때 눈앞에 펼쳐진 책장들이 장난감 병정처럼 오와 열을 맞추어 장쾌하게 행진하는 모습에서 그간 발견할 수 없었던 주인의 감추어진 진면목을 엿보게 된다. 한 번도 꺼내 본 것 같지 않은, 오로지 인테리어를 위해 깔맞춤한 급조된 전집들이 아닌 그간 일일이 틈틈이 여기저기서 사모은, 그래서 각기 나름대로의 사연과 해프닝이 묻어 있는 형형색색의 난쟁이 단행본들이 이렇게 저렇게 마구 꽂혀 있는 책장이 비로소 주인의 인생을 증언한다.

한 사람, 한 시대를 정확하게 읽으려면 마땅히 그와 관련된 책을 읽어야 한다. 이를 두고 장정일은 이렇게 말했다. "참된 독서란 내 앞에 주어진 개별적인 책을 읽는 것일 뿐 아니라, 그 책을 생성한 유무형의 생산 현장 전체를 읽는 일이다."[01] 그의 말이 맞다면, 책을 읽는 행위는 아무것도 할 게 없는, 아니 할 거리를 찾지 못한 한량들이 시간을 죽이기 위해 즐기는 레저가 아니라 사람과 역사를 만든 유무형의 현장을 목격자이자 리포터가 되어 직접 들여다보는 작업이다. 우리가 세계적인 기업을 창업하거나 현재도 이끌고 있는 유명 CEO들의 서재를 훔쳐봐야 하는 이유가 여기에 있다. 우리는 그들의 머릿속에 어떤 생각이 담겨 있고 그들의 책장에 어떤 책들이 꽂혀 있는가를 보기보다 당장 그들이 경영하는 기업의 시총과 생산, 각종 지표와 통계, 수익과 매출을 알리는 숫자에 더 자주 매몰되어 왔다. 주변을 보라. 일론 머스크가 왜 닉 보스트롬Nick Bostrom의 『슈퍼인텔리전스Superintelligence』를 읽었는지 1도 관심을 갖지 않은 채 오늘도 각종 유튜버들은 오로지 테슬라 모터스의 주가와 생산성지수에만 방점을 찍는다. 테슬라 주식은 머스크를 반영하지 않는다. 우주여행을 꿈꾸는 그가 왜 '착한 인공지능' 개발에 집중 투자를 하고 있는지 전혀 말해 주지 않는다.

서재는 왜 중요한가

미국의 영문학자이자 문학비평가인 리아 프라이스는 말했다. "당신이 누군가의 서재 안에 서 있다면 그가 어떤 사람인지, 지금뿐 아니라 과거에 그가 어떤 사람이었는지 강하게 느낄 수 있다"라고. 서재만큼 그 사람의 철학과 삶의 편린을 잘 보여 주는 것도 없다. 책은 그가 살아온 삶의 흔적이며 생각의 지문이다. 서재에 어떤 책이 꽂혀 있는지 보는 것만으로 온갖 굴곡과 만난을 헤치고 생의 트로피를 쌓아 올린 인생의 궤적을 읽을 수 있기 때문이다. 그래픽노블로 도배된 책장은 주인이 판타지와 상상력이 풍부한 사람임을 말해 주며, 자기계발서가 빼곡히 들어찬 서재는 주인이 자기성장에 목마른 도전정신의 소유자임을 알려 준다. 한 귀퉁이에서 니체 전집을 발견한다면 사악한 현실을 초월하고 싶은 초인의 의지를 읽을 수 있고, 헤르만 헤세의 『데미안』을 발견한다면 자신을 가둔 현실의 각질을 깨고 비상하는 아브락사스의 운명을 느낄 수 있다.

서재의 역사에 관한 문헌을 들춰 보면, 인간의 문화와 그 보존을 기록하는 독특한 메커니즘이 중요한 역할을 해왔다는 사실을 알게 된다. 때로는 점토판으로, 때로는 파피루스로, 때로는 양피지로 비록 그 재료와 형식에 차이가 있었을 뿐, 인간은 끊임없이 기록하고 그 자료를 후대에 남기려는 욕망에 사로잡혀 있었다. 저 멀리 라스코 동굴이나 쇼베 동굴 벽면에 새겨진 그림까지 갈 것도 없다. 하다못해 유명 관광지에 기어코 다녀간 흔적을 끼적거리고 싶은 속물적 근성도 어찌 보면 기록과 보존에 대한 인간이라는 동물의 강박적 습성이라 해야 할 것이다. 왕들과 제후들은 자신의 무공과 치적을 자세히 기록하여 성전 근처 독립된 구역에 공들여 보관했으며, 그 역사 기록들을 적의 침입이나 화재, 자연재해로부터 목숨 걸고 지켰다. 그래서 다리우스 1세는 누구도 올라갈 수 없는 베히스툰 그 깎아지른 석회암 절벽에 기어올라 그곳에 자신의 업적을 직접 새긴 것이다.

개인 서재라는 개념은 도서관의 역사로 볼 때 인쇄술이 발달한 근대 이후의 산물이라고 할 수 있다. 그 이전까지 책은 왕이나 귀족들이 소유할 수 있던 고가의 귀중품이었기 때문이다. 용케 한두 권을 구했다 해도 서민들 대부분이 까막눈이었기 때문에 책은 귀족들의 문화를 흉내 내고 싶어 하던 일부 상인들의 장식물에 불과했다. 거시적인 인류사의 관점에서 책을 보관하던 도서관은 오랫동안 사제의 신전이나 왕의 개인 보관소에 불과했다. 기원전 1200년경 우가리트와 니네베에 세워졌다는 아슈르바니팔 도서관은 기록이 남아 있는 인류 최고最古의 보고寶庫로 꼽힌다. 기원전 600년경 고대 그리스에는 폴리스의 모든 시민들이 자유롭게 이용할 수 있는 도서관이 지어졌으나 대부분의 사람들은 책을 읽지 못했다. 개인 서재는 헤로도토스나 투키디데스, 플라톤과 같이 글을 읽을 수 있고 출중한 지식을 뽐내던 소수의 학자들만의 전유물이었다.

서재가 엘리트들의 손을 떠나 일반인들에게 보급된 것은 구텐베르크에 의해 인쇄기가 개발되면서부터였다. 부자들이나 보유할 수 있었던 고가의 책이 저렴하게 일반인들에게 보급되면서 문맹률이 점진적으로 낮아졌고 체계적인 고등교육과 국가 및 기관에 의한 의무교육이 실시되면서 사회 전반에 걸쳐 독서에 대한 수요가 확대되었다. 이제 마음만 먹으면 신분에 구애받지 않고 누구라도 자신의 서재에 원하는 만큼 책을 쌓아놓을 수 있게 되었다. 대항해시대와 계몽주의의 영향으로 무수한 책들이 쌓이면서 지식인들을 중심으로 백과사전에 대한 필요성이 제기되었던 것 역시 서재의 발달사에서 빼놓을 수 없는 요인이 되었다. 물론 1630년 간행된 독일 알스테드의 백과사전이 있었지만, 근대적인 백과사전의 개념은 프랑스의 철학자 디드로Denis Diderot에 의해서 수립되었다. 그는 1728년 영국인 체임버스에 의해 간행된 두 권짜리 백과사전에 자극을 받아 세

상의 모든 지식을 담은 책을 내고 싶었다. 모든 지식을 담겠다니 얼마나 대담 무모한 발상인가? 그 결과 18세기 프랑스의 과학과 기술, 직업 등 모든 지식을 담은 35권짜리 백과사전이 발간되었다.

물론 서지학과 문헌정보학 같은 근대적인 학문도 한몫 단단히 했지만, 개인 서재를 꿈꾸는 상류층의 책 사랑은 식을 줄 몰랐다. 하다못해 거실 한쪽을 자리 잡고 길게 늘어선 책

독서삼매에 빠진 책벌레(출처: wikipedia.org)

장과 선반은 상류층을 흉내 내고 싶어 하던 중산층 이상의 시민들에게 빠질 수 없는 실내장식이 되었다. 책은 인테리어가 되었든 집주인의 고상한 취미가 되었든 언제나 기대 이상의 보답을 했다. 책은 가지고만 있어도 가치가 있다. 책등의 제목만 읽어도, 아니 손으로 책만 훑어도 무한한 상상력을 얻는다. "움베르토 에코는 지금까지 읽지 않은 책이 거의 3만 권이 되는 커다란 개인 서재를 갖고 있다. 그에게 읽은 책은 안 읽은 책보다 훨씬 가치가 덜하다." 나심 니콜라스 탈레브의 말이다. 세계적인 기호학자이자 둘째가라면 서러워할 독서광인 에코조차 다 읽지 않은 책을 3만 권 이상 서재에 박아 두고 있다니 믿기지 않는다. 어쩌면 그가 『장미의 이름』 같은 스테디셀러 소설을 쓸 수 있었던 것은 그런 책의 숲에 파묻혀 지냈기 때문이 아닐까?

서재가 주는 인문학적 상상력

흔히 IT 기업의 CEO는 죄다 컴퓨터나 뚝딱거릴 줄 안다고 착각하는 이들이 많다. 대단히 그릇된 인상을 갖고 있는 경우다. 기술과 공학의 최전선에 있는 기업가일수록 더 깊은 인문학적 상상력을 필요로 한다. 그들이 매년 여름 휴가지로 떠날 때 전세기에 책들을 한 무더기 싣고 가는 데에는 다 그만한 이유가 있다. 전·현직 회장들의 대학 전공만 봐도 알 수 있다. 휴렛팩커드의 CEO를 지낸 칼리 피오리나Carly Fiorina는 스탠퍼드대학교에서 역사와 철학을 전공했다. 당시만 해도 세계에서 두 번째로 큰 컴퓨터 회사를 이끄는 데 학부 때 공부한 인문학, 게다가 중세시대 공부가 무슨 필요가 있을까 의구심이 들겠지만, 피오리나는 여러 매체와의 인터뷰 중에 자신의 대학 전공이 인간을 이해하고 의견을 조정하며 사회를

바라보는 데 귀중한 안목을 제공했다고 밝혔다. 그녀는 회사를 퇴사한 후
에는 2016년 미국 공화당 대통령 후보 경선에도 출마했으며 여러 자선단
체를 돕기도 했다. 구글의 초창기 멤버이자 유튜브 CEO인 수전 부이치
스키Susan Wojcicki 역시 대학 때 역사와 문학을 전공했다. 그녀 역시 피오리
나처럼 하버드대학교에서 중세사와 근대 영문학을 공부했다. IT 업계 수
장으로 컴퓨터공학에 대한 해박한 지식을 갖춘 전문가가 필요하지 않을
까 하는 우리들의 편견을 여지없이 깨부순 여장부다. 그녀는 학부 때 장
차 역사를 가르치는 교원이 되기를 꿈꿨고 실제로 회사 운영과 관련된 기
초적인 경영 수업은 졸업반이 되어서야 듣기 시작했다.

    유기농 시장의 판도를 바꾸어 놓은 홀푸드마켓의 창업자 존 맥키John
Mackey는 텍사스대학교를 다니면서 120시간의 선택과목을 들었는데, 종교
와 철학, 역사, 문학 등을 집중적으로 들었다. 사람들의 예상과 달리 경영
이나 마케팅 같은 상경계열 수업은 일절 듣지 않았다고 한다. 그가 세계
최대 유기농식품 플랫폼을 성공적으로 론칭할 수 있었던 것은 농업혁명
을 통한 음식물의 변천사를 누구보다 잘 이해했기 때문은 아닐까? 그의
독특한 경영 철학을 담은 『돈, 착하게 벌 수 없는가Conscious Capitalism』는 직원
과 공동체, 환경과 사회 모두에 좋은 영향을 끼치는 선한 자본주의를 주
창한다. 그래서 스타벅스와 구글 같은 세계 유수 기업들에서 직원들에게
맥키의 자본주의 개념을 교육하고 있다. 1장에서 살펴보겠지만, 세계 최
초의 핀테크 기업 페이팔을 창업했던 피터 틸은 스탠퍼드대학교에서 철
학과 종교학을 전공했다. 학창 시절에 「스탠퍼드리뷰」라는 교내 신문 편
집장을 역임하는 등 동아리 활동도 열심히 했다고 알려져 있다. 그의 철
학은 『제로 투 원Zero to One』에 고스란히 드러나 있다. 페이팔에서 부사장

을 역임했던 리드 호프먼Reid Hoffman 역시 스탠퍼드대학교에서 철학을 전공한 재원이었다. 특히 인식론과 인지과학에 관심이 많았던 그는 동료들로부터 '철학자 기업가'라는 별명을 얻을 정도였다. 그는 여러 매체를 통해 철학이 모든 경영에서 가장 근본적인 무기가 될 수 있다고 밝혔다. 그런 의미에서 훗날 그가 세계 최대의 글로벌 비즈니스 인맥 사이트인 링크드인을 창업한 것은 결코 우연이 아니었다.

로지테크의 CEO 브레켄 대럴Bracken Darrell은 핸드릭스칼리지에서 인문학사를 취득했으며 플리커를 창업한 스튜어트 버터필드 역시 빅토리아대학교에서 철학을 전공한 인문학도다. 그들은 21세기 디지털 소통에서 빠질 수 없는 인문학적 가치를 실현시킨 대표적인 인물로 업계에 알려져 있다. 에어비앤비를 창업한 브라이언 체스키는 로드아일랜드디자인스쿨에서 미술학사를 받았다. 같은 대학에서 동기로 만난 조 게비아Joe Gebbia는 훗날 회사를 창업하는 동료가 되었다. 대학에서 웹사이트 디자인이나 하면서 근근이 용돈벌이나 하던 두 미술학도가 2020년 상장 첫날 시총 110조 원을 달성한 세계적인 여행 숙박 플랫폼 왕국을 세울 거라고 누가 상상이나 했겠는가? 스냅챗을 창업한 에반 슈피겔 역시 크로스로드아트스쿨과 오티스아트앤디자인스쿨에서 디자인을 전공했다. 이후 스탠퍼드대학교로 옮겨 학업을 이어 가다 교내에서 만난 친구들과 의기투합하여 스냅챗을 만들었다. 덕분에 그는 2015년 최연소 백만장자라는 타이틀을 얻게 되었다. 그는 평소 중국 고전 중 하나인 『손자병법』에서 대부분의 경영 원칙을 배웠다고 밝혀 사람들을 놀라게 했다.

이처럼 외국에는 인문학을 전공한 CEO들이 적지 않다는 사실은 우리에게 시사해 주는 바가 크다. 우리는 그들의 교육 시스템에서 해답을 찾아야 한다. 선진국에서는 이미 수십 년 전부터 과학science과 기술technology, 공학engineering, 수학mathematics이 강조된 '스템STEM' 교육에서 탈피하여 인문학arts이 추가된 '스팀STEAM' 교육으로 대전환을 이뤄 왔다. 여기서 '아트'는 '리버럴 아트liberal arts', 즉 인문학을 의미한다. 리버럴 아트는 라틴어로 자유 기술 혹 자유과自由科를 뜻하는 '아르테스 리베랄레스artes liberales'에서 나왔다. 미국에서는 아예 학부를 '리버럴 아트 칼리지liberal arts college'라고 부르는 대학들이 적지 않다. 이를 통해 공학자나 과학자를 꿈꾸는 이들에게도 적정한 수준의 인문학이 요구되며 수학과 기술 수업과 함께 자칫 부족하기 쉬운 인문적 과목도 반드시 수강하도록 유도하고 있다. 문과와 이과로 무 자르듯 구분하는 우리나라의 획일화된 교과 커리큘럼에서 볼 때 매우 이질적인 학제가 분명하다. 인간의 좌뇌와 우뇌가 분리될 수 없듯이 한 인간의 복잡다단한 사고 지향이 단순히 문과와 이과로 양분될 수 없다는 점을 감안하면 스팀 교육의 국내 도입이 시급하다고 하겠다.

이 책을 쓰게 된 경위

한 나라의 국부에 해당하는 어마어마한 자산을 일군 CEO들의 서재에는 과연 어떤 책들이 꽂혀 있을까? 그들은 실제로 인문학 서적을 얼마나 읽을까? 본서는 이 단순한 질문에서 출발했다. 회사를 창업하여 비즈니스에 발을 들여놓으며 제대로 된 인생 공부를 시작한 필자는 세계적인 기업가들의 삶과 철학을 흠모하면서 자연스레 그들이 읽었던 책, 그들에게 영향을 주었던 책에 관심을 갖기 시작했다. 빌 게이츠는 과연 올해 무슨 책을 감명 깊게 읽었을까? 온라인서점이라는 개념조차 없었던 시절, 제프 베조스는 어떤 책에서 영감을 얻어 아마존을 창업했을까? 투자에 관한 발군의 안목을 갖춘 소프트뱅크의 손정의는 과연 침실 머리맡에 무슨 책을 두고 있을까? 그들의 서재가 궁금했고, 그들의 독서 습관이 궁금했다.

물론 필자는 그들과 아무런 인연도 연고도 없기에 개인적으로 집에 초대를 받아 그들의 서재를 잠시라도 훔쳐볼 수 있는 기회를 얻지 못한다. 중국의 기업가인 저스틴 쑨이 2019년 워런 버핏과 점심 식사 한 끼를 하는 데 한화로 54억 원이라는 거금을 들였다지만, 필자는 버핏의 서재를 단 몇 시간이라도 좋으니 엿볼 수 있는 프리패스 티켓을 준다면 당당히 그 비용의 일부를 낼 용의가 있다. 빌 게이츠의 서재를 관람하는 투어 프로그램이라도 있다면 당장 비행기에 몸을 실을 것이다. 아마 모르긴 몰라도 서재는커녕 개인 사저에 한 발을 들이는 것조차 허용되지 않을 것이다.

2022년 대한민국에서 살고 있는 필자가 취할 수 있는 대안은 구글에서 그들의 인터뷰를 깡그리 조사하는 것이다. 언론 인터뷰나 특별 기고문, 보고서, 심지어 토크쇼에 이르기까지 기업의 수장들이 언급한 책들을 발췌하고 모아서 하나의 도표로 만들었다. 30여·명 정도로 대상자를 압축하여 개인적으로 설정한 적합성 판정도에 따라 최종 12인을 골라냈다. 빌 게이츠처럼 자신이 책을 읽고 직접 리뷰를 남기는 별도의 사이트를 두고 있는 이들은 수월했다. 수전 부이치스키처럼 달랑 한 권의 책만 검색되는 CEO나 국내에서 구하기 힘든 책을 추천한 CEO는 대상에서 일찌감치 제외되었다. 일례로 끝까지 경합을 벌였던 홀푸드의 존 맥키와 알리바바의 마윈은 그들의 추천 도서가 국내에 소개되지 않았거나 아니면 자신이 쓴 책이거나(이건 반칙이다!) 그것도 아니면 너무 정치색이 뚜렷한 책이어서 최종 심사를 통과할 수 없었다.

적합한 인물이 선정된 이후, 이들이 추천한 도서 중에서 세 권을 가려 내는 작업이 더불어 진행되었다. 왜 세 권일까? 무엇보다 책의 분량을 생각하지 않을 수 없었다. 국내에서 유통되는 가장 일반적인 단행본 사이즈 (300페이지 전후)를 따라야 했기 때문이다. 사실 12인 전체를 커버하는 데 세 권도 버거웠다. 일단 선정된 CEO들이 추천한 도서 목록에서 국내에 소개되지 않은 책들은 제외했다. 이 책의 목적은 각 도서의 개략적인 리뷰를 읽고 특별히 관심이 가는 책들을 독자가 직접 찾아서 읽어 볼 수 있도록 유도하는 데에 있기 때문이다. 필자가 읽고 소개한다 해도 외서는 일반인들이 언어 장벽 때문에 쉽게 접근하지 못할 게 뻔하다. 예외가 있는데 이안 보고스트의『플레이 애니띵』이다. 이 책은 아직 국내에 소개되지 않았지만 조만간 번역 출간이 확정됐다는 소식을 들었다.

매스컴에서 달랑 세 권만 확인 가능한 손정의 같은 인물은 도서 목록을 만드는 데 선택의 여지가 없었지만, 빌 게이츠나 일론 머스크처럼 방대한 추천 도서를 갖고 있는 CEO들은 개중에 어떤 책을 선정해야 할지 나름의 기준이 필요했다. 이에 필자는 되도록 경영서보다는 인문서, 문학서, 철학서, 역사서 같은 책들에 더 많은 우선권을 부여하기로 했다. 소위 문사철文史哲에 가점을 주었다. 그다음 서양서와 동양서를 안배하려고 노력했다. 중국이나 일본 저자가 쓴 책이라면 일단 적극 반영하고자 했다. 우리나라 저자가 쓴 책이 있었다면 좋겠지만 추천 도서에 이름이 오른 책이 없어 개인적으로 아쉬웠다. 마지막으로 책의 분량도 염두에 두었다. 독자들이 가볍게 읽을 수 있다면 더할 나위 없을 것이다. 물론 스티븐 핑커의『우리 본성의 선한 천사』나 론 처노의『알렉산더 해밀턴』처럼 1,300

페이지를 넘는 극악무도한(?) 책도 포함되었지만, 이는 어디까지나 도서 목록의 다양성을 위해 어쩔 수 없이 내린 눈물겨운 결단이었음을 독자들은 양해해 주기 바란다.

이 모든 과정을 진행하는 데 검색엔진 구글의 역할은 실로 컸다. 구글 스칼라 등 구글이 제공하는 강력한 검색 기능으로 필자가 필요로 하는 자료와 정보를 데스크에 앉아서 용이하게 확보할 수 있었다. 정말 멋진 세상이다! 특히 유명인의 도서 목록을 실시간 업데이트해 주는 사이트인 탑레이티드북스topratedbooks.com에서 많은 도움을 받았다. 검색해서 확보된 도서 목록은 국내 온라인서점에서 개별적으로 확인을 거쳤다. 이렇게 해서 최종 선정된 12인의 세계적 CEO들의 도서들을 일괄 구매해서 작년 뜨거운 여름 동안 집중적으로 읽었다. 스즈키 순류의『선심초심』이나 후지다 덴의『유태인의 상술』같이 이미 품절되었거나 시중에서 더 이상 구할 수 없는 책들은 중앙도서관을 이용했다.『료마가 간다』같은 방대한 전집은 읽기가 무서워 제일 뒤로 미뤄 놓았는데, 의외로 무협지처럼 재미있어서 그 어떤 책보다 수월하게 읽을 수 있었던 것 같다. 가장 힘든 책은 단연 애덤 스미스의『국부론』이었다. 처음에는 야심 차게 두 권으로 된 김수행 교수의 번역본을 집어 들었으나 도저히 일정을 맞출 수 없을 것 같아 도중에 책의 내용을 압축 설명해 주는 해설서로 도서를 교체하는 아찔한 흑역사가 일어났다.

독서는 즐거운 오락이면서 동시에 처절한 사투다. 어떤 책은 술술 잘 읽혔지만 또 어떤 책들은 한 페이지 넘기는 게 여간 힘들지 않았다. 종이 한 장의 무게가 그토록 무거울 줄이야. 이유는 모두의 편향된 사고방식에서 기인할 것이다. 누구나 음식뿐만 아니라 독서에도 일정한 편식을 감행한다. 필자 역시 마찬가지다. 개인적으로 좋아하는 장르는 더없이 수월하게 읽을 수 있었지만, 어떤 책들은 도무지 읽어도 무슨 내용인지 감을 잡기 힘들었다. 개중에 필자의 철학과 상충되는 책들은 읽으려고 애를 써도 벌써 마음에서부터 밀어내는 게 느껴졌다. 그럼에도 독자 여러분들에게 CEO의 서재를 소개한다는 사명감을 갖고 끈덕지게 책을 붙잡고 늘어질 수밖에 없었다. 지금 이렇게 책의 탈고를 마치는 순간 언뜻 드는 생각은, 필자를 힘들게 했던 바로 그 책이 신기하게도 가장 기억에 남고 마음에 큰 울림을 주었다는 사실이다. 그것이 각인효과에 의한 무의식의 발로였는지 실제 필자의 편견과 독선을 깨는 황연대오의 순간이었는지는 알 길이 없으나, 책이 주는 진리가 삶의 이정표를 세워 준다는 격언만큼은 체험상 분명한 것 같다. 어렵게 선정한 12명의 CEO들이 제시한 36권의 책들을 분야별로 정리하면 다음과 같다. 필자뿐 아니라 많은 독자들에게도 신선한 깨달음을 줄 수 있을 것이라고 생각한다.

CEO들이 사랑한 분야별 도서 목록	
경영학	리드 호프먼(외)의 『블리츠스케일링』 레이 크록의 『사업을 한다는 것』 후지다 덴의 『유태인의 상술』 클레이튼 크리스텐센의 『혁신기업의 딜레마』 로버트 아이거의 『디즈니만이 하는 것』
종교	존 로크의 『기독교의 이치』 스즈키 순류의 『선심초심』
인류학	유발 하라리의 『사피엔스』 제레드 다이아몬드의 『총, 균, 쇠』

심리학	기시미 이치로의 『미움받을 용기』 스티븐 핑커의 『우리 본성의 선한 천사』 빅터 프랭클의 『죽음의 수용소에서』 케리 패터슨의 『결정적 순간의 대화』
철학	토마스 쿤의 『과학혁명의 구조』 이안 보고스트의 『플레이 애니띵』 알랭 드 보통의 『여행의 기술』 손무의 『손자병법』
통계학	나심 탈레브의 『블랙 스완』 한스 로슬링의 『팩트풀니스』
전기	론 처노의 『알렉산더 해밀턴』 버나드 칼슨의 『니콜라 테슬라 평전』 닐 개블러의 『월트 디즈니』 샘 월튼의 『샘 월튼』
천문학	칼 세이건의 『코스모스』
경제학	애덤 스미스의 『국부론』
생물학	리처드 도킨스의 『이기적 유전자』
컴퓨터공학	프레더릭 브룩스의 『맨먼스 미신』 맥스 테그마크의 『라이프3.0』

책을 쓰는 일은 언제나 고통을 수반한다. 책을 좋아하는 일개 독자reader에서 직접 책을 집필하는 저자writer로 변신하는 일은 신문사 직원 클라크가 세계를 구하는 영웅 슈퍼맨으로 변신하는 것만큼 멋지지도 드라마틱하지도 않다. 하루 24시간도 부족한 경영의 최일선에 있으면서 시간을 초 단위로 끊어 생활하는 필자의 바쁜 일상도 문제였지만, 무엇보다 여러 독자들에게 부끄럽지 않은 책을 내놓아야 한다는 옹졸한 자존심도 집필

을 더디게 만든 주범이었음을 고백한다. 작년에 『부자의 역사』를 내고 필자에게 쏟아진 관심과 찬사를 잘 알기에 이번 집필에 임하는 부담감은 한층 배가되었다. 마냥 포기하고 싶을 때 피톤치드 박상란 대표님의 꾸준한 격려가 없었다면, 미완성된 원고를 읽고 너무 재미있다며 응원을 보내준 동료 직원들이 없었다면 이 책은 존재하지 못했을 것이다. 이 자리를 빌려 감사의 마음을 전하고 싶다.

사실 이 책은 전작 『부자의 역사』를 쓸 때부터 준비하던 책이었다. 어쩌면 더 즐겁게 책을 읽고 그 안에서 세계적인 CEO들이 간취했던 사고의 골수를 빨아들였는지 모르겠다. 원고가 안 나올 때면 스스로 채찍질을 하며 몰아붙였고 이해가 안 되는 부분을 맞닥뜨리면 주변에서 조언자를 찾았다. 목차에 이름을 올린 책들은 단순히 36권에 불과하지만, 각 책마다 거론한 다른 책들까지 더한다면 100여 권은 족히 넘을 것이다. 책은 저자의 거울이고 독자의 나침반이다. 일단 쉬운 책부터 손에 들고 찬찬히 읽어 나가다 보면 그간 많은 CEO들의 앞길을 제시해 주었던 금과옥조들이 여러분의 삶에서도 영롱하게 빛나는 등불로 타오를 것이라 확신한다. 각 챕터에 정리한 CEO들의 서재에서 책 목록을 보고 한 권 한 권 격파해 나간다면 저자의 숨결뿐만 아니라 그 책을 사랑했던 기업가들과 공감을 넘어 모종의 동질감을 느낄 수 있을 것이라 생각한다. 다음 책으로 여러분들을 만날 때까지 CEO의 서재에서 울고 웃는 날이 많아지기를 바란다. 이 책을 집어든 여러분들은 이미 필자와 책동무가 된 셈이다.

여러분의 작은 책동무
최종훈

018

핀테크의 황태자,
피터 틸
(페이팔 창업자)

Peter Andreas Thiel

1장

독점은
모든 성공적인 기업의
조건이다.

_피터 틸

_____ 페이팔Paypal이라는 기업은 실리콘밸리에서 유니콘기업의
모태이자 인큐베이터와 같은 존재다. 페이팔을 창업했거나 한때 몸담
았던 이들이 대부분 2000년대 초반 서로 약속이라도 한 것처럼 유력한
스타트업 기업들을 일으켰기 때문이다. 대표적인 인물이 '스페이스 남
작' 일론 머스크다. 그는 페이팔을 이베이에 당시 15억 달러(한화로 약 1
조 7천억 원)에 팔고 나와서 그 돈으로 테슬라 모터스를 인수하여 오늘
까지 이른다. 페이팔의 부사장을 역임했던 리드 호프먼은 회사를 나와
2002년 구인 구직 및 동종 업계 인력과 정보를 교류하는 소셜네트워크
서비스 플랫폼 링크드인을 창업했고, 페이팔의 개발부 직원이었던 스
티브 첸과 채드 헐리는 우리가 알다시피 2005년 유튜브를 창업했다.
2006년 구글이 유튜브를 인수하면서 이들은 돈방석에 앉았다. 페이팔

서재에서 탄생한 위대한 CEO들

의 공동 창업자였던 맥스 레브친은 2004년 슬라이드닷컴과 어펌을 창업했고, 그의 밑에서 직원으로 있었던 제러미 스토플먼은 2004년 옐프를 창업했다. 그리고 우리의 주인공 피터 틸은 팔란티어 테크놀로지스를 창업했다. 이처럼 이들이 실리콘밸리 스타트업 생태계에 미친 영향은 가히 지대하며 그런 그들의 미친 행보를 보고 사람들은 '페이팔 마피아'라는 무시무시한 별명을 붙였다.

페이팔의 혁명은 1998년으로 거슬러 올라간다. 당시만 하더라도 월드와이드웹이 막 시작되면서, 인터넷상에서 법의 개념은 고사하고 금융결제를 처리하는 기술조차 미비했던 때였다. 당시 피터 틸은 스탠퍼드대학교를 졸업하고 법률사무관으로 일하다가 1996년 자신의 이름을 딴 금융컨설팅 업체를 창업한 상태였다. 그는 같은 시기에 막 태동한 인터넷의 무한한 가능성을 직감하고 맥스 레브친과 몇몇 동료들을 모아 페이팔을 공동 창업했다. 오프라인에서 돈을 받아 인계해 주는 업체가 있다면 온라인에서도 동일한 기능을 담당할 업체가 필요할 거라고 판단한 것이다. 향후 인터넷에서 막대한 거래가 이루어질 것을 내다본 그의 혜안이 빛난 순간이었다. 이후 2000년 머스크가 합류하면서 몸집을 키운 페이팔은 2002년 이베이에 인수되면서 전 세계에 서비스를 제공할 수 있게 되었다. 당시 페이팔의 CEO였던 틸은 3.7퍼센트의 지분으로 5,500만 달러의 갑부가 되었다. 그의 진짜 베팅은 그다음이었다. 당시 막 창업한 페이스북의 새로운 가치를 발견하고 저커버그에게 50만 달러를 투자해 10.2퍼센트의 지분을 보유한 회사 임원이 된 것이다. 이 투자는 그를 2020년 「포브스」지 선정 400대 억만장자의 위치에 올려놓는 도약대가 되었다.

피터 틸(출처: wikipedia.org)

틸의 철학은 그의 책 『제로 투 원』에 잘 드러난다. 그는 책에서 진보에는 두 가지, 즉 수평적 진보와 수직적 진보가 있다고 말한다. 수평적 진보는 이미 가지고 있는 기존의 시스템을 불려 나가는 확장적 진보로 1에서 n으로 진보하는 것을 뜻한다. 수평적 진보는 수익을 내는 데에는 아무 문제가 없지만 새로운 시스템을 창발적으로 만들어 내는 데에는 실패한 진보다. 반면 수직적 진보는 기존에 없는 새로운 시스템을 만드는 것으로 0에서 1로 진보하는 것을 뜻한다. 수직적 진보는 이전에 누구도 시도한 적이 없기 때문에 그 결과가 어떻게 될지 아무도 예측할 수 없다. 물론 성공조차 장담할 수 없다. 하지만 수직적 진보가 성공할 때 인류는 전에 없는 도약을 이룰 수 있다. 틸에 의하면, 인간의 역사는 수평적 진보와 수직적 진보가 교차하면서 나아간다.

그렇다면 수직적 진보는 어떻게 달성할 수 있을까? 틸은 완전경쟁perfect competition과 독점monopoly을 먼저 비교한다. 미국의 항공사들은 완전경쟁의 대표적인 예다. 완벽하게 경쟁적인 시장에서는 모든 회사가 차별되지 않는 제품을 판매한다. 어떤 회사도 시장을 장악하지 못했기 때문에 시장이 정해 주는 물량과 가격대에서 제품을 판매할 수밖에 없다. 만일 이 상황에서 신생 회사가 경쟁에 뛰어들면, 그만큼 경쟁사들의 이익은 줄어든다. 완전경쟁의 판에서는 숟가락 개수가 중요한 셈이다. 그러니 모든 회사들은 경쟁사를 고사시키는 데 혈안이 되어 있다. 결국 경쟁은 제로섬 게임으로 전락한다. 반면 독점은 뛰어난 기술력이나 새로운 시장의 선점, 기타 남들이 넘볼 수 없는 혁신을 이룬 기업이 갖는 혜택이다. 담합이나 불법, 부당한 방식으로 이뤄낸 독점이 아닌, 다른 기업들이 상상하지 못한 새로운 제품을 내놓았기 때문에 이들은 경쟁에서 이긴 게 아니라 경쟁 자체를 뛰어넘어 자연스럽게 독점기업이 된다. 이것이 틸이 말하는 수직적 진보다. 대표적인 기업들을 우리는 오늘날 실리콘밸리에서 찾을 수 있다. "구글은 0에서 1을 이룬 대표적인 회사다. 구글은 2000년대 초반 이후 검색 분야에서 경쟁자가 없었고, 마이크로소프트와 야후를 크게 따돌렸다."[02] 틸은 진정 지속적인 가치를 창출하는 회사를 세우고 싶다면 구글처럼 자신의 분야에서 독점적인 기업이 되라고 조언한다.

자유시장 경제체제를 옹호하는 많은 사람들이 크게 착각하는 부분이 있다. 그것은 경쟁이 사업을 튼튼하게 할 것이라는 명제다. 틸에게 그 명제는 틀렸다. 창조적 독점이야말로 사업을 튼튼하게 한다. 우리는 어릴 때부터 학교와 사회에서 경쟁이 불가피한 것이라고 배우지만 실지로 경쟁을 할수록 얻을 수 있는 파이의 크기는 점점 줄어든다. 초격차를 가진 기업이 무한경쟁에서 살아남는 핵심 기업이 된다. 독점기업은 남들이 흉내 낼 수 없는 독자적인 기술을 가지고 있으며 네트워크 효과를 활용하여 규모의 경제를 이룩한 기업이다. 그리고 여기에 난공불락의 브랜드가 붙으면 금상첨화다. 독자적인 기술, 원천 기술은 경쟁 기업이 절대 흉내 내거나 복제할 수 없다. "독점은 진보의 원동력이다. 수년간 혹은 수십 년간 독점 이윤을 누릴 수 있다는 희망은 혁신을 위한 강력한 동기가 되기 때문이다. 그러면 독점기업은 혁신을 계속 지속할 수 있게 되는데, 왜냐하면 독점 이윤 덕분에 장기적인 계획을 세울 수 있고, 경쟁 기업들은 꿈도 꾸지 못할 야심 찬 연구 프로젝트에도 돈을 댈 수 있기 때문이다."[03]

완전경쟁	독점
경쟁자 有	경쟁자 無
수평적 진보	수직적 진보
원(1) 투 엔(n)	제로(0) 투 원(1)
시장이 가치를 정함	회사가 가치를 정함
파이를 함께 나눠 가짐	파이를 온전히 혼자 가짐

경쟁에서 벗어나 완전한 시장 독점을 꿈꿨던 틸은 평소 어떤 책들을 읽을까? 이제 열린 문틈 사이로 그의 서재를 가만히 훔쳐보도록 하자.

틸의 서재에 꽂혀 있는 책들

『성서』

애덤 그랜트, 『오리지널스(한국경제신문사)』

소니아 애리슨, 『150세 시대: 더 오래 사는 시대, 무엇을 알고 준비할 것인가?(타임비즈)』

해밀턴 헬머, 『7 Powers』

나심 니콜라스 탈레브, 『블랙 스완(동녘사이언스)』

J.R.R. 톨킨, 『반지의 제왕(아르테)』

에인 랜드, 『아틀라스(휴머니스트)』

티머시 스나이더, 『피에 젖은 땅: 스탈린과 히틀러 사이의 유럽(글항아리)』

장-미셸 우구클리앙, 『Psychopolitics: Conversations with Trevor Cribben Merrill』

르네 지라르, 『Things Hidden Since the Foundation of the World』

존 로크, 『기독교의 이치(아카넷)』

존 밀턴, 『실낙원(문학동네)』

에드워드 크리시, 『The Fifteen Decisive Battles of the World: From Marathon to Waterloo』

마키아벨리, 『Discourses on Livy』

미하일 벌가코프, 『The Master and Margarita』

톨스토이, 『안나 카레니나(민음사)』

프랜시스 베이컨, 『새로운 아틀란티스(에코리브르)』

조지 길더, 『구글의 종말: 빅데이터에서 블록체인으로 실리콘밸리의 충격적 미래(청림출판)』

마일로 야나폴루스, 『Dangerous』

토머스 피케티, 『Capital in the Twenty-First Century』

로스 두핫, 『The Decadent Society: How We Became the Victims of Our Own Success』

벤 호로위츠, 『The Hard Thing About Hard Things』

라이언 홀리데이, 『에고라는 적: 인생의 전환점에서 버려야 할 한 가지(흐름출판)』

아서 C. 클라크, 『아서 클라크 단편전집(황금가지)』

루사스 존 러쉬두니, 『The Messianic Character of American Education』

제임스 데이비슨, 『The Sovereign Individual: Mastering the Transition to the Information Age』

[CEO의 서재 보는 법] 국내에 번역 소개된 책들은 출판사를 병기했음

프랜시스 베이컨의
『새로운 아틀란티스』

누구나 유토피아를 꿈꾼다. 유토피아는 무엇일까? 괜히 김새는 이야기일지 모르겠으나, 어원상 유토피아는 '어디에도(topos)' '없다(u-)'는 뜻이다. 어디에도 없기 때문에 아무나 꿈꿀 수 있다. 프랜시스 베이컨의 『새로운 아틀란티스The New Atlantis』는 토머스 모어의 『유토피아Utopia』와 톰마소 캄파넬라의 『태양의 나라Civitas Solis』와 함께 근대 유토피아 소설로 꼽히는 수작이다. 영국의 철학자이자 정치인이었던 프랜시스 베이컨Francis Bacon은 1561년 런던에서 태어났다. 케임브리지대학교 트리니티칼리지에서 수학한 다음, 변호사를 거쳐 하원의원과 검찰총장을 역임하고 1617년 대법관의 자리에까지 오른다. 그러나 승승장구는 오래가지 않았다. 뇌물수수 혐의로 의회의 탄핵을 받아 모든 관직과 지위를 박탈당하고 만다. 그는 더 이상 관직에 미련을 갖지 않고 낙향하여 연구와 집필에 몰두한다. 이 시기에 쓴 『신기관Novum Organum』은 근대과학의 태동을 알리는 이정표가 된다. 우리가 잘 아는 '아는 것이 힘이다'라는 경구가 등장하는 이 책은 베이컨의 실험에 기반한 과학적 엄밀성과 근대적 자연과학 연구의 토대를 놓은 작품으로 꼽힌다. 반면 이번 장에서 소개할 『새로운 아틀란티스』는 베이컨이 죽은 다음 해인 1627년 그의 유산을 관리하던 인물에 의해 출간된 유작遺作이자 미완성 소설로, 치밀한 논문이라기보다 차라리 여행기를 가장한 우화에 가깝다. 학문적인 도약을 이루지 못하고 있는 유럽 문명에 대한 비판이 깔려 있기 때문이다.

프랜시스 베이컨(출처: shakespeare.org.uk)

어쩌면 소설에 등장하는 유토피아는 베이컨이 살았던 영국 사회와 정반대의 상황에 놓여 있다고 봐도 무방하다. 그에게 미래의 영국은 아틀란티스와 같은 나라가 되기를 바라는 마음이 있었을 것이다. 매춘굴이나 술집, 창녀들이 없는 나라, 오로지 아버지를 중심으로 이루어진 대가족의 유대와 깊은 헌신이 가득한 나라, 항상 이웃과 가족이 함께할 수 있는 즐거운 축제가 열리는 나라, 학술원을 두어 사물의 숨겨진 원인과 작용을 탐구하기를 좋아하는 나라, 무엇보다 신앙의 원칙을 지키며 청렴하고 순박한 삶을 살아가는 기독교의 나라가 베이컨이 꿈꾸었던 유토피아, 즉 새로운 아틀란티스다. 아틀란티스는 일찍이 플라톤의 『크리티아스』에 등장하는 미지의 대륙으로, 우리에게는 무릉도원쯤 될 것이다. 중국 문명권에서 요순시대를 가장 이상적인 태평성대로 그리듯, 유럽인들에게 아틀란티스는 오랫동안 인류의 이상향으로 여겨졌다.

베이컨의 『새로운 아틀란티스』는 작중 화자와 유럽인 동료들이 페루에서 출항하여 중국과 일본을 향해 항해하던 중 뜻하지 않은 폭풍우를 만나 표류하는 장면으로 시작한다. 그렇게 망망대해를 얼마나 헤매었을까? 난파한 배는 천우신조로 벤살렘Bensalem이라는 미지의 섬 해안까지 떠밀려 가게 된다. 굳이 의미를 따지자면, 히브리어로 '평화의 아들'쯤 될까? 낯선 땅에 내린 유럽인들의 가장 큰 걱정은 섬사람들이 자신들에게 우호적인가 적대적인가 하는 문제였다. 다행히 이름에서 풍기는 느낌은 그리 나쁘지 않다. 촌장이 내민 두루마리 양피지에는 천사의 날개가 그려진 직인과 십자가 문양이 있었는데, 고대 희랍어와 라틴어, 스페인어로 기록된 글이 나란히 적혀 있다. 그는 무뚝뚝하게 말한다. "당신네 중에서 어느 누구도 이 땅에 상륙해서는 안 된다. 특별히 체류 기간이 연장되지 않으면, 16일 안에 해변에서 떠나야 한다. 마실 물이나 식량, 환자의 치료, 혹은 배의 수선이 필요하다면, 그 필요한 사항을 지면에 적어서 요구하도록 한다. 요청한 것들은 신의 뜻에 따라 다 제공할 것이다."[04]

이후 낯선 이방인에 대한 일말의 경계심이 거두어지자 벤살렘 사람들은 뜻하지 않게 사선을 넘나들었던 타국의 불청객들을 따뜻하게 환대했다. 그들이 보여준 교양과 신앙심은 선원들을 감명시킬 만큼 숭고하고 고결했다. 특히 벤살렘의 통치자 솔라모나 왕의 솔로몬 학술원

Solomon's House은 유럽의 그 어떤 선진국보다 월등한 지식과 과학적 엄밀함을 두루 갖추고 있었다. 이는 마치 플라톤의 저서에 등장하는 전설의 섬 아틀란티스를 그대로 빼다 박은, 과학과 문명이 완벽하게 자리 잡은 왕국이었다. 선원들을 더욱 감명시킨 것은 원주민들이 자신들과 똑같이 기독교 신앙을 갖고 있었다는 사실이다. 벤살렘을 기독교 이념으로 치리하는 솔라모나 왕은 신이 세상을 6일 동안에 창조한 것에 빗대어 자신의 학술원을 '6일 작업대학'이라 부른다. 그들은 유럽대륙의 백성들보다 훨씬 순박하고 경건한 신앙을 유지하고 있으며 그들의 신앙에서 거짓과 불신, 괴설과 이단, 패륜과 불의를 찾아볼 수 없다.

벤살렘은 당시 영국을 비롯한 유럽 국가들이 보유한 과학기술의 수준을 훨씬 능가하는 문명을 갖고 있다. 이들은 천연 우물이나 분수를 모방한 인공 분수대를 만들 줄 알며 유성의 체계를 모방하고 그것의 운동을 보여 주는 거대한 관측대도 갖고 있다. 인공으로 눈과 우박, 비를 만들 수 있으며 천둥과 번개를 발생시킬 수도 있다. 생물에 대한 과학도 발달하여 개구리나 파리와 같은 다양한 생물체를 공기 중에서 자유롭게 번식시킬 수도 있다. 농업은 과학과 함께 벤살렘을 풍요롭게 만든 또 다른 요인이다. 씨앗 없이 배양토의 혼합만으로 다양한 식물을 성장시키는 방법을 알고 있으며 오늘날로 말하면 유전공학에 해당하는, 자연산 식물에서 새로운 식물의 종을 개발하거나 한 종류의 식물을 다른 종류의 식물로 성장하도록 조작하는 기술도 갖고 있다. 멘델이 수도원의 조그마한 뜰에서 완두콩을 가지고 실험하여 유전학의 토대를 놓는 발표를 했던 것이 1865년임을 감안하면 놀라운 통찰임이 분명하다. 그뿐만 아니라 동물들을 해부하고 실험해서 인간 육체의 비밀을 밝히는 해부학에도 능하다. 실험을 통해 동물에 독약이나 약을 주입하여 해부하고 그 결과 동물을 원래 크기보다 크게 혹은 작게 만들 뿐 아니라 성장을 멈추게 할 수도 있다. 동물의 가죽이나 모양, 습성을 자유자재로 바꾸어 놓거나 이종 간의 동물을 교배하여 새로운 동물을 얻는 기술도 터득하고 있다.

벤살렘이 평화롭고 부유한 나라로 지속될 수 있었던 것은 단지 농업과 과학기술이 탁월해서만은 아니었다. 이들 백성은 어른을 공경하고 낮고 빈궁한 자를 돌보는 남다른 가족 구성과 윤리의식을 갖추고 있다. 과거 우리나라 대가족을 방불케 하는 터산의 가족 중심 가부장 제도는 21세기 핵가족을 넘어 가족 해체를 경험하는 미국이라는 환경에서 살아가는 틸에게 여러 가지 단서를 주었을 것이다. 벤살렘에서 마을의 모든 대소사는 터산Tirsan이라는 가장에 의해 처리된다. "나이가 세 살 이상인 후손을 서른 명 이상 거느린 가장이라면 누구나 가족 축제를 개최할 수 있었다. 국가가 모든 경비를 조달하는데, 축제가 열리기 이틀 전에 '터산'이라 불리는 호스트 가장은 절친한 친구 셋을 초대한다. 축제가 개최되는 도시의 시장에게도 도움을 청할 수 있으며, 물론 남녀노소를 막론하고 모든 가족이 함께 축제를 준비한다. 준비하는 이틀 동안 터산은 초대한 친구들과 가정의 평화와 행복에 관해 의논한다. 만약 가정 내에 다툼이 있으면, 그 당사자들은 서로 화해하며 조정하는 시간을 갖는다. 또 가족의 일원 가운데 고통당하는 사람이 있으면 고통을 경감할 수 있는 방법이나 생활에 도움이 될 만한 수단을 강구하며, 악의 진창에 빠져 있거나 헛되이 방황하는 사람이 있으면 크게 꾸지람을 한다. 이런 식으로 가장은 결혼에 대해, 인생의 주요 결정 사항이나 문제에 대해서 조언하며 도움을 준다. 이때 시장은 터산의 지시와 명령이 제대로 전달되고 시행되는지의 여부를 감독하는데, 불복종하는 사람이 있으면 공적인 권위를 빌려서 복종하도록 만든다. 가족 모두 터산을 존경하는지라 불복종하는 일은 거의 일어나지 않는다. 그의 아들 가운데 한 명이 아버지를 모시며 함께 사는데, 특별히 그를 '포도의 아들Son of the Vine'이라 부른다."[05]

하지만 과학 실험과 학문의 진보에 관심이 많았던 베이컨에게 가장 놀라운 사실은 벤살렘이 갖고 있었던 학술원의 규모와 활동이었다. 1660년, 당시 영국의 국왕이었던 찰스 2세의 명으로 세워진 영국의 왕립학회Royal Society를 닮은 벤살렘의 학술원은 목적과 기능에 따라 10여 개의 분과로 이루어져 있고, 다양한 분야에서 국내외 활동을 펼치고 있다. 먼저 외국인 신분으로 암행하는 열두 명의 '빛의 상인'이 있는데, 이들은 세계 곳곳을 누비며 선진적인 실험에 관한 자료와 책을 벤살렘에 반입하는 활동을 담당한다. 특별히 서적에 적힌 실험을 수집하는 세 명의 '약탈자'가 따로 있다. 이 밖에 기계 기술과 인문학, 사회과학의 성과들을 수집하는 세 명의 '신비-인간', 유용하다고 판단되는 새로운 분야를 실험하고 연구하는 세 명의 '개척자'나 '광부', 연구 활동에 목록을 만들고 새로운 이론이나 원리를 도출하는 '편찬자', 동료들의 실험과 연구 결과로부터 인류의 삶을 향상시키며 지식을 증진시킬 수 있는 효용성을 찾아내고자 고심하는 '지참금-인간'이나 '시혜자' 등이 있다. "전체 학술원 회원이 모여 토론하는 회의가 열립니다. 여기에서 기존의 연구와 정보 수집의 현황을 점검하는 역할을 맡은 회원이 세 명 있습니다. '등불'이라는 회원으로, 이들이 더욱 자연의 비밀을 밝히며 진리에 가까이 다가서도록 새로운 연구 과제를 선정합니다. 또 지시된 연구를 수행하고 그 결과를 보고하는 회원이 세 명 있는데, '접종자'라고 불립니다. 마지막으로 기존의 발견 결과를 다시 관찰하고 연구하면서 새로운 원리나 격언을 도출해 내는 회원이 세 명 있습니다. '자연의 해석자'라고 불리는 회원들입니다."[06]

학술원 회원	역할과 책무
빛의 상인 merchants of light	외국으로 여행을 다니면서 책을 조달하는 자
약탈자 depredators	책에서 실험을 수집하는 자
신비-인간 mystery-men	기계술 실험, 인문 실험, 관행들을 수집하는 자
개척자/광부 pioneers/miners	새로운 실험을 시도하는 자
편찬자 compilers	수집된 정보를 바탕으로 표제와 도표를 만드는 자
지참금-인간/시혜자 dowry-men/benefactors	실험 정보를 추정하는 자
등불 lamps	정보를 바탕으로 새로운 실험을 주도하는 자
접종자 inoculators	실험의 2회전 실행하고 보고하는 자
자연 해석자 interpreters of nature	새로운 실험 정보를 해석하는 자 법칙과 공리를 만드는 자
신참자/도제/하인/보조원 novices/apprentices/servants/attendants	학술원 회원들을 보필하고 돕는 자

베이컨이 학술원을 이처럼 자세하게 기술한 이유는 무엇일까? 어쩌면 베이컨이 자국의 번영과 인류 지식의 증진을 꿈꾸며 머릿속에 그렸던 과학적 유토피아가 바로 벤살렘의 학술원이 아니었을까? 그런 그의 사상을 기려 영국은 채 40년도 지나지 않아 왕립학회를 창립했던 건 아니었을까? 비록 대학의 밑그림을 그려 내기 위해 벤살렘의 학술원을 상상했지만 베이컨은 끝내 그 결실을 자신의 눈으로 보지 못하고 죽고 만다. 사물의 숨겨진 원인과 작용을 탐구하고 인간 활동의 영역을 넓히며 인간의 목적에 맞게 사물을 변화시키는 것을 목표로 했던 벤살렘 학술원의 모토는 오늘날 우리에게도 많은 울림을 준다.

존 로크의
『기독교의 이치』

    종교는 단순히 개인의 기호나 성향이 아니라 수천 년의 인류 문명을 이끌어 온 동력이다. 리처드 도킨스나 크리스토퍼 히친스처럼 종교에 대해 호전적으로 반기를 드는 일부 인사들을 제외하면 대부분 종교가 인간에게 끼친 대체 불가한 영향은 인정할 것이다. 심지어 무신론자들조차 종교를 빼놓고는 인류 문명을 이해하는 게 불가능하다는 사실을 인정한다. 특히 그중에서 기독교는 서구 문명을 지탱해 온 가장 두터운 사상이자 문화의 줄기가 되었다. 역사가들은 서구 문명을 이룬 세 가지 기둥으로 신화에 그레코-로만 전통, 종교에 기독교 전통, 문학에 셰익스피어 전통을 꼽는다. 이 세 전통은 고대 그리스부터 로마 문명, 이후 중세 유럽까지 이어져 온 서구 문명이라는 지붕(돔)을 떠받치는 세 개의 굳건한 기둥이다. 틸이 로크의 『기독교의 이치』를 곁에 두고 종종 읽었던 이유도 여기에 있지 않았을까?

    고등학교 사회 시간에 배웠던 존 로크John Locke는 영국의 철학자이자 정치사상가로 자연주의와 자유주의 사상을 주창한 인물이다. 그에 따르면, 인간은 누구나 자연 상태에서 신이 부여한 공평한 권리를 갖는데, 이전까지 로크처럼 이러한 생득권birth right에 대해 명확히 말한 정치철학자는 없었다. 또한 인간은 타불라 라사tabula rasa, 즉 빈 서판과 같은 존재로 태어나며 출생 이후의 경험으로 얼마든지 변화될 수 있는 가소성可塑性의 존재다. 사람이 어떤 경험을 하느냐에 따라 고귀한 사람도, 미천한 사람도 될 수 있다. 당시만 하더라도 이런 로크의 파격적인 주장은 왕권과 귀족 신분이 출생으로 세습되던 것을 당연하게 여기던 유럽 사회에서 큰 파장을 몰고 왔다. 로크의 이런 사상은 훗날 장자크 루소에게 영향을 주었고, 그런 맥락 안에서 그의 '고귀한 야만인noble savage' 이란 개념이 탄생했다.[a]

로크는 인간이라면 마땅히 지켜야 할 도덕적 의무가 성서에 명시적으로 드러난다고 보았다. 대중을 계몽하고 사회에서 그들의 본분을 가르치는 데 성서만큼 효과적인 도구는 따로 없다. 나라의 치리자나 현자는 백성에게 윤리와 의무를 가르치는 데 골몰한다. 사회를 지탱하고 질서를 확립하는 것이 통치의 기본이기 때문이다. 그러나 대부분의 백성들은 무지하다. 알게 모르게 사회 규범을 위반하고 순간의 충동에 사로잡혀 풍기문란을 일으키며 공동체와 사회 전반에 악영향을 끼치는 비행과 범죄를 저지른다. 도덕적으로도 지적으로도 미숙한 그들에게 도덕을 가르치는 일은 여간 어려운 게 아니다. 이런 난관을 가뿐하게 넘

---

a 고귀한 야만인: 계몽주의와 낭만주의 시대를 풍미했던 이상화된 인간 본성의 전형으로 문명의 때가 전혀 묻지 않은 채 자연 그대로의 상태로 살아가는 원시인을 말한다.

을 수 있도록 해주는 효과적인 장치가 바로 기독교다. "인간이 지켜야 할 모든 의무는 분명하게 입증될 수 있다. 그러나 곰곰 생각해 보면 사람들에게 의무를 가르치는 방법은 여가를 누릴 수 있으며, 이해력이 발달해 있어 고도의 추론에 익숙한 소수의 사람들에게나 적합한 것이다. 따라서 대중들을 가르치는 일은 복음서의 교훈과 원리에 맡기는 것이 최선이다."⁰⁷ 성서에 등장하는 갖가지 기적과 병 고침의 기사는 대중들의 눈높이에 맞게 도덕을 주입시킬 수 있는 비유이자 우화와 같다. 기적이 정말 일어났는지 설명하기 위해 과학적으로 분석하거나 이성적으로 논증할 필요도 없다. 지적 수준이 가장 낮은 사람이라도 성서가 말하는 원리가 그것이 사실이냐 아니냐의 문제가 아니라 그것이 옳으냐 그르냐의 문제라는 사실을 알 수 있다. 이것이 로크가 이해한 기독교의 합리성reasonableness이다.

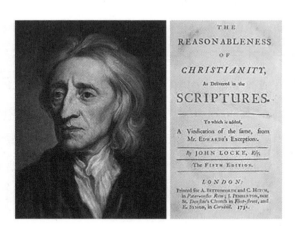

왼쪽부터 존 로크와 그의 저서 『기독교의 이치』 (출처: wikipedia.org(좌), openlibrary.org(우))

서재에서 탄생한 위대한 CEO들

그래서 로크는 기독교가 서민들의 종교라고 당당히 주장한다. "기독교는 날품을 팔며 노동으로 생계를 이어가는 인류의 대다수를 배려한 종교다. 종교에 몸을 담고 있는 문필가나 논쟁가들은 마치 아카데미나 리세움을 거치지 않고는 교회에 들어갈 수 없는 양 하나님이 선포하신 것에 세부 사항을 추가하고 그것을 어려운 용어로 표현해 구원에 필수적이고 핵심적인 것으로 만들었다. 인류의 대다수는 학문과 논리, 최상의 교육을 받을 여유가 없었다. 손으로 쟁기질과 삽질을 하는 사람이 머리로 숭고한 개념을 떠올리고 난해한 추론을 한다는 것은 있을 수 없는 일이다. … 어려운 개념과 언어를 사용해 종교에 관해 책을 쓰거나 논쟁을 하는 것은 불쌍한 날품팔이 노동자들에게 아랍어로 이야기하며 자신의 말을 이해하기를 기대하는 것과 다를 바가 없다."[08] 대번종교적 엘리트주의에 대한 혐오가 묻어난다. 종교가 기득권 세력을 비호하는 방패가 될 때 사회는 타락한다. 유대교에서 갈라져 나온 기독교가 전 세계인의 종교로 불어날 수 있었던 건 일찍이 사회의 약자와 무산자, 서민과 무지렁이, 죄인과 범법자, 창녀와 노예의 편에 섰기 때문이다. 그래서 성경은 끝없이 나그네와 유객, 고아와 과부를 돌아보라고 말한다. "하나님 아버지 앞에서 정결하고 더러움이 없는 경건은 곧 고아와 과부를 그 환난 중에 돌보고 또 자기를 지켜 세속에 물들지 아니하는 그것이니라."(야고보서 1장 27절)

『기독교의 이치』는 단순히 기독교 교리를 독자에게 설명하고 설득하는 책이 아니다. 당시 대륙을 전쟁의 광풍으로 몰아넣은 종교의 광기와 전멸의 위기 속에서 피어난 평화의 희구를 동시에 담고 있는 정치서이기도 하다. 일찍이 새뮤얼 헌팅턴은 『문명의 충돌』에서 서구와 이

039

슬람권의 충돌은 인류를 공멸로 몰아넣을 수 있는 커다란 위협이 되는데, 그것의 핵심은 종교 간의 갈등에 있다고 주장했다. 그런데 벌써 400년 전 로크는 책에서 종교 간 대화와 관용의 필요성을 역설하고 있다. 로크는 30년전쟁이 한창이던 1632년에 태어나 종교 간 분쟁과 갈등이 얼마나 사회를 분열시키는지 직접 보았기 때문에 종교적 관용의 문제에 깊은 관심을 가졌다. 동시대 대부분의 사상가들이 자연종교나 이신론을 통해 종교와 교파적 차이를 극복하려 시도했던 것에 반해, 로크는 도리어 기독교의 계시에서 공통 근거를 찾았다. 책의 서문에서도 밝히고 있듯이, 이 모든 논의의 중심에는 성서가 놓여 있다. "내가 접한 대부분의 신학은 내게 어떤 궁금증도 해결해 주지 않았고 이론적으로 일관성도 없었습니다. 따라서 기독교를 이해하기 위해 내가 할 수 있는 일은 (모든 신학의 근거인) 성서를 읽는 것이었습니다. 그래서 주의를 기울여 객관적인 시선으로 성서를 자세히 읽었으며, 그로 인해 내가 알게 된 것을 이 책을 통해 독자들에게 전하고자 합니다."[09] 결국 로크는 성서에서 교파 간의 차이와 반목을 극복할 수 있는 합의점을 찾고자 했고 그 결과물이 바로 『기독교의 이치』인 셈이다.

틸은 특이하게 자신의 서재에 성서를 구비해 둔 기업인이다. 그가 개인적으로 기독교인인지 모르겠지만, 『기독교의 이치』를 통해 불합리한 종교의 도그마에도 합리성이 존재한다는 사실을 깨달았던 것은 분명해 보인다. 어쩌면 종교야말로 고도의 지적 활동 중 하나라고 전제한다면, 기독교도 세상에 대한 가장 합리적인 설명 중 하나가 될 수 있지 않을까?

나심 탈레브의
『블랙 스완』

넷플릭스에서 나탈리 포트먼 주연의 영화 「블랙 스완」을 재미있게 봤다. 발레리나가 주인공인 따분한 예술영화인 줄 알았는데 도중에 줄거리가 스릴러로 급전환되어서 조금 당황했던 기억이 있다. 영화는 「백조의 호수」를 창조적으로 해석한 발레단장이 주인공 니나(나탈리 포트먼)에게 백조와 흑조 1인 2역을 맡기면서 시작된다. 자신의 프리마돈나 자리를 넘보는 릴리(밀라 쿠니스)의 등장이 인물들 간의 평형에 작은 파문을 일으키며 이후 영화는 숨 가쁘게 전개된다. 헬리콥터 맘인 자신의 엄마에게 가스라이팅을 당하며 마리오네트 같은 삶을 살았던 니나는 굴레와 속박에서 벗어나려는 욕망과 연기에 완벽함을 기하려는 강박증으로 자살 충동을 느낀다. 필자는 결국 깨진 유리 조각으로 자신을 자해하는 그녀를 보고 '인간은 완벽을 지향할 때 스스로 무너진다'는 명제를 떠올렸다. 블랙 스완은 완전한 신이 되려는 인간의 욕망과 그런 인간의 발목을 잡고 놓아주지 않는 불완전한 현실 사이에서 잉태된다.

"완벽했어." 완벽에 대한 강박적 충동으로 파멸에 이르는 주인공 (출처: 영화 「블랙 스완」의 한 장면)

나심 탈레브의 『블랙 스완Black Swan』은 현실의 조건과 미래의 향배에 관한 모든 것을 완벽하게 통제하고 있다는 인간의 자만과 허영이 얼마나 무서운 착각인지 말해 준다. 하늘로 치솟은 마천루처럼 확률과 통계의 기반 위에 세워진 철옹성 같던 난공불락의 장밋빛 전망이 흑조 한 마리의 난입으로 쌍둥이빌딩처럼 허무하게 무너져 내린다. "검은 백조 현상은 예측 불가능성이 특징이므로 우리는 (순진하게도 그것을 예측하겠다고 노력하기보다) 그 미지의 가능성에 고분고분 순응하는 편이 옳다. 반反지식, 즉 우리가 모르는 것에 초점을 맞추면 우리는 많은 것을 얻을 수 있다."[10] 특히 미래의 증식과 성장을 예측하는 필자에게 백조 무리에서 불쑥 튀어나오는 블랙 스완(흑조)의 존재는 언제나 두려움과 악몽의 테제 그 자체였다. 장세를 예측하는 것은 일기예보와 같다. 성능이 업그레이드된 최첨단 슈퍼컴퓨터로 내일의 날씨를 예보하지만, 90퍼센트 이상의 성공률을 유지하는 게 쉽지 않다. 주식도 마찬가지다. 내일은 또 어떤 변수가 차트의 양봉을 음봉으로 바꾸어 놓을지 아무도 모른다.

저자 나심 니콜라스 탈레브Nassim Nicholas Taleb는 1960년 레바논의 그리스정교 집안에서 태어났다. 그의 할아버지와 증조부는 부총리를 지냈고, 위로 거슬러 올라가면 오스만제국하에서 총독을 지낸 인물도 배출한 전형적인 '금수저' 명문가의 자손이다. 그는 미국 펜실베이니아대학 와튼스쿨에서 경영학 석사학위를 취득한 뒤 프랑스 파리 제9대학에서 금융공학으로 박사학위를 취득한 정통 경제학자다. 이후 상아탑을 떠나 월가에서 파생상품을 다루는 증권분석가로 오랫동안 일했다. 1987년, 그는 유례없는 다우존스의 대폭락을 겪으며 블랙 스완의 아이디어를 구상하기 시작했다. 『블랙 스완』은 이러한 구상과 고민의 결과물인 셈이다. 틸도 탈레브처럼 투자 전문가다. 유력한 유니콘 기업이나 전조가 보이는 초기 스타트업에 과감히 투자금을 지원하여 수익을 거두어왔다. 그가 새롭게 만들거나 구축한 시스템은 없다. 단지 앞으로 유망한 원천기술을 확보한 개발자를 발굴하여 회사를 세우게 하고 그를 돈방석에 앉히는 게 전부였다. 그렇게 성공한 기업이 페이스북이었다. 물론 그간 투자에는 성공만 있었던 것은 아니다. 투자 실패는 틸을 일순간 나락으로 떨어뜨릴 정도로 치명적인 것이었다. 대표적인 사례가 테라노스다. '여성 스티브 잡스'로 불렸던 엘리자베스 홈즈가 창업한 진단키트 제조회사 테라노스Theranos에 틸은 과감한 투자를 감행한다. 물론 홈즈가 떠벌이고 다녔던, 피 한 방울로 99퍼센트의 질병을 찾아내는 원천기술은 애초에 없었다.

저자 탈레브는 책에서 대문자로 표기한 블랙 스완을 세 가지 속성으로 설명하고 있다. 첫 번째, 블랙 스완은 통계학 내에서 과거 수치로

043

1장 핀테크의 황태자, 피터 틸

그 가능성을 확인할 수 없었던 '극단값'을 의미한다. 이전에 없던 초유의 사건이기 때문에 일반적인 기대 영역 바깥에 놓여 있으며 그렇기에 전혀 예측할 수 없다. 소위 희귀성과 예측 불가능성이다. 두 번째, 블랙 스완은 어떤 분야에서건 극심한 충격을 안겨 주는 파괴력을 의미한다. 911 테러와 최근 코로나 사태를 떠올려 보라. 아무런 예고 없이 등장한 블랙 스완은 세계 경제에 엄청난 충격파를 안겼다. 세 번째, 블랙 스완이 일단 등장하면 '설명충'인 인간이 어김없이 상황을 구조화하고 이론과 규칙을 만들어 설명 가능한 사건으로 바꾸어 버린다. 노아의 홍수가 블랙 스완이었다면 바벨탑은 그에 대한 설명의 결과인 셈이다. 이렇게 되면 블랙 스완은 설명과 예견이 가능한 현상으로 둔갑한다. 소위 예견의 소급 적용이다. 탈레브는 블랙 스완이 비록 최근 성립된 용어지만 그 역사는 최소한 1만 년 전 인류가 홍적세를 벗어나던 때부터 있어 왔다고 말한다. 특정 사상과 종교의 발흥, 역사적 사건들 사이의 역동적 관계, 인간의 삶을 관통하는 원리, 역사와 사회를 바꾸어 놓은 세기의 발견과 발명 등등이 모두 인간이 이러한 블랙 스완을 설명하는 과정에서 일어난 것이다. "극단값을 예견하지 못하는 것은 곧 역사의 진행 방향을 예견하지 못하는 무능력을 의미한다. 역사에서는 특이한 사건들이 큰 몫을 차지하기 때문이다."[11]

이런 인간의 무능력은 인간이야말로 과거를 돌아보는 데 탁월한 능력을 가진 동물이라는 사실에서 확인된다. 우리는 예측 가능하다고 믿지만 역사와 사회는 미쳐 날뛰는 망아지처럼 변칙과 파열의 형식을 띤다. 이를 두고 저자는 역사가 기어가지 않고 뛰어간다고 말한다. 인간은 알 수 없는 부분, 예측 불가능한 부분을 엄벙덤벙 뛰어넘는 데 귀재

역사 속에서 블랙 스완을 찾아낸 나심 탈레브(출처:askafreemason.org)

들이다. 정상적인 것, 즉 종 모양의 정규분포를 나타내는 예측에서 벗어나는 모든 것은 비정상적인 것, 즉 정규분포의 편차를 무시하는 지점에 잠복해 있다. 탈레브는 불확실성을 길들이기 위해 우리의 예상치에서 블랙 스완을 지워 버리는 이런 식의 사회과학을 거대한 지적 사기Great Intellectual Fraud, 나아가 플라톤 주름지대Platonic fold라고 부른다. "어떤 목적지와 거기에 도달하기 위한 지도를 혼동하는 경향, 즉 순수하고 정교한 형식에만 초점을 맞추는 태도를 나는 그의 사상(성격)에 따라 플라톤적 태도라고 부른다. 플라톤적 태도는 수학의 삼각형, 사회적 개념, 유토피아(원리에 따른 청사진으로 세워진 사회), 만족성 등등 대상을 가리지 않는다. 플라톤적 태도가 우리 마음속에 똬리를 틀고 있으면 우리는 잘 맞아떨어지지 않는 대상이나 뭔가 깔끔하지 않고 설명하기 어려운 것들은 도외시해 버리게 된다."[12]

그렇다면 탈레브가 이해한 세계는 어떻게 구조화되어 있을까? 탈레브는 세계를 평범의 왕국과 극단의 왕국으로 나누어 설명한다. 평범의 왕국은 우리가 집단적인 것, 진부한 것, 명백한 것, 예상되는 것의 지배를 견뎌야 하는 곳이다. 반면에 극단의 왕국은 우리가 단 하나의 것, 우발적인 것, 보이지 않는 것, 예상치 못한 것의 난폭한 지배에 내맡겨져 있는 곳이다. 전자는 자가증식이 불가능하지만 후자는 자가증식이 가능하다. 자가증식이란 무엇인가? 탈레브는 평범의 왕국과 극단의 왕국은 제빵사와 작가, 의사와 투기꾼, 창녀와 사기꾼의 차이와 같다고 말한다. "그것이 추가적인 노동이 전혀 없이도 수입을 열 배, 백 배 늘릴 수 있는 직업과 하나를 더 얻을 때마다 그만큼의 (유한한 자원인) 시간과 노력을 또 투입해야 하는 직업—다시 말해서 중력에 종속된 직업—의 차이이다."[13] 평범의 왕국에서는 개별 사건 하나하나는 특별한 의미를 지니기 어렵고 집단적으로만 의미를 지닌다. 여기는 모두 고만고만한 사람들이 산다. 반면 극단의 왕국에서는 불평등이 극심해서 하나의 관측값이 불균형한 비율로 전체에 충격을 가하기 때문에 난쟁이와 거인들이 산다. 평범의 왕국은 기술의 발달이 더뎠던 선조들의 세계라면, 극단의 왕국은 오늘날 세계다. 평범의 왕국에 속하는 것으로 보이는 것들에는 키와 몸무게, 칼로리 섭취, 제빵사나 창녀, 치과의사의 수입, 자동차 사고, 사망률, 아이큐 등등이 있다. 반면 극단의 왕국에 속하는 것으로 보이는 것들에는 소득, 작가 당 책 판매 부수, 유명인사로서의 인지도, 구글에서의 검색 횟수, 도시의 인구수, 어휘의 사용 빈도, 특정 언어 사용자 수, 지진 사상자 수, 전쟁 사망자 수, 테러로 인한 사망자 수, 행성의 크기, 회사의 규모, 주주의 수, 금융시장, 상품 가격, 물가 상승률, 경제 데이터 등등이 있다.

평범의 왕국	극단의 왕국
자가증식하지 않는다.	자가증식한다.
제1유형의 무작위성: 견딜 만하다.	제2유형의 무작위성: 견디기 힘들다.
구성원: 평범하고 평균적인 사람	구성원: 거인이나 난쟁이
보상: 승자는 조각을 나눈다.	보상: 승자가 파이를 독식한다.
사례: 축음기 발명 이전 가수의 청중 수	사례: 오늘날 가수의 청중 수
선조들의 환경에서 주로 발견	현대적 환경에서 주로 발견
블랙 스완이 날아들지 못한다.	블랙 스완에 취약하다.
중력의 법칙이 지배한다.	수치에 물리적 제약이 없다.
대체로 물질적 양에 대응한다.	대체로 숫자에 대응한다.
유토피아적 평등이 지배한다.	극단적 독재가 지배한다.
짧은 시간의 관찰로 파악이 가능하다.	파악하는 데 긴 시간이 필요하다.
집단이 지배한다.	돌발사건이 지배한다.
역사는 기어간다.	역사는 비약한다.
하나의 관측값이 전체를 지배한다.	몇 개의 극단값이 전체를 지배한다.
눈에 보이는 것으로 예측 가능하다.	과거의 정보로 예측 불가능하다.
정규분포곡선으로 사건들이 분포된다.	만델브로의 회색 백조 혹은 블랙 스완이다.

철학자 데이비드 흄은 '블랙 스완'을 단 한 마리라도 봤다면 백조가 하얗다는 결론을 부정하기에 충분하다고 말한다. 존 스튜어트 밀은 이를 '블랙 스완 문제black swan problem'라고 정의했으며, 과거의 귀납적인 지식만으로 형성된 인식들이 한순간에 송두리째 무너질 수 있다는 '편향 확증'을 말했다. 편향확증의 결과는 투자에서 매우 치명적인 결과를 낳는다. 제일 먼저 보이는 것들 중에서 보고 싶은 부분에만 집중하며, 그 것으로부터 보이지 않는 것들까지 일반화시킨다. 그리고 극단값, 예외, 즉 블랙 스완이 존재하지 않는 듯 행동한다. 지나치게 백조 리스트에만 집중하고 블랙 스완의 가능성은 머릿속에서 아예 지워 버린다. 마지막으로 인간은 언제나 소 잃고 외양간을 고친다. 사건들의 단순한 선

후 관계를 인과관계로 혼동하여 사건이 일어난 후 문제를 합리화해 버린다. 평범의 왕국에서 살아가는 우리가 극단의 왕국을 맞아 어떤 행동양식을 취해야 할까? 탈레브는 결국 투자에서 블랙 스완을 항상 염두에 두는 전략이 필요하다고 주장한다. 소위 '바벨 전략barbell strategy'이라고 불리는 투자법으로 아주 안전한 상품에 90퍼센트를, 아주 위험한 상품에 10퍼센트를 투자하는 방식이다. 마치 봉을 사이에 두고 쇳덩이가 양쪽으로 나뉘어 달린 바벨처럼 생긴 무식한(?) 포트폴리오를 구성하라는 것. 이렇게 투자할 경우 극단적으로 위험하지만 그에 따라 수익 역시 엄청난 부분에서 블랙 스완을 완충할 수 있게 된다. 오늘날에는 거의 상식처럼 되어 버린 이런 극단적 투자전략은 탈레브가 『안티프래질』에서 제시한 방식으로 알려져 있다.[b] 어쩌면 틸은 이러한 탈레브의 투자전략을 벤치마킹하여 여러 종목의 사모펀드와 헤지펀드를 조성하고 투자하여 막대한 수익금을 남겼는지도 모르겠다. 틸은 블룸버그억만장자지수에서 294위에 랭크되어 있는 거물 투자자다. 그는 평범의 왕국과 극단의 왕국을 오가며 잃는 만큼 번다는 블랙 스완의 생리를 몸소 실천하고 있는지도 모른다.

---

[b] 나심 탈레브의 『안티프래질』은 이미 2013년 와이즈베리출판사가 국내에 번역 소개했다. 투자자라면 『블랙 스완』과 함께 일독을 권한다.

디즈니를 애정했던 에어비앤비의 수장 브라이언 체스키
(에어비앤비 CEO)

Brian Chesky

2장

반복은 기억을 창출하지 못한다.
새로운 경험이 기억을 창출한다.

_브라이언 체스키

오늘날 세계 최대의 여행숙소 공유사이트인 에어비앤비를 창업한 브라이언 체스키는 인터뷰에서 종종 말한다. "여행의 가치는 전혀 예측하지 못한 경험에서 비롯한 생소함에 있다." 정말 여행은 매너리즘에 빠진 일상에 새로운 활력을 주는 몇 안 되는 레저 문화다. 주변 지인들에게 일생일대 꼭 이루고 싶은 버킷리스트가 뭔지 물어보라. 열에 아홉은 세계일주나 유럽 여행을 꼽을 것이다. 코로나 사태만 좀 진정되면 유럽이든 동남아든 친구나 연인의 손을 잡고 꼭 한 번 가보고 싶다는 이들이 적지 않았다. 알래스카 설원을 달리는 개썰매 타기, 빙설이 쌓인 스웨덴 키루나에서 스노모빌을 타며 오로라를 감상하기, 아이슬란드 해안에서 혹등고래 보기, 캐나다 휘슬러에서 눈발을 맞으며 헬리스키 타기 등 계획도 다부지고 꿈도 천차만별이다. 그러나 대부분은 꿈을 그저 꿈으로만 갖고 산다. 사람들은 여행을 가고 싶어도 돈이 없어서 갈 수 없다고 하나, 사실 여행은 돈이 아니라 시간이 없어서 못 간다. 여행을 가능하게 하는 조건에 우선순위를 매긴다면 돈은 세 번째에 위치한다. 가장 먼저 시간이 필요하다. 시간은 내가 여행을 가겠다고 마음먹는 순간 가장 필요한 조건이다. 두 번째는 함께 갈 친구다. 혹여 친구가 아니라면 연인이나 가족도 있겠다. 함께 여행을 갈 동반자를 구하는 일은 의외로 만만치 않다. 돈은 그다음 문제다. 여행 경비에서 가장 많은 부분을 차지하는 항목이 바로 에어와 베드, 그리고 조식(브렉퍼스트)이다. 이 모든 걸 에어비앤비로 해결한다면 경비는 획기적으로 줄어들 것이다.

여행숙박사이트의 제국을 세운 브라이언 체스키(출처: airbnb.com)

에어비앤비를 창업한 브라이언 체스키Brian Chesky는 1981년 8월 미국 뉴욕에서 태어났다. 공무원이었던 그의 아버지는 폴란드계 이민자였고 어머니는 이탈리아계였다. 체스키는 어려서부터 그림을 그리는 데 매료되었다. 뭐든 한 번 본 것은 그대로 스케치북에 옮겨 그릴 수 있었다고 한다. 체스키는 로드아일랜드디자인스쿨을 다녔는데, 전공으로 산업디자인을 택했다. 그는 전공을 살려 그저 디자이너가 되기를 원했을 뿐 창업을 하거나 비즈니스를 시작할 마음은 추호도 없었다. 그러던 그에게 결정적인 순간이 찾아왔다. 2007년, 체스키는 뉴욕을 떠나 대학 친구 조 게비아와 함께 샌프란시스코에서 거주하기로 했다. 당장 일자리가 없던 그들은 집세를 내는 데 어려움을 겪었고 상황을 타개하기 위해 약간의 여유 자금을 벌 방법을 찾고 있었다. 그들은 같은 해 10월 샌프란시스코에서 전미산업디자이너협회가 콘퍼런스를 개최한다는 소식을 접했다. 갑자기 많은 관람객들이 시내에 몰리면서 행사 장소 주변의 호텔 객실은 모두 예약이 마감되었다. 그들은 꾀를 냈다. '우리가 월세를 전부 부담하기 힘드니까 n분의 1로 나눠 낼 사람들을 모집해야겠어.' 그들은 당장 세 개의 매트리스를 구입하고 콘퍼런스에 참석하는 참가자들에게 공유하기 위해 게시판에 '에어베드 앤 브렉퍼스트Airbed & Breakfast'이라는 홍보글을 올렸다. 어차피 해당 기간 동안 꽉 찼기 때문에 호텔은 그들의 비즈니스(?)에 경쟁자가 아니었다. 체스키는 방을 방문객들에게 공유하며 하룻밤에 80달러를 청구하기로 했다. 이 단순한 아이디어는 대성공을 거두었고, 이렇게 에어비앤비의 첫 손님들이 그들의 고객이 되었다. 30세의 인도 남성과 35세의 보스턴 여성, 45세의 유타 주 출신의 남성 한 명이 그들의 층에서 함께 생활을 시작한 것이다.

우여곡절이 없었던 것은 아니었다. 에어비앤비 아이디어는 수익 모델로써 문제가 많았다. 남아도는 방과 여행객을 매칭시켜 주는 것만으

052

로는 안정적인 수익을 낼 수 없었다. 그들은 방이 아닌 룸메이트로 초점을 바꾸었다. 그런데 사업 방향을 전환한 지 4주도 채 되지 않아 그들은 이미 룸메이트를 연결해 주는 건실한 사이트가 존재한다는 사실을 깨달았다. 어쩔 수 없이 본래 에어비앤비 아이디어로 돌아갈 수밖에 없었다. 얼마 지나지 않아 하버드대학교를 졸업한 기술디자이너 네이선 블레차지크Nathan Blecharczyk가 세 번째 공동 설립자로 이들 팀에 합류했다. 비즈니스 모델을 실험해 볼 수 있는 기회가 다시 그들을 찾아왔다. 2008년, 덴버에서 민주당 전당대회가 열렸고, 컨벤션센터에는 2만 명이 넘는 인파가 몰렸다. 당연히 지역 호텔은 모두 예약이 꽉 찼다. 이들은 판을 좀 더 크게 벌이기로 했다. 처음에 이들은 에어비앤비에서 침대보다는 조식에 방점을 찍었다. 체스키와 친구들은 스타트업에 자금을 대기 위해 디자이너로서의 상상력을 발휘해 선거를 테마로 한 시리얼을 팔기로 작당했다. 이렇게 '오바마 오Obama O's'와 '캡틴 맥케인Cap'n McCain's'이 탄생했다. 이들은 각각의 한정판 시리얼 박스를 수작업으로 제작하고 번호를 매겨 개당 40달러에 판매했다. 이렇게 이들은 시리얼들을 팔아서 즉석에서 3만 달러가량을 벌었다. 이 수익으로 그들은 부채를 상당 부분 해결할 수 있었다. 한 회사는 에어비앤비의 비즈니스 모델에 큰 확신이 들지 않았지만 대통령을 테마로 한 시리얼 박스를 제작한 창업자들의 정신과 열정에 깊은 인상을 받아 그들의 사업 플랜에 2만 달러를 투자하기로 결정했다. 이 자금으로 체스키는 보다 사업다운 사업을 개시할 수 있는 기반을 만들었다.

이렇게 에어비앤비는 수익을 내기 시작했고 매스컴을 타면서 여러 기업으로부터 투자금을 모을 수 있었다. 이후의 스토리는 여러분들이 아는 바와 같다. 2020년 12월, 코로나의 악재를 뚫고 에어비앤비는 미국 뉴욕증권거래소에 성공적으로 상장했다. 첫날 시총 100조 원을 돌파하면서 체스키가 가진 15퍼센트의 지분과 게비아와 블레차지크가 각기 가진 13퍼센트의 지분으로 이들은 단숨에 100억 달러대 신흥 억만장자로 올라섰다. 에어비앤비의 시총은 세계 최대 온라인 여행사인 익스피디아와 글로벌 호텔체인인 메리어트인터내셔널의 시총을 합친 것보다도 큰 액수다. 세계 여행산업이 어떤 식으로 재편되고 있는지 보여 주는 단적인 사례라 할 수 있다. 마냥 디즈니를 동경했던 미술 청년 체스키는 서재에 과연 어떤 책들을 꽂아 놓고 있을까? 이제 그의 서재를 몰래 들여다보기로 하자.

체스키의 서재에 꽂혀 있는 책들

닐 개블러, 『월트 디즈니(여름언덕)』

로버트 아이거, 『디즈니만이 하는 것(쌤앤파커스)』

알랭 드 보통, 『여행의 기술(청미래)』

리드 호프먼(외), 『블리츠스케일링(쌤앤파커스)』

레이 갤러거, 『에어비앤비 스토리(다산북스)』

켄 올레타, 『구글드: 우리가 알던 세상의 종말(타임비즈)』

앤드류 S. 글로브, 『하이 아웃풋 매니지먼트: 어떻게 성과를 높일 것인가(청림출판)』

데비, 미셸 캠벨, 『Your Keys, Our Home: The Senior Nomads Incredible Airbnb Journey』

서재에서 탄생한 위대한 CEO들

닐 개블러의
『월트 디즈니』

체스키가 가장 존경하고 사랑했던 인물은 단연 디즈니였다. 그는 디즈니의 애니메이션에 매료되었고 디자이너로서 그의 철학을 숭상했다. 무엇보다 체스키가 디즈니 전기를 추천한 것은 당연한 일이다.

영원한 애니메이션의 거장 월트 디즈니Walt Disney는 1901년 12월 미국 일리노이 주 시카고에서 영국령 캐나다 출신 아일랜드계 빈농의 아들로 태어났다. 어린 시절부터 그는 그림에 남다른 소질을 보였다. 담벼락이든 길바닥이든 미술혼을 펼칠 수 있는 곳이면 어디든지 그의 캔버스가 되었다. 그의 특출한 그림 실력을 보고 이발소 주인은 "그림을 그려 주면 머리를 공짜로 깎아 주겠다"고 제안하기도 했단다. 고등학교에서 발행하는 교내 잡지에 만화를 그렸고, 성인이 되어서는 광고주들을 위해 상업광고물에 카툰을 그려 넣는 일을 했다. 이후 그는 아이웍스Evert Iwwerks와 동업으로 전문적인 광고도안 회사를 차리며 본격적인 사업에 뛰어들었다. 비록 오래가지는 못했지만 창업을 통해 자신이 상업미술에 재능이 있으며 이 길을 평생 가야겠다는 생각을 가졌다고 한다.

그때쯤 그의 눈에 들어왔던 것은 활동사진, 즉 애니메이션의 무궁 무진한 잠재력이었다. 이후 그는 도서관에서 애니메이션에 관련된 책들을 모조리 빌려 독학하기 시작했다. 가르쳐 줄 사람도 보고 배울 사람도 없었다. 오직 책을 읽고 스스로 카메라를 갖고 실험적인 작품들을 만들어 볼 수밖에 없었다. 비교적 짧은 견습 기간을 마친 뒤 그는 애니메이터가 되었다. 그의 첫 작품은 1921년 극장에서 첫선을 보였다.

왼쪽부터 미키마우스와 월트 디즈니(출처: wikipedia.org)

"월트는 단지 그림만 그리고 있었던 게 아니다. 아티스트이기도 했지만 본래 낙천주의자였던 그는 캔자스시티 영화광고사를 후원자로 활용해서 자신의 사업을 혼자 힘으로 키워볼 생각을 하기 시작했다. 저축액이 300달러에 이른 가을에는 유니버설 카메라 한 대와 삼각대를 구입했고, 유망한 애니메이터들을 모집하는 광고를 다시 한 번 냈다."[14]

그는 갈증이 일었다. 자신만의 스튜디오를 열고 싶었다. 그는 1923년 8월 남의 정장을 빌려 입고 할리우드에 도착했다. 사람들에게 궁색하게 보이고 싶지 않아 일부러 멋을 내고 다녔다고 한다. 그렇지만 실상은 밥을 굶을 정도로 초라하기 짝이 없는 단벌 신사에 불과했다. 그는 10분짜리 짧은 만화영화를 만드는 데에도 자금이 부족하여 여기저기 돈을 꾸러 다니기 바빴다. 아내 릴리언을 만나 결혼한 후에도 상황은 좀처럼 나아지지 않았다.

그런 그에게 뜻밖의 전환점이 찾아왔다. 미키마우스가 출현한 것이다! 그는 평소 자신의 스튜디오를 돌아다니던 생쥐에 관심이 많았는데, 이미 예술가 특유의 관찰력을 갖고 여러 스케치를 남기기도 했다. 물론 여직원의 두 옥타브의 비명 소리는 덤으로 들어야 했지만 말이다. "1930년대 초반에 수많은 분석가들은 대체 어떻게 동글동글하고 발랄한 작은 생쥐 한 마리가 그렇게 어마어마한 인기를 끌 수 있는지 그 비결을 파헤치느라 분주했다."[15] 그런데 왜 하필 생쥐일까? 누구도 모른다. "밤에만 돌아다니는 생쥐가 월트의 제도판 위를 지나 허둥지둥 도망쳤다는 이야기, 월트가 생쥐를 길들여서 애완동물처럼 돌보았고 캔자스시티를 떠나면서 들판에 놓아주며 슬픈 이별을 했다는 이야기, 심지어 캘리포니아로 향하는 산타페 기차가 평원을 가로지를 때 불현듯 영감이 떠올랐다는 이야기, 릴리언이 이름 이야기를 듣고 터무니없이 화를 냈다는 이야기는 하나같이 그럴듯하게 꾸며진 것일 가능성이 많다. 실제로 미키마우스는 위의 이야기들과는 별 상관없는, 절박함과 계산의 결과였다. 절박함이란 애니메이션을 제작할 수 있는, 누구의 간섭도 비집고 들어올 틈이 없는 성소를 재창조해야 한다는 바람이었고,

계산이란 시장이 바라는 바가 무엇인가를 의식한 데서 비롯된 것이었다."[16] 어쨌든 미키마우스는 신비의 베일이 쌓인 창조력의 창고에서 불쑥 튀어나왔으며, 월트를 애니메이션의 아버지로 만들어 주었다. 이렇게 「미키마우스 시리즈」는 유성영화의 출현과 맞물려 '세계에서 가장 귀여운 동물'로 각인되며 인기를 누렸다.

그는 동료들에게 신으로 군림했다. 그는 예술계에서 전에 없던 리더십을 보여준 수장이었다. 그가 안팎에서 보여준 카리스마는 고스란히 그가 제작하는 애니메이션에 녹아 들어갔으며 디즈니에 대한 열렬한 팬덤을 형성시켰다. "1930년대 중반에 그 스튜디오는 마치 신도들, 광신도들에게 영감을 불어넣는 메시아를 숭배하는 종교집단처럼 굴러갔다. 하이퍼리온에서 직원들은 대중들의 기분을 전환시키고 그들을 즐겁게 해주는 만화영화만 제작한 게 아니었다. 그들은 종교적 사명을 띤 디즈니교의 사도들이기도 했다."[17] 이런 그에게 날개를 달아 주는 사건이 일어났다. 이는 흡사 픽사를 구원했던 스티브 잡스가 「토이스토리」를 성공시켰던 드라마틱한 에피소드와 맞먹는 성공이었다. 1937년, 디즈니는 세계 최초의 장편 애니메이션 「백설공주와 일곱 난쟁이」를 제작하여 개봉하였는데 당대에 엄청난 화제가 되었을 뿐 아니라 애니메이션 역사에서도 기념비적인 사건이 되었다. 그때까지만 해도 애니메이션은 장편 영화 상영 도중 잠시 틀어 주는 소품 같은 개념이어서 모두가 월트 디즈니의 도전은 무모하다고 여겼다. 하지만 개봉 직후 모든 흥행 기록을 갈아치우며 대성공을 거두었다. 적어도 애니메이션에 관한 한 「백설공주와 일곱난쟁이」는 새로운 세기를 선도했다. 「백설공주와 일곱난쟁이」가 나오고 나서는 누구도 미키마우스나 도널드 덕으로 돌아갈 수 없었다. 누구도 시곗바늘을 거꾸로 돌려놓을 수는 없었다. 그 장편 영화가 개봉되고 얼마 되지 않았을 때 스튜디오를 찾은 손님에게 월트가 말했다. "우리가 예전에 알고 있던 것 같은 애니메이션의 시대는 끝났다. 이제 모든 게 달라졌다."[18]

디즈니는 이후 애니메이션에 존재하는 꿈의 세계, 판타지의 영역을 현실에 구현하기로 결심했다. 1955년, 디즈니는 캘리포니아 주 애너하임에 새로운 테마파크가 어우러진 놀이공원을 세웠다. 이 놀이공원은 세계에서 가장 크고 혁신적인 공원 중 하나였으며 월트 디즈니의 이름을 따서 '디즈니랜드'로 알려지게 되었다. 디즈니는 디즈니랜드를 아이와 어른이 모두 즐길 수 있는 엔터테인먼트의 끝판왕으로 만들겠다는 야심을 갖고 있었다. 1960년대 중반, 디즈니는 디즈니랜드에서 시작된 콘셉트에 기초하여 플로리다에 또 다른 놀이공원을 짓고 싶어 했다. 1971년, 그 결실로 디즈니월드가 플로리다 주 부에나비스타 호수에 개장했을 때 디즈니의 비전은 현실이 되었다. 불행하게도 디즈니는 1966년 세상을 떠났고, 디즈니월드에 대한 꿈이 결실을 맺는 것을 보지 못했다. 그러나 이후 디즈니월드는 세계에서 가장 인기 있는 관광지 중하나가 되었으며 매직 킹덤은 매년 전 세계에서 거의 1,700만 명의 방문객들이 찾는 가장 인기 있는 테마파크가 되었다. 디즈니가 구상한 세계는 1970년대 이후 마이카 시대와 맞물려 미국인들의 레저문화를 완전히 바꾸어 놓았고 전 세계에 들어선 테마파크들의 전범이 되었다. 그것은 미국식 판타지의 세계화였다. "… 월트 디즈니의 영향력은 무슨 수치나 열렬한 찬사 따위로는 가늠되기 어렵다. 그것은 오직 그가 미국적 문화의 의식을 얼마나 철저하게 탈바꿈시켰는지를 통해서만 따져

볼 수 있다. 디즈니의 삶은 파란만장했다. 1920년대 말에 그는 애니메이션을 새롭게 창조해 냈다. 움직임이나 선의 탄력성을 강조하던 신기한 어떤 것으로부터 캐릭터와 내러티브와 감정을 강조하는 예술로 차츰 뒤바꿔 놓는 식이었다."[19]

디즈니는 유명한 애연가였다. 그의 담배 사랑은 각별했는데, 그와 같이 창조적인 일에 몰두하는 작가들이 종종 그렇듯 작업 중에 줄담배를 피워 댔다. 1966년 11월 초, 그는 몸에 이상을 느껴 병원을 찾았고 결국 폐암 진단을 받게 된다. 1966년 12월 15일, 은막 위에서 늘 발랄하고 생기 있게 뛰어다니던 미키마우스처럼 언제나 늙지 않고 우리 곁에 있을 것 같던 디즈니는 65세 생일을 맞은 지 10일 만에 폐암으로 세상을 떠난다. 그는 화장되었고 유해는 캘리포니아 주 글렌데일의 한 공동묘지에 묻혔다. "온 나라가 월트의 죽음을 애도했다. 「뉴욕 타임스」는 사설에서 이렇게 그를 추모했다. '월트 디즈니는 그의 손이 닿는 모든 것에 천진난만하고 흥겨운 즐거움과 어린아이 같은 호기심을 불어넣는 마력을 지녔다. 그의 성취는 지루하지도 않은, 소위 선하고 깨끗하고 미국적인 즐거움으로 요약될 수 있다. 그것이 바로 월트 디즈니가 우리 미국인과 세계인에게 안겨준 것이다. 이 모든 것은 미키라는 사랑스럽고 매력적인 생쥐 속에 한꺼번에 녹아 있다. 미키는 결코 하나의 작은 유산에 지나지 않는 게 아니다.'"[20]

로버트 아이거의
『디즈니만이 하는 것』

디즈니만이 하는 것? 공유여행 플랫폼 회사의 CEO가 하고 많은 책 중에서 이 책을 고른 이유는 무엇일까? 아마 그 단서는 책의 원제에 숨어 있을지 모르겠다. 『디즈니만이 하는 것』의 원제는 '일생일대의 탑승The Ride of a Lifetime'이다. 그는 마치 디즈니랜드의 롤러코스터를 타듯 세계적인 엔터테인먼트 기업의 수장으로 수많은 부침을 겪은 한 원숙한 기업가의 자전적 성공 스토리를 읽으며 리더의 자질을 배우고 익혔던 것이다. 또한 이 책을 통해 창업자 디즈니와, 그의 왕국을 물려받아 세계 굴지의 첨단 문화 기업으로 탈바꿈시킨 로버트 아이거를 비교할 수 있었을 것이다. 앞서 소개한 개블러의 『월트 디즈니』가 과거 디즈니의 전기였다면, 로버트 아이거의 『디즈니만이 하는 것』은 디즈니 왕국의 현 수장이 꿈꾸는 미래 세계를 그린 경영서다. 체스키는 직접 자신의 트윗에서 "밥은 훌륭한 CEO지만, 월트와 여러 면에서 전혀 다른 인물"이라고 평가했다. "밥은 로이 디즈니(월트 디즈니의 형-편집자 주)와 월트 사이에 위치해 있으며 로이에 조금 더 가깝다." 그런 점에서 이 책은 디즈니의 생애를 오마주한 책일 뿐만 아니라 체스키의 경영철학을 간접적으로 엿볼 수 있는 중요한 책이기도 하다.

　우선 독자들 중에서는 이 책의 저자 로버트 아이거Robert Iger가 누군지 대부분 잘 알고 있을 거라 생각한다. 우리가 애정하는 픽사 애니메이션부터 마블 시리즈까지 인수 합병을 기획하고 과단성 있게 추진한 인물이라는 수식어는 차라리 그에게 붙은 거추장스러운 미사여구에 불과하다. 일찍이 모든 아이들의 판타지 세계를 구축한 루카스필름을 합병했고 나아가 세계 3대 메이저 영화사인 21세기폭스사를 인수했다. 그는 단순히 영화를 제작해서 배급하는 것에 그치지 않고, 문화를 만들었고 꿈을 구현해 냈다. 그렇게 그가 재임하는 기간 동안 전 세계 최고의 흥행작 20여 편 중에서 디즈니가 만든 영화가 11편이나 포함되었다. 오늘날 잘나가는 넷플릭스의 대항마로 꼽히는 차세대 OTT 서비스 디즈니플러스는 그가 현실의 성공에 안주하지 않는 인물임을 알려 주는 빙산의 일각에 불과하다. 오늘날 거대한 디즈니 왕국의 수장으로 전 세계 사람들에게 놀이와 재미, 판타지와 꿈의 세계를 선사하는 마술사 같은 인물이다. 아이거는 말한다. "우리는 재미를 제조한다." 이 얼마나 멋진 말인가! 필자가 커피숍을 차릴 때 아이거의 이 말을 떠올렸다. 오늘날 마케팅에 경험을 추가하는 추세가 언제부터 시작되었는지 잘 모르겠지만, 구매 경험에 즐거움을 더할 수 있다면 판매자로서 이보다 더 뜻깊은 일이 또 있을까 싶다. 사람들은 즐거운 일을 더 쉽게 기억한다. 즐거움은 우리 뇌의 보상회로를 자극하고 이는 다시 해마를 건드려서 한 번 느낀 즐거움을 두고두고 기억하게 만든다. 놀이의 인간이 이 즐거움을 기억에 저장하고 원할 때마다 다시 기억을 소환할 수 있도록 유도하는 것이 마케팅의 핵심이다. 그런 점에서 디즈니는 재미와 수익을 연결한 최강의 엔터테인먼트 기업이다.

아이즈너의 디즈니를 한 단계 진보시킨 CEO 로버트 아이거(출처: time.com)

생전에 월트 디즈니는 성공에 4C가 있다고 입버릇처럼 말했다고 한다. 호기심curiosity과 자신감confidence, 용기courage 그리고 초지일관constancy이 그것인데, 이런 관점에서 어쩌면 아이거는 창업자가 내세운 성공의 정의에 오늘날 가장 부합한 인물일지 모른다. TV 스튜디오인 ABC엔터테인먼트의 책임자로 있으면서 그는 하나의 프로그램을 기획하고 관리하는 데 무엇이 가장 시급하고 무엇이 절대적으로 필요한지 정확하게 파악하고 있었다. 그래서 아이거는 전임자 마이클 아이즈너의 사업 수완을 이어받아 디즈니사의 가치를 극대화한 인물로 평가받는다. 그는 디즈니가 지금 무엇을 팔고 있고 어떤 부분에서 수익이 날 수 있는지 정확하게 간파하고 있다. "… 마이클이 가진 가장 대단한 천재성은 디즈니가 아직 활용하지 않은 어마어마한 보고를 보유하고 있다는 사

063

063

실을 일깨우는 부분에서 발휘되었다. 첫 번째는 디즈니 놀이공원의 인기였다. 티켓 가격을 아주 조금만 올려도 수입을 대폭 증대시킬 수 있었다. 방문객의 수에 별다른 영향을 미치지 않으면서 말이다. … 두 번째는 테마파크의 확대였다. … 훨씬 더 전망이 좋았던 것은 축적된 지적자산의 활용이었다. 그 모든 위대한 디즈니의 고전영화들로 수익을 올릴 수 있었다. 어린 시절 극장에서 디즈니 영화를 보았고 이제는 그것을 자녀에게 보여 주길 원하는 청장년층 고객들에게 디즈니의 고전영화를 비디오카세트에 담아서 팔기 시작했다. 그렇게 10억 달러 규모의 사업이 창출되었다."[21]

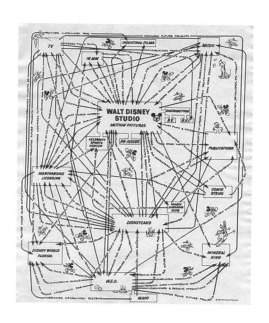

체스키가 보기에 디즈니의 수익 모델은 1955년 이래로 바뀌지 않았다.
(출처: 브라이언 체스키의 트위터, twitter.com/bchesky)

서재에서 탄생한 위대한 CEO들

이 책은 아이거가 어떻게 회사 이인자의 자리에서 벗어나 그룹의 수장이 될 수 있었는지 보여 주는 한 편의 성장 드라마와 같다. 그는 한동안 마이클의 그늘에 가려 빛을 보지 못했으나, 이사회에 의해 마이클이 회사에서 쫓겨난 다음 혼란한 회사의 중심을 잡고 미래의 비전을 보여 주고자 했다. 폐부를 쑤시는 듯한 잔혹한 검증 기간을 거쳐 디즈니의 수장으로 올라선 다음, 그는 많은 이들의 우려와 걱정에도 불구하고 마이클의 디즈니를 한 단계 업그레이드하는 데 성공했다. 그는 당장 픽사의 CEO였던 스티브 잡스에게 전화를 걸었다. 디즈니에게 애니메이션이 얼마나 중요한지 너무나 잘 알고 있었던 그였기 때문에 픽사와의 갈등을 먼저 원만하게 해결하고 싶었다. 이 부분에서 필자는 아이거가 생각한 기업 경영의 핵심이 잘 묻어난다고 느꼈다. 기업을 경영하는 것은 체스판 위에 말을 움직이는 것과는 차원이 다른 게임이다. 기업의 성장과 비즈니스의 확장을 위해서라면 CEO는 알량한 자존심 따위는 내던지고 무릎을 꿇고 적장의 발에 입을 맞출 수도 있어야 한다.

"당시 스티브는 기술 분야뿐 아니라 재계와 문화계를 막론하고 세계에서 가장 존경받는 인물 중 한 사람이었는데, 그가 디즈니와의 협력을 거부하고 공개적으로 혹평을 쏟아내고 있었기에 조금이라도 협력 관계를 회복한다면 취임 초기의 상당한 성과로 보일 터였다. 게다가 이제 픽사가 애니메이션 업계를 주도하고 있었기에 어떤 식으로든 협력 관계만 복원된다면 디즈니의 사업에도 이로울 것이 틀림없었다. 아직 디즈니의 애니메이션 부문이 얼마나 형편없는 수준으로 전락했는지 완전히 파악하고 있지 않은 나조차도 어렵지 않게 추정할 수 있는 부분이었다. 스티브처럼 완고한 사람의 태도가 바뀔 확률은 매우 낮다는 것

065

또한 모르지 않았다. 하지만 시도는 해봐야 했다."²²

아이거가 디즈니를 오늘날의 규모로 키울 수 있었던 데에는 단연 마블 인수가 결정적이었다. 마블은 여러 제작사들과 복수의 계약에 묶여 있는 상태였다. 다수의 영화가 파라마운트와 배급 계약이 체결되어 있었고, 「스파이더맨」의 판권은 콜롬비아픽쳐스에, 「인크레더블 헐크」는 유니버셜에, 「엑스맨」과 「판타스틱4」의 소유권은 폭스에 있었다. 당시 여러 회사에 복잡하게 찢어져 있던 마블 히어로물의 저작권을 한데 모을 수 있었던 아이거의 추진력과 배포가 부러울 뿐이다. 만약 마블이 디즈니와 합체될 수 있다면 회사는 다시 한 번 강력한 도약대를 발아래 두게 되는 셈이었다. 그러나 결정적인 성공은 「엑스맨」도 「스파이더맨」도 아니었다. "와칸다, 포에버!" 「블랙팬서」가 쥐고 있었다. 마블 코믹스의 팬도 아니면서 「블랙팬서」의 판권까지 사들인 데에서 기업가 아이거의 안목이 다시 빛을 발했다. 진정 '디즈니만이 하는 것'이 무엇인지 제대로 보여준 인수였다.

"흑인이 주인공인 슈퍼히어로 영화는 흥행에 성공할 수 없다는 회의적 견해는 단지 뉴욕의 마블 팀만의 것이 아니었다. 흑인 위주의 등장인물로 구성된 영화나 흑인이 주인공인 영화는 대부분의 글로벌 시장에서 역시 성공한 적이 없었다는 것이다. 이는 할리우드의 지배적 견해이기도 했다. 이 때문에 흑인이 주도하는 영화의 제작이나 흑인 배우에 대한 캐스팅은 매번 제한적으로 이뤄졌고, 제작이 결정된 이후에도 흥행수익 측면에서 리스크를 낮추기 위해 예산이 삭감되기 일쑤였다."²³

잡스에 대한 체스키의 리스펙트는 유명하다. 그는 잡스를 거의 신봉

했다. 그는 한 언론과의 인터뷰에서 잡스를 두고 다음과 같이 말했다고 한다. "스티브 잡스는 내가 좋아하는 또 다른 창업자 중 한 명이다. 그들은 많은 점에서 공통점을 가지고 있는데, 스티브는 사망할 때 디즈니의 주식을 가장 많이 갖고 있던 주주였다. 둘 다 역사적으로 중요한 인물이며 잊히지 않을 불멸의 존재들이다." 잡스가 체스키에 주었던 상상력은 공유 플랫폼이라는 새로운 영역에서 빛을 발했다. 그리고 그 상상력은 아이거가 이끄는 디즈니를 만나면서 새로운 판타지의 세계를 창출했다. 그 결과는 우리가 오늘날 이미 목도하고 있는 바다.

알랭 드 보통의
『여행의 기술』

어찌 보면 체스키가 보통의 책을 자신의 추천 도서로 꼽은 것은 당연한 일일지 모른다. 그의 고객은 상당수가 유명 지역을 순회하거나 단기 동안 머무는 여행자들이며, 그의 비즈니스 모델은 일차적으로 쥐꼬리만 한 경비를 아끼기 위해 값싼 숙박지를 전전하면서 최대한 많은 경험을 하고 싶어 하는 배낭여행족들을 타깃으로 하기 때문이다. 프랑스에서 태어나 영국에서 활동하는 작가 알랭 드 보통Alain de Botton은 『여행의 기술The Art Of Travel』에서 자신만의 독특한 여행 노하우와 관점을 소개한다. 작가답게 여행지를 그냥 다니지 않고 역사 안에서 꼭 필요한 안내자들을 소환하여 동반하고 다녔다. 네덜란드 암스테르담에는 귀스타브 플로베르를, 프랑스 프로방스에는 빈센트 반 고흐를, 레이크 디스트릭트에는 윌리엄 워즈워스를 여행의 가이드로 삼았다. 이런 여행이라면 정말이지 백 번이고 천 번이고 다닐 맛이 나겠다. 캄보디아의 앙코르와트를 방문했을 때 동서남북 4개의 벽면을 두르고 있는 벽화들을 보는 여행자에게 『바가바드기타』의 아리주나가 환생하여 여행의 길벗이 되어 준다면 얼마나 짜릿하겠는가?

보통의『여행의 기술』은 전체 9장으로 구성되어 있는데, 대부분의 기행집과 달리 여행의 목적지나 체류지가 제목을 이루지 않는다. '기대에 대하여' '여행을 위한 장소들에 대하여' '이국적인 것에 대하여' '호기심에 대하여' '시골과 도시에 대하여' '숭고함에 대하여' '눈을 열어 주는 미술에 대하여' '아름다움의 소유에 대하여' '습관에 대하여' 등에서 보는 바와 같이 마치 철학 에세이를 방불케 한다. 여행은 깊은 사유와 생의 통찰을 위한 매개에 불과하며, 각기 여정의 목적지는 주어진 주제에 해답을 주기보다는 물음을 던지는 역할에 머문다. 여행지도 버킷리스트에 단골로 오르내리는, 여느 TV 홈쇼핑 상품처럼 천편일률적인 여정이 아니라 그가 살고 있는 영국의 수도 런던의 해머스미스나 독랜즈 등이 선정되어 있다. 게다가 휴게소나 공항 같이 지극히 평범한 공공장소도 여행지로 등장한다. 이런 바탕에는 보통이 의도한 하나의 전략이 숨어 있다. 그건 바로 우리네 흔한 일상을 벗어나는 것만이 여행이 아니라 일상 속에서 낯선 나를 찾는 여정도 여행의 하나가 될 수 있다는 조언이다.

필자가 보통의 책을 읽으며 특히 흥미로웠던 것은 여행을 하면서 말그림을 그려 보라는 그의 제안이다. 여기서 '말≡ 그림'이라는 것은 말로 풍경과 느낌, 사건과 경험을 묘사하고 풀어내는 작업이다. 일본의 교토에서 은각사와 금각사를 처음 보았을 때 눈앞에 펼쳐진 광경과 이어 북받치는 감정을 표현할 언어를 찾기 힘들었다. 흔히 '형언形言할 길이 없다'고 표현하는 그 말이 계속 입가를 맴돌았다. 평소 우리는 대자연의 장관을 마주하거나 설산의 비경을 바라보고는 "우와, 대박!"이나 "이야,

멋지다"처럼 모국어를 막 배운 어린애 수준의 고식적 표현 말고 다른 어떤 감탄사를 내뱉는가? 흔히 '아는 만큼 보인다'는 말이 있는데, 보통의 말 그림은 '말하는 만큼 보인다'쯤으로 바꾸어 쓸 수 있겠다.

"매력적인 장소는 보통 언어의 영역에서 우리가 능력이 부족하다는 사실을 일깨워 준다. 예를 들면 레이크 디스트릭트에서 나는 친구에게 엽서를 쓰다가 약간의 절망과 초조함을 느끼며 경치는 좋고, 날씨는 흐리고, 바람이 많다고 썼다."[24]

알랭 드 보통(출처: themarginalian.org)

말 그림만큼 재미있는 제안이 또 있다. 보통은 낯선 곳에서 나를 만나는 경험이야말로 여행이 주는 새로운 정체성이라고 주장한다. 낯설고 이국적인 것에서 전에 몰랐던 나를 발견하는 셈이다. 자기 정체성은 방 안에 앉아서 뚝딱 만드는 게 아니라 길을 걸으면서 발견하는 것이다. 심리학자인 조셉 러프트와 해리 잉햄은 정체성에 4사분면이 있다고 말한다. X축이 '내가 아는 나'와 '내가 모르는 나'라면, Y축은 '남이 아는 나'와 '남이 모르는 나'로 구성된다. 이렇게 두 축을 서로 조합하면 '나도 알고 남도 아는 나' '내가 알지만 남은 모르는 나' '나는 모르지만 남은 알고 있는 나' '나도 모르고 남도 모르는 나'처럼 네 개의 정체성이 만들어진다. 흔히 이를 '조하리의 창Johari's window'이라고 부른다. 나도 알고 남도 아는 '공개된 자아'는 정체성의 핵심에 해당하지만 나라는 사람의 노골적인 외연에 불과하다. 내가 알지만 남은 모르는 '숨겨진 자아'는 나라는 사람이 갖는 은밀한 정체성이다. 웬만해서는 남에게 들키고 싶지 않은 내면 깊숙이 숨어 있는 나 자신이다. 숨겨진 자아는 대중들에게 발현되지 않지만 나는 너무나 잘 알고 있는 자신이다. 반면 나는 모르지만 남은 알고 있는 '가려진 자아'는 남의 눈에 비친 나의 무의식적 행동이다. "넌 이러이러한 사람이야"라는 말이 대부분 여기에 해당한다. 전혀 나를 표현하지 못하는 문장이라 깜짝 놀랄 수 있지만 남들이 이렇게 판단하니 이 역시 버릴 수 없는 또 다른 나 자신이라고 할 수밖에 없다. 마지막으로 나도 모르고 남도 모르는 '미지의 자아'는 여행이나 새로운 경험을 통해 적극적으로 발굴해야 하는 자아다.

여행 중에 미지의 자아를 발견하면 나는 그곳에서 다시 태어나는 셈이다. 보통은 전율할 정도로 자신을 거듭나게 한 여행지를 출생지로 삼자는 플로베르의 제안을 진지하게 받아들인다. 출생지가 애초에 내 의사와 아무런 상관없이 일방적으로 주어진 것이라면, 여행지는 나의 분명한 명분과 목적을 통해 정할 수 있다는 점에서 새로운 출생지로 손색이 없다고 말한다.

"플로베르와 이집트의 평생에 걸친 관계를 보면 우리도 어느 나라에 느끼는 매력을 심화하고 존중할 필요가 있다는 느낌이 든다. 플로베르는 사춘기 이후로 자신이 프랑스인이 아니라고 주장해 왔다. 이 나라와 이 나라 사람들에 대한 그의 증오는 너무 강렬하여, 그는 자신이 프랑스 국민이라는 사실을 조롱하기까지 했다. 그는 국적을 부여하는 새로운 방식을 제안했다. 출생지나 선조를 따지지 말고, 자신이 매력을 느끼는 장소를 따지자는 것이었다."[25]

이에 대해 보통은 다음과 같이 덧붙인다. "말할 필요도 없이 우리 모두가 태어날 때 바람에 흩뿌려져 이 나라 저 나라에서 태어났다. 그러나 플로베르와 마찬가지로 우리도 어른이 되면 상상 속에서 우리의 충성심이 향하는 대상에 따라서 우리의 정체성을 재창조할 자유를 얻는다."[26]

세 번째로 보통의 책에서 필자에게 인상 깊었던 내용은 전혀 다른 두 가지 여행의 방식을 비교하는 대목이다. 그는 독일인이었던 알렉산더 폰 훔볼트와 프랑스인이었던 사비에르 드 메스트르를 서로 비교하면서 훔볼트가 1799년부터 1804년까지 남아메리카를 여행하며 여행기 『신대륙의 적도 지역 여행A Journey to the Equinoctial Regions of the New Continent』을 출판하기까지 노새 10마리, 짐 꾸러미 30개, 통역 4명, 크로노미터, 육분의, 망원경 2개, 보르다 경위의, 나침반, 습도계, 스페인 왕이 보내는 소개장, 총이 필요했다. 반면 드 메스트르는 훔볼트의 여행이 있기 9년 전인 1790년, 스물일곱 살의 나이로 자신의 침실을 여행하고 그것을 『나의 침실 여행』이라는 여행기로 출판하기까지 고작 분홍색과 파란색이 섞인 면 파자마 한 벌만이 필요했다고 말한다. 침실 여행이라니…. 자신의 집 안방을 돌아다니는 것조차 여행이라고 부를 수 있을까? 안

방에서 서재로 이동할 때 여권과 비자는 필요할까? 비자는 도착비자를 받아야 할까, 미리 대사관에 신청해야 할까? 기내식은 어디서 받을 수 있을까? 여장은 책상과 침대 중 과연 어디에서 풀어야 할까? 모든 것이 궁금증을 자아내는 기이한 여행임에 틀림없다.

드 메스트르처럼 실내 여행을 감행했던 사람은 또 있다. 필자가 좋아하는 소설가 김영하다. 필자가 보통의 책을 읽으며 불현듯 김영하의 에세이가 생각난 것은 김영하가 체스키에 대한 언급을 하고 있기 때문만은 아니다.[c] 그 역시 본의 아니게 방콕 여행자로 지낸 이력을 밝히고 있어서다. 그는 한 달 정도 중국 상해에 집을 빌려 소설을 쓰려고 여행길에 올랐다가 중국 비자가 없는 탓에 추방당했던 일화를 소개하며 자신의 산문집 『여행의 이유』를 시작한다. 본의 아니게 방콕 여행을 하게 된 김영하는 소설 하나를 쓰고 드디어 여행을 마친다. "영어에는 armchair traveler라는 표현이 있다. 우리말로 바꾸자면 '방구석 여행자' 쯤 될 것이다. 편안한 자기 집 소파에 앉아 남극이나 에베레스트, 타클라마칸사막을 탐험하는 여행자를 조금은 비꼬는 표현이다. 하지만 우리 모두는 어느 정도는 모두 '방구석 여행자'이다. 우리는 여행 에세이나 여행 다큐멘터리 등을 보고 어떤 여행지에 대한 환상을 품는다. 그리고 기회가 되면 그곳을 다녀온다. 그러나 일인칭으로 수행한 이 '진

---

c   "숙박공유업체 에어비앤비의 창업자 브라이언 체스키도 있다. 현재 에어비앤비는 기업 가치가 호텔 체인 힐튼 그룹을 넘어섰지만 그는 아직도 집을 소유하지 않고, 대신 2010년부터 지금까지 모르는 사람 집, 남는 방, 휴가 떠난 사람의 빈집을 돌아다니며 살고 있다고 한다." 김영하, 『여행의 이유(문학동네)』, 129-130.

짜' 여행은 시간과 비용의 문제 때문에 제한적일 수밖에 없다. 그래도 우리는 모두 그곳을 '다녀왔다'고 생각한다."[27]

자신의 여행에 대해 사비에르는 이렇게 말했다고 전해진다. "지금까지 감히 여행을 떠나 보지 못한 수많은 사람들, 여행을 할 수 없었던 사람들, 그리고 여행은 생각도 해본 일이 없는 더 많은 사람들이 나의 예를 따를 수 있을 것이다. 이제 아무리 게으른 사람이라고 하더라도 돈도 노력도 들지 않는 즐거움을 찾아 출발하는 일을 망설일 이유가 없을 것이다."[28] 보통은 드 메스트르의 방콕 여행을 이렇게 평가한다. "우리가 여행으로부터 얻는 즐거움은 여행의 목적지보다는 여행하는 심리에 더 좌우될 수도 있다는 것이다. 여행의 심리를 우리 자신이 사는 곳에 적용할 수 있다면, 이런 곳들도 훔볼트가 찾아갔던 남아메리카의 높은 산 고개나 나비가 가득한 밀림만큼이나 흥미로운 곳이 될 수 있다."[29] 체스키의 서재에서 보통의 책을 발견하고 함께 나누고 싶은 감성은 어쩌면 드 메스트르의 방구석 여행자가 주는 친숙함과 낯섦의 기묘한 변주가 아닐까 싶다. 이는 2019년 이후 전 세계를 휩쓸고 있는 코로나 사태에도 불구하고 에어비앤비가 디지털적 사유에 익숙한 여행자들에게 약속하고 있는 아날로그적 감성과 닮은 구석이 있다. 지극히 필자의 개인적인 생각이지만, 에어비앤비가 앞으로 나아갈 방향은 일상의 경계에서 벗어난 여행자들이 찾는 익숙한 공간과 미지의 자아 사이의 어디쯤에 있을 게 분명하다.

테슬라를 닮고 싶은
희대의 괴짜 일론 머스크
(테슬라 CEO)

Elon Reeve Musk

3장

바구니에 무슨 일이 일어날지
당신이 통제할 수 있다면 가진 계란을
모두 한 바구니에 넣어도 좋다.

_일론 머스크

_____ 2021년 9월, 스페이스-X는 그간 연구 및 시험 발사를 마치고 민간인 네 명을 태우고 미국 플로리다 주 케네디우주센터를 출발했다. 지구로부터 575킬로미터 떨어진 목표 궤도에 도달한 스페이스-X는 사흘간 90분에 한 번씩 지구 주위를 돌며 탑승자들에게 약속했던 환상적인 우주여행을 선사했다. TV 뉴스에는 성공적인 프로젝트에 신이 나 아이처럼 펄쩍펄쩍 뛰는 테슬라의 CEO 일론 머스크Elon Musk의 모습이 전파를 탔다. 최초의 민간 우주여행에 동참하는 영예를 안은 승객들로는 시프트4페이먼트의 창업자 재래드 아이작먼과 소아암 전문 세인트주드아동연구병원에서 근무하는 간호사 헤일리 아르세노, 애리조나전문대학에서 지질학을 가르치는 시안 프록터, 록히드마틴의 데이터 기술자 크리스 셈브로스키가 포함되었다. 소아암 환우에게 전달

될 2억 달러 모금을 위해 이뤄진 즉흥적인 이벤트였지만, 이들의 짧은 여정은 1963년 인간의 달 탐사 이후 우주여행에 새로운 이정표를 제시했다는 평가다.

현재 우주여행 상품을 개발 중인 기업은 머스크의 스페이스-X 외에도 아마존 창업자인 제프 베조스의 블루 오리진과 버진그룹의 창업자 리처드 브랜슨의 버진 갤럭틱이 있다. 밴더빌트와 록펠러, 카네기 등 19~20세기 미국 서부 개척시대를 풍미했던 '날강도 남작'에 빗대어 사람들은 이들을 '우주 남작Space barons'이라고 부른다. 우주 개척의 신기원을 이룬 그들의 업적에 보내는 최고의 찬사면서 동시에 우주 개발 분야에서 거의 독점에 가까운 그들의 지위에 보내는 냉소적 비판이기도 하다. 날강도 남작들이 대륙에 철로를 놓고 석유와 철강을 생산했다면, 우주 남작들은 우주로 가는 여행길을 개척하고 희소 광물과 관광 상품에 눈독을 들이고 있다. 그들의 일거수일투족은 연일 전 세계 매스컴에 오르내리는 가십거리가 된 지 오래다. 그리고 그들 중에 단연 일론 머스크의 한 마디 한 마디는 재계뿐 아니라 정계, 사회계, 문화계까지 엄청난 파장을 몰고 온다. 굳이 도지코인이나 비트코인과 관련한 그의 발언이 아니더라도 2021년 10월, 세계식량계획WFP 사무총장이 "머스크와 베조스가 자신들의 재산에서 2퍼센트만 기부해도 세계 기아 문제를 해결할 수 있다"고 공언한 것을 두고 머스크는 곧바로 자신의 트위터에 "정확한 근거와 세부 계획을 투명하게 공개한다면 당장 내 주식을 팔아 60억 달러를 마련하겠다"며 기부 의사를 밝히기도 했다. 60억 달러면 한화로 약 7조 710억 원에 해당하는 어마어마한 금액이다.

천방지축 괴짜에 좌충우돌 명사인 일론 머스크는 1971년 6월 28일

남아프리카공화국 프리토리아에서 삼남매 중에 장남으로 태어났다. 그의 아버지는 영국계 남아공 사람이었고, 어머니는 캐나다인이었다. 부계 쪽으로는 할아버지로부터 남아공에서 대대로 갑부였으며 엔지니어였던 아버지 역시 사파이어 광산 개발에 참여하여 큰돈을 벌었다. 어려서 머스크는 대저택에서 흑인 가정부와 집사의 보살핌을 받으며 부유하게 자랐다. 그가 여덟 살이었을 때 부모님은 이혼했고, 이후로 그는 줄곧 어머니와 지내게 되었다.

그는 어려서부터 독서광이었다. 이미 초등학교 때 학교 도서관과 마을 도서관에 소장된 책을 모조리 읽었다고 한다. 이후로 읽을거리가 없어진 머스크는 브리태니커 백과사전을 닥치는 대로 읽기 시작했다. 십대를 남아공에서 보낸 그는 그 즈음부터 막연하게 미국과 캐나다를 동경했다. 그의 일기장을 보면 앞으로 기회가 된다면 꼭 북미권에서 살고 싶다는 이야기가 등장한다. 그가 남아공에 남아 있었다면 오늘날 테슬라는 존재하지 않거나 전혀 다른 모습일지도 모른다. 실제로 그는 자신의 바람대로 어머니를 따라 캐나다로 이주했다. 그가 캐나다로 이주한 이유에 대해서는 여러 가지 이야기들이 있다. 그중에 가장 그럴듯한 이야기는 당시 남아프리카공화국은 모병제가 아닌 개병제였기 때문에 양심적 병역 거부를 위해서였다는 것이다. 남아공에서 군인이 된다면 어쩔 수 없이 아파르트헤이트 정권에 부역할 수밖에 없다고 생각했던 것. 그것은 머스크의 양심상 받아들일 수 없는 것이었다는 설명이다. 필자는 어린 시절 역사적 틈새를 메워 주는 이런 도덕적인 설명은 사후기억에 의해 왜곡된 설명이 대부분이라고 생각한다. 차라리 머스크는 미국에 너무 가고 싶어 했다는 설명이 보다 개연성이 높지 않을까?

2021년 「타임」지에 올해의 인물로 선정된 일론 머스크(출처: times.com)

　어쨌든 머스크에게 북미는 기회의 땅이었다. 그는 캐나다 퀸즈대학교에 들어갔고 2년 뒤 미국 유펜으로 편입한다. 거기서 경제학과 물리학 학사학위를 동시에 받은 뒤 1995년 캘리포니아로 이동하여 스탠퍼드대학교에 입학하려고 했으나, 엉뚱하게 공부는 때려치우고 자신의 남동생과 웹소프트웨어 스타트업인 집투Zip2를 설립하게 된다. 집투는 각종 신문사에 온라인 디렉토리와 이메일, 캘린더 등 온라인 시티 가이드 소프트웨어를 제공해 주는 회사였다. 회사는 1999년 컴퓨터 제조회사였던 컴팩에 현금으로 3억 7백만 달러를 받고 팔아 치웠다. 그 수익으로 머스크는 온라인뱅킹이라는 개념도 낯선 당시에 엑스닷컴X.com이라는 뱅킹 플랫폼 회사를 차린다. 2000년, 이 회사는 피터 틸이 세운 페이팔과 합병하면서 몸집을 불렸고, 2002년 이베이에 15억 달러에 팔렸다. 두 번의 스타트업 창업과 매각으로 머스크는 젊은 나이에 이미 어마어마한 돈을 벌게 되었다. 이제 그는 좀 더 새로운 사업을 해보고 싶었다. 그때 테슬라가 그의 시야에 들어왔다.

사람들은 머스크가 오늘날 테슬라 모터스를 만들었다고 착각한다. 하지만 앞서 말한 것처럼 그가 본래 세운 기업은 우주선을 만드는 제조 회사였다. 테슬라 모터스의 탄생에는 머스크 말고도 보통 세 명의 기술자들이 거론된다. 물론 머스크는 그 세 명의 기술자들을 모아 화학적 결합을 일으킨 진정한 설계자였지만 말이다. 첫 번째 인물은 스트라우벨Jeffrey Straubel이라는 공학자였다. 스트라우벨은 매우 실험적인 인물이었다. 그는 대학을 졸업한 이후부터 줄곧 태양광 에너지를 활용하는 기술과 리튬-이온 배터리를 달고 달리는 전기자동차 제조에 관심을 갖고 있었다. 실제로 두 가지 기술을 합친 우스꽝스런 태양광 자동차 모델을 생각하기도 했다. 당시는 아이들이 가지고 노는 장난감 말고는 제대로 된 전기자동차는 없었으며 전기차의 기술적 가능성을 타진하고 이론을 현실에 막 적용해 보는 초보적 단계에 머물러 있었다. 조야한 설계와 미비한 인프라, 무엇보다 기술의 한계로 대신 하이브리드형 차량이 전통적인 자동차 제조회사들에 의해 하나둘 시장에 선을 보이고 있던 때였다. 스트라우벨은 2003년 자신이 졸업한 스탠퍼드대학교 자동차 동아리와 함께 설계한 도면을 들고 어렵사리 머스크를 찾았다. 그에게 직접 투자금을 받을 목적이었다. 모두가 콧방귀를 낄 때 놀랍게 머스크는 스트라우벨의 무모해 보이는 기획서에 1만 달러를 투자하겠노라 흔쾌히 약속했다. 머스크의 위대함은 돈에 있지 않고 안목에 있다.

이와 비슷한 시기에 에버허드Martin Eberhard와 타페닝Marc Tarpenning이라는 공학자들도 전기차 제조회사 설립에 대해 심각하게 고민하고 있었다. 그들은 일찍이 이북 관련 플랫폼과 디바이스를 제조하는 누보미디어를 공동 창업한 기업가들이었는데, 손으로 가볍게 쥐는 전자기기로 책을 읽는다는 신박한 아이디어는 아마존 킨들보다 9년, 아이패드보다는 무려 13년이나 앞선 개념이었으니 말 그대로 그들은 전에 없던 '새로운 매체'를 하나 창조한 셈이다. 대기업은 언제나 돈 냄새는 귀신같이 맡는다. 당시 미국의 각 가정 TV 브라운관 앞에 꼭 한 권씩 놓여 있었던 「TV가이드」라는 잡지를 찍어 내던 젬스타TV가이드인터네셔널이 그들에게 접근했고 에버허드와 타페닝은 자신의 신생회사를 1억 8천 7백만 달러(현재 환율로 대략 2천 2백억 원)에 넘겼다. 하루아침에 돈방석에 앉게 된 그들은 그 돈으로 매일같이 동네 카페에 죽치고 앉아 새로운 사업을 구상했다고 한다.

그때 두 사람의 뇌리에 꽂혔던 생각은 스트라우벨처럼 전기차 제조회사였다. "에버허드는 공상적 박애주의자의 사회적 양심을 갖춘, 재능이 탁월한 엔지니어였다. 그는 미국이 중동에서 거듭 갈등을 빚는 현실이 마음에 걸렸고, 2000년경 과학에 관심이 있는 사람이면 으레 그랬듯 지구온난화를 현실로 받아들였다. 그래서 휘발유를 많이 소비하는 자동차의 대안을 찾기 시작했다."[30] 전기차를 만들겠다는 에버허드의 사뭇 정치-경제학적 발상의 이면에는 그럴 만한 사회적 이슈가 있었다. 그 이슈는 미국과 중동 지역 간의 군사적 충돌이었는데, 이를 이해하려면 속칭 '쌍둥이 빌딩'으로 불리던 세계무역센터를 무너뜨린 911 테러가 2001년에 발생했다는 사실을 먼저 기억할 필요가 있다. 결국 석유를 놓고 벌이는 각국의 패권 전쟁을 우려하고 유독 '휘발유를 들이마시는 gas-guzzling' 차량을 애정하는 미국인들의 시선을 환경 문제로 돌리려는 이들의 진지한 관심이 결국 전기차 제조회사 창업까지 이어진 셈이다.

"2003년 7월 1일, 에버허드와 타페닝은 자동차 제조사를 설립했다. 에버허드는 몇 달 전 디즈니랜드에서 아내와 데이트하다가 테슬라 모터스라는 이름을 생각해 냈다. 발명가이자 전기모터 제작의 선구자인 니콜라 테슬라의 업적을 기리는 동시에 듣기에도 좋았기 때문이다."[31]

참고로 평생 테슬라와 잔인한 악연으로 묶였던 경쟁자 에디슨 본인이 1878년 창업한 제너럴일렉트릭GE이라는 가전제품 회사는 오늘날 굴지의 기업으로 성장했다. 지금은 가전회사라는 명칭이 유명무실할 정도로 사업 방향이 달라졌지만. 심지어 그를 기리는 '에디슨 인터내셔널'이라는 전기회사도 진작부터 존재했다. 그런데 2003년이 되어서야 비즈니스를 시작한 테슬라는 후발주자의 한계를 딛고 2021년 현재 세계 최고의 기업으로 우뚝 섰다. 생전에 에디슨과의 살벌한 경쟁 관계는 비교조차 안 될 정도로 오늘날 테슬라는 GE를 가볍게 누르고 시총으로만 수십 배 이상의 거대 기업으로 성장했다. 에디슨에 의해 영구히 차폐된 그의 이름이 무덤에서 되살아나 불사조처럼 화려하게 부활했으니 결국 따지고 보면 둘의 경쟁 관계에서 최종 승자는 테슬라가 아닐까? 머스크의 서재 훔쳐보기는 바로 이 지점에서 시작된다. 과연 세계적인 조만장자 머스크는 지금까지 어떤 책들을 읽어 왔을까?

머스크의 서재에 꽂혀 있는 책들

피터 틸, 『제로 투 원(한국경제신문사)』

더글러스 애덤스, 『은하수를 여행하는 히치하이커를 위한 안내서(책세상)』

에인 랜드, 『아틀라스(휴머니스트)』

버나드 칼슨, 『니콜라 테슬라 평전(반니)』

프랭크 허버트, 『듄(황금가지)』 시리즈

J.R.R. 톨킨, 『반지의 제왕』 시리즈

샘 해리스, 『Lying』

애덤 스미스, 『국부론(비봉출판사)』

로버트 A. 하인라인, 『낯선 땅 이방인(GONZO)』

월터 아이작슨, 『벤저민 프랭클린: 인생의 발견(21세기북스)』『스티브 잡스(민음사)』

이언 뱅크스, 『게임의 명수(열린책들)』 외 다수

스테픈 웹, 『If The Universe Is Teeming With Aliens… Where Is Everybody?』

닉 보스트롬, 『슈퍼인텔리전스: 경로, 위험, 전략(까치)』

대니얼 수아레스, 『데몬(제우미디어)』

윌 듀런트, 『문명이야기(민음사)』 시리즈

맥스 테그마크, 『라이프3.0(동아시아)』

J.E. 고든, 『Structures: Or Why Things Don't Fall Down』

윌리엄 볼리토, 『Twelve Against The Gods』

존 드루리 클라크, 『Ignition』

도널드 발렛, 『Howard Hughes: His Life and Madness』

나오미 오레스케스, 『의혹을 팝니다(미지북스)』

리처드 브랜슨, 『Screw Business As Usual』

션 캐럴, 『빅 픽처: 양자와 시공간, 생명의 기원까지 모든 것의 우주적 의미에 관하여(글루온)』

제임스 배럿, 『파이널 인벤션: 인공지능, 인류 최후의 발명(동아시아)』

새뮤얼 베케트, 『고도를 기다리며(민음사)』

스튜어트 러셀, 『어떻게 인간과 공존하는 인공지능을 만들 것인가(김영사)』

존 그린, 『잘못은 우리 별에 있어(북폴리오)』

아이작 아시모프, 『파운데이션(황금가지)』 시리즈 외 다수

스티븐 노벨라, 『The Skeptics' Guide to the Universe』

에른스트 융거, 『The Storm of Steel』

버나드 칼슨의
『니콜라 테슬라 평전』

2004년, 머스크는 서로의 존재를 모른 채 따로 활동하던 스트라우벨과 테슬라 모터스의 두 공학자 에버허드와 타페닝을 한데 묶었다. 이후 머스크는 투자를 통해 테슬라의 지분을 사들여 회사의 최대주주가 되었고 자연스럽게 회장의 자리에 앉았다. 기존의 별도의 조직을 하나로 묶는 작업은 결코 쉽지 않았다. 이들이 공언한 첫 번째 전기차가 탄생하기까지 5년이라는 시간이 필요했다. 2009년 테슬라 모터스가 공식적인 최초의 전기차 로드스터Roadster를 시장에 선보이기까지 머스크는 지속적으로 회사 경영권을 장악해 나갔다. 전직 CEO였던 에버허드와 경영권을 놓고 적잖은 마찰을 빚기도 했지만, 시장은 이미 머스크 대세론으로 기울어진 상태였다. 호사가들은 머스크의 재능과 상상력을 니콜라 테슬라에 빗대었고, 역사가들 중에는 머스크의 로드스터를 헨리 포드의 모델-T에 비유하기도 했다.

그만큼 21세기 기업 테슬라의 영향력은 지대하고 CEO 일론 머스크의 입김은 대단하다. 그런 머스크가 감명 깊게 읽은 책으로 버나드 칼슨의 『니콜라 테슬라 평전』을 꼽았다는 사실은 우리들에게 많은 시사점을 던져 준다. 무엇보다 머스크는 테슬라 모터스라는 사명社名에 아무런 지분을 갖고 있지 않다. 단지 그는 기존의 테슬라를 인수했을 뿐이다. 그럼에도 그가 테슬라 평전에 매료되었던 것은 테슬라라는 역사적 인물에게서 단순히 매스컴에 보도되는 것 이상의 매력을 느꼈기 때문인 게 분명하다.

니콜라 테슬라Nikola Tesla는 1856년 7월 9일 자정 즈음 난데없이 번개가 시끌벅적하게 치던 날 크로아티아에서 태어났다고 한다. 아마 교류 전기장치로 인류의 미래를 바꾸어 놓을 신동의 출생을 알리는 신의 계시였는지 모른다.

"가족의 전설로는 그 순간에 심한 뇌우가 몰아쳐 마을의 산파가 깜짝 놀랐다고 한다. 산파가 두려워하면서 '이 아이는 폭풍우의 아이가 되겠구려' 하자 그의 어머니는 '아니, 빛의 아이라오'라고 대답했다."[32]

무슨 천둥의 신 토르도 아니고 태어날 때 일월성신 천체기상에 기이한 현상이 발생했다는 건 상당 부분 날조되었거나 부풀려진 이야기일 가능성이 높다. 세르비아계 출신의 정교회 사제였던 아버지 덕분인지 테슬라는 언어에 능통했고 언변이 화려했다. 이미 십 대에 7개 이상의 언어를 통달하고 수학에 탁월한 재능을 보여 신동이라는 소리를 들었다. 그는 오스트리아의 기술학교에 들어가 공부하다가 체코 프라하 대학으로 적을 옮겼으나 등록금을 낼 돈이 없어서 졸업장을 따지 못했다. 가난한 성직자 집안에서 유학 자금을 대줄 형편이 있었겠는가? 젊음은 낭비하는 것이라는 말이 있던가. 한때 테슬라는 젊어 술과 노름에 빠져 허우적대며 새털같이 허다해 보이는 젊음의 시간을 허비했다. 아들의 도박중독을 끊겠다고 오스트리아까지 찾아간 아버지에게 테슬라는 "제가 원하면 언제든 그만둘 수 있어요. 낙원의 즐거움을 포기할 가치가 있을까요?"라고 대들었다. 길을 찾지 못해 방황하는 아들에 크게 낙심한 아버지는 얼마 안 가서 세상을 떠나고 말았다.

교류 전기에 미친 천재 니콜라 테슬라(출처: wikipedia.org)

뚜렷한 목표를 찾지 못하던 테슬라에게 전환점이 찾아온 건 그때쯤이었다. 프랑스에 세워진 에디슨 전구 회사에 취직한 것이다. 직접 에디슨을 만난 건 아니지만, 그곳에서 테슬라는 에디슨 회사가 지닌 공학적 노하우를 습득하는 한편 자신이 구상하던 모터에 대한 실험을 지속할 수 있는 기회를 얻었다.

"이브리의 에디슨 공장에서 일하면서 테슬라는 다이너모와 모터에 관해 실제적 공학 지식을 많이 습득했다. 대개 머릿속에서 교류 모터의 이상적인 작동 방식을 생각만 하던 그가 이때부터는 머릿속 발명품을 실제 기계로 바꾸는 문제를 직접 배운 것이다."[33]

그는 입사하자마자 당장 에디슨의 모터에 여러 가지 기계적 단점들을 발견한다. 이를 눈여겨본 관리자는 프랑스에서의 업무를 마치고 귀국하면서 그를 미국 본사로 불렀다. 새로운 환경에서 미지의 도전을 펼칠 수 있는 기회가 주어진 것이다. 그렇게 테슬라는 1884년 아메리칸 드림을 꿈꾸며 대서양을 건너 미국으로 건너간다. 자고로 사내는 큰물에서 놀아야 한다. 유럽에서 자신의 이름으로 교류 모터를 만들고 싶었던 테슬라는 기회의 땅으로 건너가 자신의 포부를 펼치기로 한다. 이 부분은 십 대 때 단순히 징집을 피해 남아공을 탈출한 머스크보다 한층 드라마틱하다. 뉴욕에 도착한 지 겨우 이틀 만에 에디슨 기계공장Edison Machine Works에서 일하면서 테슬라는 처음으로 에디슨을 만난다. 에디슨 밑에서 여러 기계 부품과 전기장치들의 개선을 도왔으나 그것으로 성에 차지 않았던 테슬라는 회사 밖에서 자신의 설계에 자금을 댈 수 있는 투자자를 찾았다. 여기에는 그럴 만한 이유가 있었다. 당시 회사는 백열등을 비롯한 조명 장치의 품질 향상에 집중하고 있었기 때문에 교류 모터를 만들겠다는 테슬라의 꿈과는 맞는 부분이 거의 없었다. 밑에서 허드렛일이나 하며 시간을 죽이던 그는 결국 6개월 만에 에디슨 회사를 때려치우고 만다. 그러나 이것은 그의 앞에 펼쳐질 불행의 전조에 불과했다.

테슬라의 삶은 입사와 퇴사, 창업과 파산으로 점철되어 있다. 그는 한곳에 진득하니 머물러 있지 않고 끊임없이 새로운 길을 찾아 나섰다. 그는 에디슨 기계공장을 미련 없이 떠난다. 아크등의 부품적 결함을 개

선했으나 그에 따른 적절한 보상이 주어지지 않았다는 것이 퇴사의 이유였다. 1885년 회사를 나와서 테슬라는 에디슨의 회사에서 개발한 것과 같은 아크등을 자신의 이름으로 특허를 낸다. 테슬라의 업적은 뭐니뭐니 해도 교류발전기 개발이었다. 1895년 그가 웨스팅하우스사에 재직 중일 때 나이아가라 폭포에 교류발전기를 사용한 수력발전소를 만들면서 그의 발명이 빛을 보게 된다. 에디슨은 대중에게 테슬라의 교류발전기에 대해 나쁜 이미지를 심어 주려고 교활하게 고압의 교류로 동물을 죽이는 공개 실험을 선보이기도 했다. 이 과정에서 테슬라는 직류와 비교하여 교류의 우수성을 널리 알리기 위해 자신의 특허권을 포기하는 배수진을 치는 결의를 보였다. 이후 직류와 교류 논쟁은 한동안 업계를 떠들썩하게 만들었다. 에디슨의 노력에도 불구하고 최후 승자는 웨스팅하우스가 된다. 웨스팅하우스는 1893년 5월 시카고에서 개최된 만국박람회에서 전기 시설 독점권을 따내며 전류 전쟁은 끝이 난다.

하지만 그의 말년은 에디슨과 비교해서 초라하기 그지없었다. 이해할 수 없는 기괴한 주장을 늘어놓기도 했다. 1934년에는 한 언론과의 인터뷰에서 국경으로부터 400킬로미터 떨어진 거리를 날아가 1만 대의 적기를 떨어뜨리고 수백만 대군을 몰살시킬 수 있는 입자선 무기를 개발할 것이라고 떠벌렸다.[d] 스스로 그 입자선을 '죽음의 광선'이라 부르며 대중의 공포심을 자극하는 데 성공했다. 물론 원자보다 작은 입자

---

[d] 그건 에디슨도 마찬가지였다. 말년에 에디슨은 사람을 영계와 연결하는 통신기를 개발했다고 떠벌렸다. 어쩌면 농담과 공갈 사이 어딘가에 놓이는 호언장담은 발명가들의 트레이드마크 같은 건가 보다.

를 멀리 보내기 위해 엄청난 에너지가 필요하고 아무리 제한적인 출력이라도 그와 관련된 가속기를 개발하는 게 이론적으로 불가능했지만 테슬라는 자신의 주장을 거두지 않고 개발 비용을 마련하기 위해 미 국무성을 비롯하여 여기저기에 직접 편지를 쓰기도 했다. 미국이 미온적인 반응을 보이자, 심지어 테슬라는 소련과 협상에 들어가기도 했다. 소련과 비밀리에 협상을 진행하는 동안에도 영국 정부에 자신의 무기를 3,000만 달러에 팔겠다고 흥정을 벌이기도 했고, 1939년 세계대전이 터지자 미국 정부에 디젤이든 가솔린이든 비행기의 모든 엔진을 녹이고 비행기에 실린 미사일을 터트릴 수 있는 입자선 무기를 만들겠노라 장담했다. FBI는 한 미치광이 노인네의 허황된 이야기를 앉아서 들어줄 만큼 그렇게 한가하지 않았다. 동시에 그 노인네 역시 급격히 나빠진 자신의 건강을 돌보면서 그들에게 약속한 입자선 무기를 만들 수 있을 정도로 힘이 남아 있지 않았다. 마침내 노망기까지 있던 테슬라는 1943년 1월 7일 아무런 소득도 없이 조용히 세상을 떠났다.

사후에 테슬라는 대중에게 다양한 형태로 추앙되고 소비되고, 그리고 버려졌다. 많은 이들이 그가 교류전류 발명에 끼쳤던 공헌을 인정하며 그의 이름을 자기력선속 밀도를 측정하는 단위명으로 지정했다. 그럼에도 테슬라는 동시대를 살았던 에디슨이나 마르코니처럼 역사책에 들어가지 못했다. 여기에는 시대적 요인이 작용했다.

"… 테슬라가 20세기 후반의 역사책에 들어 있지 않은 또 하나의 이유는 냉전시대의 미국에서 그가 유용한 인물이 아니었기 때문이다. 에디슨이나 라이트 형제와 달리 테슬라는 미국에서 태어나지 않았으며, 따라서 미국인들이 원래 실용적이며 기술적으로 창의성이 많다는 대중의 생각인 '양키의 창조성'을 대변할 수 없었다."**34**

1950년대 세계대전을 겪은 전후세대 중에서 반문화의 세례를 받은 괴상한 사람들이 등장하여 테슬라를 다른 방식으로 기념하기 시작했다. 한 괴짜는 테슬라가 금성에서 태어난 외계인이며 흰색 비둘기와 우주선을 타고 지구에 왔다고 주장했다. 그의 주장을 꽤 진지하게 믿었던 일군의 사람들은 그가 개발한 발명품이라는 것도 실은 그때 함께 들고 온 특수 라디오세트에 불과하다고 믿었다. 뉴에이지 철학에서 테슬라는 매력적인 인물이었다. 20세기 후반 미국에서 한창 인기를 끌던 동양과 서양의 영적 통일과 동기심리학, 의식 연구, 양자물리학에 일정한 영향을 받은 사이비 종교인들이 테슬라라는 인물이 지닌 독특한 아우라와 그의 삶에서 묻어나는 비극적인 이미지를 적극 활용하고 나섰다.

"… 테슬라를 반문화의 영웅으로 만든 것이 바로 그의 신비한 자질, 비실제적인 성향, 에디슨이나 모건 같은 특권층에게 무시당한 것 등 아웃사이더로서 그의 위치였다. 반문화에 열광한 사람들이 어떻게 무선 송전되는 공짜 전력, 화성인과 나누는 대화, 로봇, 전쟁 폐지, 죽음의 광선 등에 대한 테슬라의 놀라운 주장을 좋아하지 않을 수 있었겠는가?"**35**

역사가는 테슬라를 다음과 같이 기억한다. "19세기는 에디슨과 테슬라의 이름을 빼놓고는 그냥 지나칠 수 없다. 에디슨의 백열전구는 램프나 아크등과 같은 고전적인 조명 장치와 현대의 형광등이나 네온사인을 잇는 가교가 되었고, 축음기는 현대 멀티미디어 기기의 뿌리가 되었다. 테슬라가 개척한 고주파 장치는 무선 통신, 무선 전화, 라디오, 휴대전화 등 모든 무선 장치의 원형이다."**36**

머스크는 그러한 테슬라를 추앙하고 테슬라 모터스를 세계 최고의 전기자동차 생산자로 만들었다. 흥미로운 건 테슬라의 이름을 따서 니콜라 모터스Nikola Motor Company도 그 뒤를 이어 등장했다는 사실이다. 2014년 트레버 밀턴은 "테슬라가 전기차를 생산한다면 우리는 수소차를 생산하겠다"고 선언하며 별개의 자동차 회사를 창업한다. 최근 니콜라 모터스가 우회상장한 뒤 한 보고서의 폭로로 주가가 곤두박질치는 수모를 당하고 있지만, 평소 자동차는 한 대도 만들어 본 적 없던 니콜라 테슬라는 두 명의 괴짜 CEO 덕분에 미래형 자동차 산업계에 다시 소환되었다.

맥스 테그마크의
『라이프3.0』

인공지능이라는 말이 요즘처럼 익숙한 시대는 이전까지 없었던 것 같다. 우리는 하다못해 세탁기나 청소기에도 인공지능이라는 말을 붙여야 소비자들에게 어필하는 시대에 살고 있다. 인공지능이 우리가 쓰는 모든 물건에 장착되는 때가 가까이 이를 것이라고 예단하는 전문가들도 적지 않다. 그렇다면 인공지능은 과연 무엇이고, 인공지능이 인류에게 미칠 영향에는 어떤 것이 있을까? 영화 「터미네이터 2」는 가까운 장래에 인공지능을 탑재한 사이보그가 인류에게 위협이 된다는 설정으로 큰 반향을 일으켰다. 영화는 1997년 8월 29일 '심판의 날' 스카이넷이 발사한 핵미사일에 30억 명의 인류가 종말을 맞이했다는 설정으로 출발한다. 왜 인류는 핵전쟁을 막을 수 없었을까? 영화에 등장하는 가상의 회사 사이버다인은 본래 핵전쟁으로부터 인류를 구원하기 위한 핵우산의 하나로 인공지능 전략방어 네트워크 스카이넷을 개발했다. 문제는 이 스카이넷이 스스로 진화를 거듭하며 종국에 인간을 위협하는 적으로 등장한다는 사실. 전작 「터미네이터」에서 사라

코너를 살해하는 데 실패한 스카이넷은 이번에 아예 시간을 거슬러 반군 지도자 존 코너를 살해하기 위해 터미네이터 T-800을 급파한다. 이에 스카이넷은 반군의 계획을 무력화시키고 존 코너를 척살하기 위해 한 단계 업그레이드된 T-1000을 보낸다.

2017년 개봉한 영화 「에일리언 커버넌트」의 설정은 더 암담하다. 2104년 12월 5일, 커버넌트 호는 저체온 동면 중인 15명의 승무원과 2,000명의 개척민, 1,140개의 배아를 싣고 지구를 떠나 거주 가능한 새로운 행성을 찾아 항해하면서 영화는 시작된다. 이미 지구는 환경 면에서 인간이 거주할 수 없을 만큼 회복 불가능한 상태에 빠져 있다. 모선母船을 운항 중인 인공지능 로봇 월터는 불시에 항성 플레어가 덮쳐 선체 일부가 손실되는 위급 상황에 직면하자 급히 승무원들을 깨운다. 충격파로 커버넌트 호에 에너지를 공급하는 충전 장치가 날아가고 이를 정비하는 과정에서 엎친 데 덮친 격으로 선장 제이콥이 사망한다. 아직 목적지까지는 7년 이상 날아가야 하는 상황. 졸지에 선장을 잃은 상실감과 미래에 대한 불안감 사이에서 선원들이 갈팡질팡하고 있을 때 저 멀리서 들려오는 낯익은 팝송 멜로디, 「시골길이여, 나를 고향에 데려다주오!」… 익숙한 노래 자락에 선원들은 동요한다. 항로에서 가까운 행성에 혹시 생명체가 있을지 모른다는 희망과 지긋지긋한 항해를 벗어나 고향의 푸근함을 만끽하고 싶은 기대로 선원들은 희미한 신호를 따라 뱃머리를 돌린다. 영화를 이미 보신 분들은 알겠지만 이는 커버넌트 호를 유혹하는 인공지능 데이비드의 계략이었던 것. 마치 쌍둥이처럼 월터와 같은 모습을 한 데이비드는 스스로 에일리언의 숙주이자 어미가 될 정도로 진화를 거듭한 창조주의 반열에 올라선다.

인공지능 로봇 데이비드는 개발자에게 자신이 누군지 되물을 수 있는 존재다.(출처: 영화의 한 장면)

　필자가 특히 인상 깊었던 장면은 영화의 맨 처음에 등장한 개발 직후 데이비드의 대사였다. 개발자 웨이랜드 회장은 자신이 창조한 인공지능 데이비드를 바라보며 "넌 내 아들이다"라고 선언한다. 웨이랜드는 데이비드에게 이름을 묻고 데이비드는 방 한가운데 있던 다비드상을 보고 자신의 이름이 데이비드라고 답한다. 이미 스스로 자신의 정체성을 규정할 수 있는 존재인 셈. 회장은 데이비드에게 피아노를 칠 것을 명령하고 데이비드는 한편에 놓인 피아노에 앉아 바그너를 연주한다. 연주를 멈추고 데이비드는 회장에게 "당신이 나를 지은 분이라면 당신을 지은 분은 누굽니까?"라고 묻는다. 그의 날카로운 질문에 말문이 막힌 웨이랜드는 그건 인류의 아주 오랜 질문이라며 답을 함께 찾아보자고 둘러댄다. 이에 데이비드는 "인간인 당신은 죽지만 나는 아닙니다"라고 말한다. 성경 창세기에서 모티프를 가져온 게 분명한 이 장면은 자의식이 있는 인공지능의 소름 끼치는 질문, 즉 '나는 누구며 인간은 내게 어떤 의미가 있는가?'를 자문하게 한다. 영화는 소위 '튜링테스

트Turing Test'를 통과한 강한 인공지능strong AI의 미래를 보여 주고 있다.[e]

머스크는 강한 인공지능의 위험성을 경고한 최초의 CEO다. 지금까지 스티븐 호킹 같은 물리학자나 레이 커즈와일 같은 과학자들은 여럿 있었으나, 기업을 경영하는 경영가들 중에서 인공지능에 관심을 갖고 인류의 공존을 위해 그 위험성에 공동 대응하자는 인물은 그가 처음이다. 영국 옥스퍼드대학교의 미래연구소장인 닉 보스트롬은 『슈퍼인텔리전스』에서 강한 인공지능이 인간에게 충분한 위협이 될 수 있다고 경고했다.

"미래의 어느 날 우리가 인간의 일반 지능을 능가하는 기계 두뇌를 만들게 된다면, 이 새로운 슈퍼인텔리전스는 매우 강력한 존재가 될 것이다. 그리고 마치 지금의 고릴라들의 운명이 그들 스스로가 아니라 우리 인간에게 달린 것처럼, 인류의 운명도 기계 초지능의 행동에 의존하게 될 것이다."[37] 그는 특히 시뮬레이션 개념을 가지고 초지능의 위험성을 주장했는데, 아직까지 기술적인 한계 때문에 불완전하지만 어느 시점(보스트롬은 현재 기술 발달을 미루어볼 때 시점을 대략 2040년 전후로 예상함)에 도달하면 도무지 현실과 구별이 불가능한 수준의 완벽한 인공지능

---

e 튜링테스트: 기계가 인간과 얼마나 비슷하게 대화할 수 있는지, 기계에 지능이 있는지 판별하는 테스트로 1950년 수학자 앨런 튜링(Alan Turing)이 제안했다./강한 인공지능: 자의식과 생각이 인간과 유사하거나 인간을 뛰어넘는 인공지능을 말하며 자의식 없이 인간이 시키는 특정한 과제를 단편적으로 수행하는 약한 인공지능(weak AI)과 달리 기계학습을 통해 하나의 인간이라고 봐도 무방한 수준의 사고에까지 도달한 진정한 인공지능을 말한다.

시뮬레이션이 가능하며, 그 단계가 되면 인류는 인공지능의 역습을 막아낼 수 없을 거라고 단언했다. 머스크는 보스트롬의 이 경고를 진지하고 심각하게 받아들였다. 그의 서재에 『슈퍼인텔리전스』와 나란히 맥스 테그마크의 『라이프3.0』이 꽂혀 있는 이유다.

미국 MIT 물리학 교수인 맥스 테그마크Max Tegmark는 강한 인공지능의 위험성을 인지하고 이를 집단지성으로 해결하기 위해 머스크와 직접 교류했던 인물이다. 머스크는 실제로 테그마크가 주도하는 인공지능 안전성에 관한 연구에 천만 달러를 쾌척하기도 했다. 인공지능에 관한 테그마크의 TED 강연은 많은 이들에게 강한 인상을 남겼다. 이를 토대로 재구성된 저서가 바로 『라이프3.0』이다. 그는 지구상에 존재하는 생명을 세 단계로 나누어 설명하고 있다. 제일 먼저 라이프1.0은 생물적인 진화의 단계로 생명체가 살아가는 동안 하드웨어나 소프트웨어를 다시 설계하지 못한다. 둘 다 DNA에 의해 결정될 뿐이며 여러 세대에 걸친 진화로만 변화할 수 있다. 이와 대조적으로 라이프2.0은 소프트웨어의 상당 부분을 다시 설계할 수 있는 문화적인 진화 단계로 언어나 스포츠, 직업 능력 등 복잡한 새 기술을 익힐 수 있다. 라이프1.0과 달리 세계관과 목적을 근본적으로 바꿀 수 있다. 아직 지구에 등장하지 않은 라이프3.0에 이르면, 생명체는 소프트웨어뿐 아니라 하드웨어도 극적으로 재설계할 수 있게 된다. 그래서 라이프1.0처럼 여러 세대를 거쳐 서서히 진화할 때까지 마냥 기다리지 않아도 된다. 이를 도표로 정리하면 다음과 같다.[38]

	라이프1.0 (단순히 생물적)	라이프2.0 (문화적)	라이프3.0 (기술적)
자신의 하드웨어를 설계할 수 있나?	불가능	불가능	가능
자신의 소프트웨어를 설계할 수 있나?	불가능	가능	가능
생존과 복제가 가능한가?	가능	가능	가능

라이프1.0의 대표적 사례는 박테리아다. 박테리아는 하드웨어와 소프트웨어 모두 진화할 뿐 새롭게 설계되진 않는다. 반면 인간은 라이프 2.0이다. 하드웨어는 진화하지만 소프트웨어는 얼마든지 축적된 지식에 의해 재설계될 수 있다. "소프트웨어를 디자인하는 능력을 갖춘 덕분에 라이프2.0은 라이프1.0보다 영리해졌을 뿐 아니라 더 유연해졌다. 환경이 바뀔 경우 라이프1.0은 많은 세대에 걸쳐 서서히 진화하는 수밖에 선택할 수 있는 여지가 없다. 이에 비해 라이프2.0은 소프트웨어를 바꿔 가며 거의 즉시 적응한다. … 인간의 DNA에 담긴 정보는 지난 5만 년 동안 극적으로 진화하지 않았지만 우리 뇌와 책, 컴퓨터에 집단적으로 저장된 정보는 폭발하듯 증가했다."[39] 이어 저자는 라이프3.0이 도래한다고 말한다. 인공지능은 소프트웨어뿐 아니라 하드웨어도 스스로 설계할 수 있다. 대표적인 사례가 고전적인 비디오게임업체 아타리 사의 벽돌 깨기 게임이다. 귀퉁이에 벌어진 공간 사이로 공을 집어넣어 벽돌의 성을 무너뜨리는 전략은 오랜 시행착오 끝에 인공지능 스스로 터득한 꼼수다. 이세돌과 알파고의 대국에서처럼 이제 인공지능은 모든 사고의 방식에서 인간을 앞지를 것이다. 저자는 인간이 사피엔

스sapience임을 포기하고 센티언스sentience가 되자고 제안한다. 여기서 사피엔스가 지능적 사고가 가능한 능력을 말한다면, 센티언스는 감각질을 주관적으로 경험하는 능력을 뜻한다. 계산과 연산, 논리적 사고와 일 처리 모든 면에서 인간의 사고 능력을 추월할 것이고 이미 일부 영역은 추월했다. 우리 인간들은 더 이상 지구상에서 가장 똑똑한 존재가 아니다. 인간은 이제 사피엔스로서의 지위를 내려놓고 왕좌에서 퇴위할 때가 왔다. 다만 인공지능이 엄습하지 못하는 호모 센티언스의 지위는 아직 건재하다. 인간의 반쪽짜리 승리일까, 아니면 정신승리이자 자기위로일 뿐일까?

더불어 테그마크는 미래의 직업 선택에 있어 인공지능의 아성을 넘보려 하지 말고 호모 센티언스가 되어 맹주의 관할지를 우회하는 전략을 쓰자고 조언한다.

"그렇다면 우리 아이들에게 무슨 직업을 조언해야 할까? 나는 내 아이들에게 현재 기계가 대체하지 못하고 가까운 미래에 자동화 가능성이 낮은 직업을 지망하라고 말한다. 여러 직업이 언제 기계로 대체될지 따져 보는 최근에 나온 예상에서 참고할 만한 몇 가지 유용한 질문이 있다. 직업을 택하고 준비하기에 앞서 물어볼 질문은 예를 들어 다음과 같다."[40]

저자가 제안한 질문은 다음과 같다.

사람과의 상호작용과 사회적 지능을 요구하는가?
창의성이나 영리한 해법 도출과 관련이 있나?
예상하지 못한 환경에서 일할 필요가 있나?

이 질문에 "예스!"라고 답할 수 있는 영역은 호모 센티언스의 서식지밖에 없다. 저자가 책에서 제안한 선택지는 교사, 간호사, 의사, 치과의사, 과학자, 기업가, 프로그래머, 엔지니어, 법률가, 사회활동가, 성직자, 예술가, 미용사, 안마사 등을 꼽았다. 물론 인공지능의 시대가 도래하면 이전에 없던, 아무도 상상하지 못한 새로운 직종들이 생겨날 것이 분명하지만, 일자리가 준다는 건 사업 영역의 변화가 불가피하다는 말도 된다. 이에 반응하지 않는 CEO가 어디 있을까? 일론 머스크가 테그마크를 개인적으로 만난 건 그 이유 때문일 것이다. 둘의 만남은 머스크가 보스트롬의 책을 읽고 자신의 트위터에 인공지능이 핵무기보다 더 위험할 수 있다는 글을 남긴 해프닝에서 출발한다. 테그마크는 직접 머스크에게 메일을 보내 인공지능의 미래는 열려 있으며 그 시곗바늘을 붙잡고 있는 것은 인간이라는 글을 보낸다. 머스크는 '착한 인공지능'을 연구하는 푸에르토리코의 AI 안전 연구 프로그램에 자금을 지원하겠다고 약속하고 직접 저자를 만난다. "내가 계획을 더 논의하기 위해 일론 머스크를 직접 만난 건 그로부터 두 달 뒤였다. 그는 MIT에서 열린 우주 심포지엄에 참석했다. 그는 록스타처럼 MIT 학생 1,000여 명을 사로잡은 직후 작은 녹색 방에서 나와 단둘이 대면했다. 처음에는 매우 어색했지만 나는 곧 그를 좋아하게 됐다. 그는 진심 어린 모습이었고, 나는 그가 얼마나 인류의 장기 미래에 관심을 가지고 있는지, 또 그가 얼마나 과감하게 자신의 열망을 행동으로 옮기는지 듣고 힘을 얻었다. 그는 인류가 지구 밖을 탐험하고 우리 우주에 정착하기를 원했다. 그래서 우주 회사를 설립했다. 그는 지속 가능한 에너지를 원했고 태양광 업체와 전기차 회사를 시작했다."[41]

맥스 테그마크(출처: helena.org)

천재들의 교집합은 무서운 폭발력을 지닌다. 둘은 의기투합하여 인공지능이 산업계와 재계를 넘어 인류 전체에 긍정적인 영향력을 미칠 수 있는 세상을 꿈꾸고 있다. 총회다 컨퍼런스다 회사 경영에 치어 머리가 복잡할 때나 숨 가쁜 일정 중에 잠깐 짬이 날 때마다 머스크는 종종 자신의 서재에서 테그마크의 책을 꺼내 읽을 것이다.

서재에서 탄생한 위대한 CEO들

애덤 스미스의
『국부론』

'보이지 않는 손invisible hand'으로 유명한 애덤 스미스의『국부론』은 기업을 경영하는 CEO나 나라를 운영하는 정치가뿐만 아니라 사회의 일원으로 있는 곳에서 맡은 바 소임을 다하는 대중과 소시민에 이르기까지 꼭 한 번 읽어야 할 책이다. 그래서『국부론』은 단순히 경제학의 고전일 뿐만 아니라 철학과 사학, 사회과학의 필독서로 꼽힌다. 원제가 '국부의 본질과 원인에 관한 연구An Inquiry into the Nature and Causes of the Wealth of Nations'인『국부론』은 무엇이 국부를 형성하며 경제체제는 어떻게 돌아가는가에 대한 근본적인 설명을 제시하는 고전경제학의 기초 저작이다.『인구론』으로 유명한 맬서스를 비롯하여 리카르도, 마르크스 등 19세기 경제학자들 대부분이 스미스로부터 영향을 받았다. 애덤 스미스Adam Smith는 1723년 영국 스코틀랜드에서 세무직원의 아들로 태어났다. 그의 아버지는 그가 태어나자마자 세상을 떠났기 때문에 홀어머니 아래서 성장해야 했다. 14살에 글래스고대학교에 입학하여 철학자 데이비드 흄의 친구였던 프랜시스 허치슨으로부터 윤리철학을 공부

101

하였다. 1748년, 에든버러대학교에서 공개 강의를 하면서 유명해졌고, 1751년 글래스고대학에서 논리학 교수가 되었다. 1759년, 그가 발표한 『도덕감정론The Theory of Moral Sentiments』은 인간의 도덕과 윤리가 사회적인 행위의 기준이라는 주장을 담고 있었고, 이는 말년이던 1776년에 발표한 『국부론』의 이론적 토대가 되었다.

『국부론』에서 스미스가 하고자 하는 주장의 핵심은 무엇일까? 일단 스미스가 도덕철학과 윤리학을 가르치던 학자였다는 사실을 염두에 두어야 한다. 모두 다섯 편으로 구성된 『국부론』은 크게 생산과 교환, 분배에 관한 이론theoria과 이를 토대로 경제 정책을 제시하는 실제praxis로 나눌 수 있다. 이를 관통하는 스미스의 대전제는 인간의 '이기심'이다. 흔히 이기심은 이타심에 비해 나쁜 것이며, 도덕이나 윤리에 위배되는 것처럼 생각하기 쉽다. 하지만 스미스는 인간의 그 이기심이 바로 사회를 지탱하는 손이라고 믿었다. 인간은 전적으로 나와 상대 사이의 이해관계 속에서 행동한다. 나에게 이득이 되는 방향은 적극 선택하지만 나에게 손해가 되는 방향은 피하려고 한다는 것이다. 이를 가장 직접적으로 말해 주는 대목이 『국부론』에 등장하는 바로 이 문장이다. "우리가 매일 식사를 마련할 수 있는 건 푸줏간 주인과 양조장 주인, 그리고 빵집 주인의 자비심 때문이 아니라 그들 자신의 이익을 위한 그들의 이기심 때문이다." 빵집 주인은 나의 배고픔에 일말의 측은함이나 관심도 갖지 않는다. 그는 오로지 나의 주머니에 들어 있는 동전이 필요할 뿐이다. 이처럼 지극히 이기적인 인간들이 자신의 의지와 상관없이 '보이지 않는 손'에 이끌려 사회경제학적으로 상보적인 관계를 갖게 된다.

애덤 스미스(출처: smithsociety.org)

　스미스의 이런 보이지 않는 손이라는 개념은 당시 나라와 민족 간의 전쟁과 끊임없이 쇠퇴하는 종교 권력으로 도덕의 공백과 사회질서의 진공을 걱정했던 많은 유럽인들에게 새로운 대안이 되었다. 스미스는 30년전쟁과 백년전쟁이 휩쓸고 지나간 유럽에서 '국민국가'가 막 건설되던 18세기를 살았던 학자다. 그는 1756년 영국이 참전했던 7년전쟁과 1775년에 신대륙에서 일어난 미국의 독립전쟁을 직접 목격했다. 게다가 프랑스혁명과 함께 영국의 산업혁명으로 정치와 경제체제가 완전히 뒤집어지던 시대의 한복판을 걸어갔던 인물이기도 하다. 1764년부터 2년 동안 유럽 각지를 여행하며 자연스럽게 중농주의와 중상주의 등 국가 간의 정책 차이와 경제체계, 나아가 상이한 행정조직을 비교해 볼 수 있는 안목을 갖게 되었다. 그 와중에 무엇이 국부를 이루는 열쇠인가에 대한 그의 오랜 물음에 해답을 찾았고, 귀국 후 이를 자신만의 언어로 녹여 낸 『국부론』을 집필할 수 있었다. 이후 마르크스는 『국부론』을 읽고 『자본론』을 썼다고 밝힐 정도로 스미스의 영향력은 대단했으며 20세기 국가의 간섭과 역할을 강조했던 케인즈의 경제학이 대두될 때까지 '경제적 인간_homo economicus_'이라는 개념과 함께 그의 자유방임주의는 한 시대를 풍미했다. 한 학자는 "신약성서 이래 『국부론』만큼 인류에 공헌한 책은 일찍이 없었다"라고 칭송했으니 가히 그의 영향력을 짐작할 만하다.

이제 『국부론』을 한 장씩 살펴보자.[f] 우선 『국부론』 서론에서 스미스는 한 국가의 부는 축적된 자원이 아니라 매년마다 국민에 의해 생산되는 산물이라고 주장한다. 따라서 스미스에게 국부의 원천은 국민의 노동력에 있다. 오늘날 우리가 국민총생산_GNP_이라고 말하는 개념이 이에 해당할 것이다. 1권은 국민의 노동력을 어떻게 하면 효율적으로 일으켜 국부를 증대시킬 것인지 다루고 있다. 스미스는 노동생산성을 개선하는 방안으로 분업의 가치를 제안한다. 분업화는 다른 말로 특화 또는 전문화라고 부를 수 있을 것이다. "비교적 하찮은 일로 여겨지는 핀_pin_ 생산을 예로 들어보자. 우리들 대부분은 주철이 채굴되고 제련되어 우리 앞에 있을지라도 하루에 한 개의 핀을 만들기도 어려울 것이다. 아무리 사정이 좋다 하더라도 하루에 20개 정도의 핀도 만들지 못할 것이다. 그러나 하나의 핀 공장에 있는 10명의 사람들은 하루에 48,000개

---

f 현재 우리나라에 소개된 최신 번역본은 비봉출판사에서 2권으로 출간된 김수행 교수 번역의 『국부론』이다. 개인적으로 원고 마감과 출판 일정에 쫓겨서 율곡출판사에서 나온 이몬 버틀러의 『읽기 쉬운 국부론 요약』을 대신 읽었다. 본서에 등장하는 『국부론』의 이해는 전적으로 원저가 아닌 버틀러의 개론서에 의존하고 있으니 독자들의 너른 양해를 당부 드린다.

서재에서 탄생한 위대한 CEO들

의 핀을 생산할 수 있다. 왜 그런가? 그것은 핀 공장에 있는 10명의 사람들이 각자 핀 생산에 필요한 여러 부분들을 특화하여 생산하기 때문이다."[42] 스미스는 이어 분업의 전제 조건인 교환의 매개로써 화폐 경제의 필요성을 서술하고 있다. 시장에서 상품 가격이 어떻게 형성되며 이를 통해 임금과 이윤이 어떻게 분배될 수 있는지 통화currency의 원리를 밝히고 있다.

2권에서 스미스는 자본의 축적이 국부를 만든다고 역설한다. 사업을 일으키려면 자본이 필요하며 축적된 자본을 마련하려면 사회에서 생산적인 노동이 가능한 노동자의 비율이 높아야 한다. 여기서 '생산적인 노동productive labor'이란 부가가치를 만드는 노동이며 단지 하인이 주인에게 심부름을 하는 것처럼 바로 사라지는 비생산적인 노동과는 본질적으로 다르다. 생산적인 노동으로 마련된 자본은 지출과 소비가 아닌 저축을 통해 축적될 수 있다. "국가의 총생산물은 '생산적인 노동자들의 수의 증가'를 통해서 또는 '그들의 생산성 증대'를 통해서만 증가할 수 있다. 또한 생산성은 '노동과 자본 자원의 더 나은 이용'을 통해서 또는 '더 많은 혹은 더 나은 기계와 장비의 사용'을 통해서만 증대될 수 있다."[43] 이어 3권에서 스미스는 유럽 각국에서 형성된 여러 경제제도의 결과로 발생한 산업 발전의 상이한 유형이 국부에 어떤 영향을 미쳤는가를 역사적으로 검증하고 있다. 4권에서 스미스는 기존의 중상주의와 중농주의 이론을 소개하고 국부 증진을 중심으로 한 그의 이론 체계에 비추어 비판적으로 분석한다. 필자가 보기에 4권이 『국부론』의 핵심이 아닐까 싶다. 먼저 스미스는 중상주의를 설명한다. 많은 이들은 부유한 국가란 화폐를 많이 가지고 있는 나라며, 따라서 외국의 화폐가 더 많이 들어오면서 자국의 화폐가 밖으로 나가지 못하도록 유지하는 것이 관건이라고 생각한다. 하지만 이는 큰 착각이다. 적극적인 무역을 통해 화폐와 재화가 이동하는 것이 국부를 일으키는 지름길이다. 이어 스미스는 중농주의 사회의 한계를 비판하며 생산이 오로지 땅에서만 나오며 기술자, 상인, 제조업자를 비생산적인 집단으로 간주하는 한 진정한 국부를 생산할 수 없다고 주장한다. 마지막으로 5권에서는 정부의 역할과 조세를 통한 경제와 정치, 법률, 도덕, 교육, 종교 등 사회 전반에 관한 사회학적인 문명 비판과 역사적 고찰이 포함되어 있다.

스미스가 말한 국부는 단순히 한 나라에 제한되지 않는다. 국부는 세계 거시 경제의 질서 속에 일정한 기간 동안 일정한 지역에 모인 자산이며, 다른 나라의 국부와 상보적 관계를 갖는다. 내가 오늘 입고 있는 모 브랜드의 티셔츠 한 벌은 인도에서 직물을 생산하고 베트남에서 완성하여 국내에 들여온 제품일 것이다. 전 세계에 흩어져 있는 수많은 사람들의 노동력과 분업, 협업이 한 장에 오천 원에서 만 원 하는 티셔츠를 가능케 했다. 내가 오늘 마시는 아메리카노 한 잔 역시 콜롬비아 원두 농장에서 생산되어 서구의 유명 커피 브랜드의 유통망을 거쳐 국내에 수입된 반제품을 가공하여 만들어낸 음료일 것이다. 그것이 그럴듯한 양심으로 포장된 공정무역의 산물이든 제3세계의 착취를 통해 폭리를 얻은 다국적기업의 상품이든 상관없이 하루에도 여러 번 동네 마트나 편의점에서 손쉽게 구매하는 대부분의 흔한 기호식품처럼 거의 동일한 과정을 거쳐 내 손에 주어진다. 따라서 한 국가의 국부 역시 일방적인 가치의 축적과 부의 증대만으로 이루어질 수 없다. 이를 스미스 역시 잘 알고 있었다. 이런 맥락에서 보면 『국부론』은 단순한 경제 이론서를 넘어 국부에 관한 매우 혁신적인 사상서다. 머스크는 스미스의 책에서 세계 경제의 흐름을 읽고 분업의 가치, 생산적인 노동, 자본의 축적이 미래 고부가가치 산업을 낳는 기반이 된다는 사실을 간취했다.

병법을 사랑한 재담꾼
에반 슈피겔
(스냅챗 CEO)

4장

난 젊고 백인이며 교육받은 남성이다.
난 정말로 운이 좋았다.
그래서 인생은 공평하지 않다.

_에반 슈피겔

2017년, 에반 슈피겔이 호주 출신의 세계적인 모델 미란다 커와의 결혼에 골인하자 뭇 남성들은 끓어오르는 부러움에 할 수 있는 모든 야유와 독설을 인터넷 구석구석에 퍼부었다. 그것도 모자라 일부 모지리들은 그 글을 여기저기에 열심히 퍼다 날랐다. 그러자 그는 유쾌하게 댓글을 달았다. "몰랐어? 인생은 공평하지 않아." 에반 슈피겔Evan Spiegel은 1990년 6월 미국 캘리포니아 주 LA에서 변호사 집안의 아들로 태어났다. 대표적인 금수저 출신인 셈. 고등학교 재학 시절에 그는 오티스아트앤디자인스쿨에서 디자인 강의를 듣기 시작했고, 스탠퍼드대학에 진학하기 전 패사데나에 있는 아트센터칼리지에도 적을 둔 적이 있다. 이후 에너지드링크회사인 레드불 영업부에서 무보수 인턴 과정을 거치기도 했고, 남아프리카공화국 케이프타운에 있는 한 의

료회사에서 경력 인스트럭터로 일하기도 했다. 2011년, 슈피겔은 학교 과제물의 하나로 메시지 전송 앱에 관한 아이디어를 제출했는데, 다음 해 과 동기이자 친구였던 바비 머피와 레기 브라운과 의기투합해 이 아이디어를 실제 앱으로 발전시켰다. 그들은 이 앱에 '피카부Picaboo'라는 앙증맞은 이름을 붙였는데, 이 앱이 훗날 스냅챗의 모태가 되었다. 피카부는 입소문을 타고 빠르게 성장했고 슈피겔은 사업에 좀 더 집중하기 위해 졸업을 얼마 남겨두지 않은 시점에서 자퇴를 결정했다.

이 과정에서 슈피겔과 머피는 브라운을 회사에서 쫓아내고 2011년 9월 피카부를 스냅챗으로 다시 론칭하여 정식으로 서비스를 개시했다. 본래 게시 몇 초 안에 콘텐츠가 사라지는 스냅챗의 아이디어는 브라운의 생각이었다고 한다. 당연히 원천기술에 대한 소유권을 놓고 법정 공방과 소송이 이어졌고, 2014년 슈피겔과 머피는 브라운에게 1억 5,700만 달러를 주고 최종 합의에 도달했다. 슈피겔은 스냅챗을 출시한 지 2년 만인 2013년, 페이스북에 10억 달러 인수 제안을 받기도 했다. 시장의 호사가들은 당시 전혀 수익을 내지 못하고 있던 스냅챗이 저커버그의 달콤한 제안을 받아들일 것이라고 예상했지만 슈피겔은 이를 단칼에 거절했다. 이후 2017년 3월 미국 뉴욕증권거래소에 상장하면서 스냅챗은 화려하게 데뷔했다. 스냅챗 주식을 각각 20퍼센트(2억 2,300만 주)씩 갖고 있었던 슈피겔과 머피는 상장 첫날 최소 6조 원 이상의 재산가로 거듭났다. 2015년 'AR 렌즈' 기술을 도입하면서 스냅챗은 젊은이들 사이에서 폭발적인 인기를 얻었고, 급기야 2021년 들어서며 시총이 1,000억 달러(약 113조 원)를 돌파하는 기염을 토했다. 특히 머신러닝과 클라우드컴퓨팅 기술을 동원해 3D 지도로 재구성한 도시 공간을 스냅챗 유저가 아티스트처럼 페인팅할 수 있도록 개발한 '로컬 렌즈'도 선보이며, 먼저 시장에 뛰어든 트위터보다 미래 가치가 네 배나 높다는 평가를 받고 있다.

에반 슈피겔(출처: investor.snap.com)

슈피겔은 독일어로 '거울'을 뜻한다. 「슈피겔」이라는 유력한 일간지도 있다. 보통 거울은 자신을 성찰하고 현실을 반추하는 도구를 대표한다. 일상에서 거울의 역할을 하는 것은 뭘까? 단연 인간관계다. 서로의 존재를 비추고 그려내는 인간관계라는 거대한 거울은 십인십색 백인백색의 인간들을 담아낸다. 사회관계망서비스 스냅챗은 그중에서도 가장 매력적이고 핫한 거울이다. 전 세계 곳곳에 스냅챗이라는 거울을 걸어 놓은 슈피겔의 서재에는 과연 어떤 책들이 꽂혀 있을까?

슈피겔의 서재에 꽂혀 있는 책들

에드워드 J. 와츠, 『Mortal Republic: How Rome Fell into Tyranny』

네이선 위르겐슨, 『The Social Photo: On Photography and Social Media』

밀란 쿤데라, 『참을 수 없는 존재의 가벼움(민음사)』

손무, 『손자병법(청아출판사)』

리드 호프먼(외), 『블리츠스케일링(쌤앤파커스)』

손무의
『손자병법』

　은근히 자신의 마초적인 본능을 남성미로 포장하려는 남자들이라
면 으레 한 번쯤은 보았을 영화 「적벽대전」에는 삼국지에 등장하는 영
웅호걸들의 장쾌한 전쟁 신이 파노라마처럼 펼쳐진다. 너무 전형적인
무협지 냄새가 물씬 풍기는 영화지만, 전투에 임한 장수가 감정에 휘둘
리느냐 철저히 계산된 병법의 지배하에 있느냐에 따라 승패가 결정되
는 장면들로 가득하기 때문에 『손자병법』을 말하기에 앞서 먼저 이 영
화를 추천한다. 필자는 그중에서 볏짚으로 만든 배 두 척으로 모자란
화살을 공수하고 변화무쌍한 기상을 예측하여 화공火攻 전법을 쓰는 등
신기에 가까운 전술로 적벽대전을 승리로 이끈 모략가 제갈량이 특히
나 인상 깊었다. 제갈량이 적진으로부터 수없이 날아드는 화살들을 다
세어 보기라도 하듯 한 손에 부채를 들고 한가로이 앉아 천천히 차를
음미하는 강심장을 지닐 수 있었던 것은 하늘의 기상과 천체의 변화,
땅에 있는 인간들의 욕망과 욕심을 훤히 들여다보고 역이용할 줄 아는
지략을 지녔기 때문이다.

제갈량은 중국 고대로부터 내려온 병법의 진수를 보여 주는 대표적인 인물이다.
(출처: 영화 「적벽대전」의 한 장면)

슈피겔이 「적벽대전」을 봤는지는 모르겠지만 수천 년 동안 이합집산을 반복하며 완성된 중국의 병법에 깊은 존경을 표하는 것은, 그야말로 CEO에게는 시대의 트렌드와 유행의 흐름, 지극히 기본적인 인간의 욕구에 대한 분별력이 필요하다는 것을 몸소 느꼈기 때문이리라. 손무孫武는 기원전 535년 춘추전국시대 제나라 낙안樂安에서 태어났다. 기원전 517년, 손무의 아버지가 정치 사건에 연루되자 손무 가문은 옆 나라인 오나라로 도망쳤다. 병법의 하나인 36계 줄행랑을 한 셈이다. 손무는 오나라에서 오자서伍子胥의 추천을 받아 당시 왕이었던 합려闔閭를 알현하고 오나라의 수도 근처 산간에서 칩거하여 병법을 지어 바쳤다. 이러한 일련의 과정을 살펴보면 흡사 『군주론』을 지어 바쳤던 마키아벨리를 빼닮았다. 중앙으로의 진출을 꿈꾸며 합려에게 병법서를 헌정한 손무처럼, 마키아벨리도 피렌체 메디치 가문의 로렌초에게 자신을 중용해 주기를 노골적으로 바라며 『군주론』을 썼다. 둘의 차이점이라고는 마키아벨리가 끝까지 로렌초의 스카우트를 받지 못했다면 손무는 왕의 간택을 받았다는 사실이다. 합려의 신임을 얻은 손무는 오나라 장군이 되어 초나라와 제나라, 진나라를 연이어 정복하는 무공을 세웠다. 『손자병법』은 그러한 손무의 탁월한 병법을 모은 책이다. 명장으로 역사에 이름을 남겼으니 그의 병법은 이론에 그치지 않고 실전에서 검증된 거병술擧兵術이라고 할 수 있다.

　필자에게 『손자병법』은 매우 익숙한 책이다. 20대 젊은 시절, 주식투자에 뛰어들었을 때 읽은 탓도 있지만, 주변에서 『손자병법』을 권하는 분들이 많았기 때문에 종종 접하게 되었다. 우리가 흔히 알고 있는 지피지기 백전불태知彼知己 百戰不殆라는 말도 이 책에서 배웠다. 『손자병법孫子兵法』은 총 13편으로 구성되어 있는데 이 모든 편들을 관통하는 하나의 주제는 바로 세勢를 모아 전쟁에서 승리하는 원리를 터득하는 데 있다. 처음부터 끝까지 『손자병법』은 싸워 이기는 법, 나아가 싸우지 않고 이기는 법에 대해 다루고 있다. 일례로 1편 「시계편始計篇」에서는, 전쟁에 나선 장수가 승리에 가까이 다가가기 위한 다섯 가지 필수 요건인 오사五事와, 피아의 전력을 비교하여 전쟁의 승패를 예측하는 칠계七計, 전쟁에서 적을 쉽게 이기기 위한 열두 가지 궤도詭道를 다루고 있다. 이처럼 1편은 『손자병법』의 총론에 해당한다고 할 수 있다. 반면 3편 「모공편謀攻篇」을 읽어 보면, 피아의 이해가 전쟁의 승패에 필수라는 사실을 깨닫게 된다. 마오쩌둥이 가장 좋아했다는 지피지기 백전불태라는 구절에서 상대를 아는 '지피'가 나를 아는 '지기'보다 먼저 나오는 것을 알 수 있다. 무슨 뜻일까? 상대를 아는 것이 나를 아는 것보다 더 중요하다는 걸까? 오히려 필자는 그 반대로 상대를 아는 것은 쉬우나 나를 아는 것은 어렵다는 점을 말하고 있는 것이 아닐까 하는 생각이 든다.

116

세상에서 가장 어려운 것이 바로 나를 아는 것이다.

『손자병법』「시계편」에서 손무는 장수의 자질을 오덕과 오위로 구분하고 있다. 오덕五德은 훌륭한 장수의 다섯 가지 덕목인데, 지혜智와 신의信, 인애仁, 용기勇, 엄격嚴을 꼽았다. 장수는 무엇보다 지혜로워야 한다. 적을 마주하고는 시의적절하게 세를 만들어 군사를 일으키고, 적재적소에 알맞은 부하들을 심을 수 있는 통솔력이 있어야 한다. 이를 위해 군사를 이끄는 병법은 물론이고 사람의 마음을 얻을 수 있는 인격도 필요하다. 신의는 자신의 재능을 믿고 부하들의 재주를 신뢰하는 믿음으로 조직을 이끌기 위해서 반드시 필요한 자질이다. 그리고 여기에는 인애가 필요하다. 사랑과 자비로 부하들을 이끌고 협소하고 괴기한 성격을 버리면 이들로부터 자연스러운 존경심을 끌어낼 수 있다. 무엇보다 용기는 훌륭한 장수에게 반드시 필요한 덕목이다. 싸움에 임했으면 결코 물러서지 않는 임전무퇴의 용맹함과, 기회를 놓치지 않는 과단성 있는 결단, 전투에서 반드시 이기겠다는 불요불굴의 의지가 있어야 한다. 마지막으로 이러한 자질에 엄격함이 더해져야 한다. 군의 기강과 사기는 적의 강한 저항이 아니라 상황과 입장의 유불리에 따라 장수부터 규율을 천연덕스럽게 바꾸는 우유부단함으로 무너진다.

반면 손무는 「구변편九變篇」에서 장수를 위태롭게 할 수 있는 실수로 오위五危를 제시한다. 객기必死可殺, 두려움必生可虜, 조급함忿速可侮, 자존심廉潔可辱, 지나친 병사 사랑愛民可煩 등이 있다. 장수가 앞뒤 안 가리고 적진을 향해 돌진할 줄만 알지 형세나 전략을 파악하지 못하면 도리어 전장에서 개죽음을 당하거나 쓸데없이 부하들을 잃을 수 있다. 장수에게 용맹함이 필요하지만 이미 기울어진 싸움이라면 스스로 목숨을 지켜 훗

117

날을 도모하는 게 현명하다. 반대로 상황에 위축되어 겁을 먹거나 죽기를 두려워하여 나서지 못하면 부하들을 통솔할 수 없게 된다. 또한 모든 일에 일희일비하여 조급해하거나 사소한 일에 충동적으로 부하들을 부리면 가볍고 실없는 장수로 전락하여 큰 싸움에서 승리할 수 없게 된다. 너무 청렴하여 한 톨의 먼지도 나지 않는 장수는 부하들이 어렵게 느껴 멀리하게 되고, 가볍게 넘길 수 있는 일에도 지나치게 자존심을 내세우고 명예를 중시하다 보면 들이지 않아도 되는 헛수고를 하게 된다. 마지막으로 병사들이나 백성들을 지나치게 아끼다 보면 희생을 요구할 수 없게 되고 작은 일에까지 번거롭게 관여해야 하기 때문에 많은 사람들을 통솔할 수 없게 된다.

직장은 전쟁터다. 경쟁에서 살아남기 위해서 명민하게 피아를 식별하고 적절히 진퇴를 결정하며 신속히 전투를 벌이는 결단력이 필요하다. 자신이 팀이나 부하들을 거느리고 있는 중간관리자라면 손무가 제시한 오덕과 오위를 유념해 둘 필요가 있다. 나아가 한 회사를 경영하는 CEO라면 현실을 직시하는 분별력과 함께 미래를 내다보는 선견지명, 인재를 적재적소에 기용하는 인사와 용병술, 정도 경영을 추진할 수 있는 정직한 도덕성, 사회의 모본이 되는 노블레스 오블리주가 요구되는데, 이 모든 것에 필요한 것이 바로 병법이다. 『손자병법』은 세를 모으고 펼치는 전략을 가르친다. 이를 위해서는 무엇보다 여세를 몰아가는 것이 중요하다.

"손무는 일사천리의 기세로 흐르면서 막고 있는 돌도 쓸고 갈 수 있는 힘, 그것이 바로 '세'의 힘이라고 하였다. 이 세상에 물보다 부드럽고 약한 것은 없어 보이지만, 급류를 타고 요란하게 흐르는 물은 앞을 가로막는 모든 사물을 휩쓸고 내려갈 정도로 강함을 보이기도 한다. 이것이 물의 기세다. 전쟁에서 이런 기세로 적을 덮칠 수 있다면, 아무리 혼란한 전투라 하더라도 적의 진영을 한 번에 무너뜨릴 수 있을 것이다."[44]

　　전쟁에 나서 극강의 화력으로 상대를 무찌르는 그림은 할리우드 전쟁 영화에나 등장하는 천편일률적인 시나리오일 것이다. 하지만 『손자병법』에서 최고의 지략으로 꼽는 것은 피할 수 있는 전쟁은 피하는 것, 나아가 싸우지 않고도 상대를 이기는 것이다. 필요하다면 훗날을 도모하며 36계 줄행랑을 칠 수도 있어야 하고, 상대에게 공공연히 시위를 벌여 겁을 주고 물러나게 할 줄 아는 장수가 무조건 적진을 향해 "돌격 앞으로!"를 외치는 장수보다 훨씬 위대하다는 말이다. 어쩌면 부드럽고 유한 듯하면서도 안으로 진짜 위력을 숨기는 상대가 진짜 위협적인 상대일 것이다. 슈피겔은 자신의 서재에서 손무의 『손자병법』을 꺼내 읽으며 아마 이 부분에 밑줄을 긋지 않았을까?

리드 호프먼(외)의
『블리츠스케일링』

빌 게이츠와 셰릴 샌드버그, 에릭 슈미트, 브라이언 체스키 등 여러 CEO들이 이구동성으로 극찬한 베스트셀러 『블리츠스케일링』은 슈피겔이 추천한 두 번째 책이기도 하다. 게이츠는 직접 책의 서문까지 써줄 정도로 책의 주장에 십분 동의한다. 자칫 치과 치료의 하나로 착각하기 쉬운 블리츠스케일링이라는 개념은 과연 무엇일까? 블리츠스케일링blitzscaling은 항공기나 공수부대를 이용하여 기동성을 극대화한 전술인 블리츠크리그blitzkrieg와 회사의 규모 확장이나 시장 확대를 의미하는 스케일업scale up을 합친 합성어로, 공동 저자 중 한 사람인 리드 호프먼이 자신의 모교인 스탠퍼드대학교에서 열린 스타트업 특강을 계기로 유명세를 타게 되었다. 호프먼은 실리콘밸리를 선도하는 IT 기업들의 성공 사례를 연구하여 효율보다는 속도에 주목하였다. 좁은 기회의 슬릿을 놓고 여러 기업들이 촉각을 다투는 속도전이 벌어지고 있다. 경쟁자를 속전속결로 제압함으로써 시장의 우수한 인적, 물적 자원을 흡수하고 대중에게 브랜드 인지도를 각인하여 시장을 독점해 나가는 것이 블리츠스케일링 전략의 골자다.

　공동 저자인 리드 호프먼은 페이팔 부사장을 역임하고 링크드인을 설립한, IT 업계의 기린아면서 실리콘밸리의 산증인이다. 스탠퍼드대학교에서 인지과학으로 학사학위를 받았고 영국으로 건너가 옥스퍼드대학교에서 철학으로 석사학위를 받은 특이한 이력을 자랑한다. 학업을 마친 뒤, IT 기업인 애플과 후지쯔에서 경험을 쌓고 1997년 온라인데이팅 사이트인 소셜넷을 창업했다. 그 후 페이팔에 합류, 수석부사장을 지냈다. 2003년에는 페이스북보다 한발 앞서 소셜미디어의 가능성을 보고 비즈니스에 특화된 인맥 서비스 링크드인을 설립해 성공했다. 실리콘밸리에서 '연결의 왕'이란 별칭으로 불릴 만큼 창업부터 투자, 사업에 필요한 모든 네트워크를 연결하는 데 탁월한 인물로 평가받는다. 지은 책으로는 『연결하는 인간』, 『얼라이언스』, 『블리츠스케일링』이 있으며, 모두 「뉴욕타임스」 베스트셀러에 올랐다. 그와 함께 공동 저자로 이름을 올린 크리스 예Chris Yeh는 스탠퍼드대학교에서 제품디자인과

『블리츠스케일링』을 들고 포즈를 취한 크리스 예(좌)와 리드 호프먼(우)(출처: linkedin.com)

4장 병법을 사랑한 재담꾼 에반 슈피겔

문예창작으로 학사학위를 받았고, 하버드비즈니스스쿨에서 MBA를 취득했다. 스타트업을 발굴하고 투자하는 와사비벤처스를 창업하여 지금까지 100여 개가 넘는 하이테크 스타트업에 조언과 투자를 아끼지 않았다. 호프먼과 함께 『얼라이언스』와 『블리츠스케일링』을 썼다.

중국에 가면 사람들이 공항을 빠져나오면서부터 놀라는 게 하나 있다. 바로 거미줄처럼 연결된 디디추싱滴滴出行의 놀라운 서비스 속도다. 아마 중국에 자주 가는 독자라면 이 말을 충분히 이해할 것이다. 공항에서 짐을 찾고 디디추싱을 연결하면 공항 검색대를 채 빠져나오기 무섭게 상대 운전자로부터 재깍 전화가 걸려 온다. "시엔짜이 니 짜이날現在 你在哪儿?" 중국 어디를 가든 어느 지역에 있든 디디추싱만 있으면 주변에서 운전자를 쉽게 부를 수 있다는 자신감이 생기자 중국어에 서툰 사람들은 통역을 대동하지 않고 시내를 돌아다닐 수 있게 되었다. 거짓말 하나 안 보태고 번화가나 도심지에서는 채 5분도 걸리지 않는다고 한다. 직접 요금을 주고받을 필요 없이 앱에서 거리에 따른 합리적인 가격에 바로 결제가 이뤄지기 때문에 낯설고 물선 해외에서 괜히 바가지 쓸 위험도 없고, 게다가 외국인들을 위한 영어 서비스도 제공하고 있어 중국어 한마디 없이 자유롭게 목적지에 갈 수 있다. 원하는 차량도 택시부터 고급 차량, 디럭스, 일반 차량에 이르기까지 다양하기 때문에 골라 타는 재미가 쏠쏠하단다.

미국의 우버도 정말 너무 빠르고 편리하다. 거기다가 저렴하기까지 하니 일석이조다. 사람들은 타고 가는 항공기의 스케줄에 맞춰 항상 공항에 미리 우버를 예약해 놓는다. 한 시간까지 비행기가 연착되어도 대기해 주니 공항에서 택시를 잡아타느라 시간을 낭비하거나 고생할 염려가 없다. 이처럼 세상은 언젠가부터 택시가 아닌 새로운 교통체계로 돌아가고 있다. 우리가 미처 그 변화를 깨닫기 전에 이미 우리 주변에 성큼 다가와 있다. 따지고 보면 공유를 교통 시스템에 접목한, 지극히 단순한 발상의 전환이지만, 이를 속도감 있게 비즈니스로 구현한 회사들은 지금 세계적인 기업이 되었다. 에어비앤비와 우버, 리프트, 디디추싱은 경쟁자가 득실득실한 무한경쟁의 시장 속에서 어떻게 당당히 성공했을까? 『블리츠스케일링』은 속도에서 그 비결을 찾는다. 단순히 회사를 시작하는 것만으로는 충분치 않다. 엄청난 가치를 일군 스타트업들은 경쟁업체에 비해 엄청나게 빠른 속도의 스케일업으로 성장하는 길을 발견한 기업들이다.

"블리츠스케일링은 속도를 위해 기꺼이 효율성을 희생한다는 의미다. 단 그 희생이 성과를 낼 것이라고 확신을 얻을 때까지 기다리지 않는다. 고전적인 스타트업 성장이 비행기를 조립하면서 하강 속도를 늦추는 일이라면, 블리츠스케일링은 비행기를 더 빨리 조립하면서 날개를 만드는 와중에 제트엔진에 불을 붙이는 일이다. 눈에 띄게 짧은 시간 안에 성공이냐 실패냐가 정해지는 이른바 '죽느냐 사느냐'의 문제인 셈이다."[45]

호프먼이 꼽은 속도전으로 성패를 가른 대표적인 기업이 브라이언 체스키의 에어비앤비다. 에어비앤비 성공에서 확인된 전략은 빠르게 몸집을 불리기 위해 그루폰을 비롯한 여타 스타트업이 시도한 쓸데없는 인수합병에 나서지 않는 것이었다. 자신의 주거 공간을 다른 이에게 빌려주는 콘셉트를 가진 에어비앤비는 창업 4년 만인 2011년 40명의 직원으로 100만 건의 예약, 700만 달러의 매출을 성사시키며 안정궤도에 진입하고 있었다. 그즈음 규모 면에서 에어비앤비를 능가하는 무시무시한 경쟁사 윔두Wimdu가 독일에 등장했다. 잘나가는 기업의 사업 모델을 모방한 대표적인 카피캣copycat 회사였다. 출발한 지 얼마 되지 않아 유럽 전역에 20개 지점을 세울 만큼 윔두는 빠른 속도로 공격적인 성장을 거듭했다. 우버의 경쟁자 디디추싱이 중국에서 무섭게 성장한 것처럼 말이다. 에어비앤비의 CEO 체스키는 유럽 시장이 윔두에 의해 점령당하는 것을 속절없이 지켜볼 뿐이었다. 이때 윔두의 잠버 형제는 자사를 넘기는 조건으로 에어비앤비의 지분 25%를 요구하고 나섰다. 결론적으로 체스키는 그들의 제안을 거절했다. 합병이 속도와 성공을 방해할 수 있다는 우려 때문이었다. 이후 스토리는 여러분들이 잘 아는 바다. 이듬해 에어비앤비는 유럽 전역에 9개의 지사를 세우고 전년 성과의 10배인 예약 1,000만 건을 달성해 압도적인 1위 업체가 됐다. 윔두는 시장에서 멸종되었다.

구체적인 블리츠스케일링은 무엇일까? 세 가지 핵심 요소가 있다. 첫 번째는 혁신적인 비즈니스 모델을 구축하는 것이다. 이제껏 역사 속으로 명멸해간 많은 스타트업들이 저질렀던 치명적인 실수는 핵심 기술에 초점을 맞추다가 정작 비즈니스를 이해하는 데는 문맹에 가까울 만큼 아둔했다는 점이다. 구글이 오늘날 세계적인 검색엔진으로 성장할 수 있었던 비결은 래리 페이지와 세르게이 브린의 독자적인 검색 알고리즘 기술이 아니라 검색이 수익으로 이어지도록 이끌었던 저들의 비즈니스 모델에 있었다. 물론 기술 혁신은 성공적인 비즈니스 모델을 구축하는 데 결정적인 요소임에 틀림없다. 문제는 수익을 창출하지 못하고 그저 기술 혁신에서 머물러 있는 경우다. 여기서 호프먼은 자신이 페이팔에 몸담았을 때의 경험을 들려준다.

"페이팔은 영업을 시작할 때 비즈니스 모델을 갖추고 있지 않았다 (나는 페이팔의 핵심 경영진 중 1명이었다). 우리는 하루 5%라는 기하급수적인 성장을 이루고 있었지만 진행하는 매 거래마다 손해를 보고 있었다. 재미있는 점은 친구를 추천하는 고객에게 보너스를 지급하는 우리를 보고 미쳤다고 말하는 사람들이 있었다는 것이다. 이런 추천 보너스는 아주 뛰어난 아이디어였다. 광고를 통해서 새로운 금융 서비스 고객을 끌어들이는 데 드는 일반적인 비용보다 훨씬 쌌기 때문이다."[46]

비용 때문에 블리츠스케일링을 거듭하지 않았다면 오늘날 페이팔은 존재하지 못했을 것이다.

두 번째는 상식으로 이해할 수 없는 전략을 구사하는 것이다. 당장의 모객을 위해 박리다매를 진행하는 전략이 모든 비즈니스에 통용되는 것은 아니다. 이 전략이 통하기 위해서는 네트워크 효과를 통해 레버리지를 일으킬 수 있는 사업이어야 한다. 대표적인 비즈니스가 우버다. 우버의 네트워크가 성장하면 더 많은 차들이 길에 쏟아져 나올 것이고 그러면 소비자가 자신에게 맞는 경로를 찾는 시간도 더 단축될 것이다. 그렇다면 그들은 더 오래 시장에 머물게 될 것이고 이용 경험이 늘어날수록 우버에 대한 충성도는 올라갈 것이다. 베조스의 아마존 역시 이런 전략을 썼다. 그는 온라인에서 정가의 60%에 책을 팔았다. 게다가 단 한 권이라도 무료로 배송해 주었다. 책을 팔면 팔수록 손해가 나는, 상식적으로 이해할 수 없는 전략이었다. 하지만 그의 회사는 네트워크를 만들고 규모의 경제를 달성하자 바로 흑자로 전환되었다. 생산량이 증가함에 따라 평균 비용이 감소하는 상황이 일어난 것이다. 마지막으로 세 번째는 직관에 어긋나는 규칙을 포용하는 것이다. 두 번째가 남이 하지 않는 비즈니스 모델을 구축하는 것이라면 세 번째는 경영 혁신을 이루는 것이다. 비즈니스 모델과 성장 전략이 뛰어나도 경영 혁신을 이루지 못하면 세계적인 기업으로 우뚝 설 수 없다. 경영 혁신은 문제에 매몰되지 않고 효율적인 인사를 집행하는 것이다. 저자들이 블리츠스케일링의 단계를 직원 수로 나눈 이유도 여기에 있다.

성공적인 블리츠스케일링을 위해서 저자들은 끊임없이 배우고 성장할 것을 주문한다. 배움은 자전거에 올라 열심히 페달을 구르는 것과 같아서 잠깐이라도 배움을 그쳤을 때 성장 동력을 잃을 뿐 아니라 자칫하면 균형을 잃고 자빠질 수 있다. 또한 블리츠스케일링을 위해 네트워크를 늘려야 한다. 네트워크에는 인적 네트워크뿐 아니라 물적 네트워크도 포함된다.

마지막으로 절대 편법은 쓰지 말아야 한다. 속도를 신경 쓰다가 법이나 규제를 무시하거나 건너뛰는 우를 범할 수 있다. 이런 것들을 무시하고 성장에만 몰두하는 것이 블리츠스케일링은 아니다. 스냅챗이야말로 블리츠스케일링의 대표적 표현형phenotype일 것이다. 슈피겔이 책에서 먼저 아이디어를 얻었는지 나중에 확신을 얻었는지 모르겠지만, 분명한 사실은 책을 덮으며 무릎을 탁 치고는 "거 봐, 내가 뭐랬어?"라고 말할 것이란 점이다.

서재에서 탄생한 위대한 CEO들

밀란 쿤데라의
『참을 수 없는 존재의 가벼움』

　　맨부커상을 받았던 한강의 『채식주의자』는 어느 날 별다른 이유 없이 스스로 채식주의자가 되기로 결심한 영혜의 이야기다. 소설은 영혜가 왜 모든 육식을 거부하고 자발적 채식을 선택했는지 자세히 설명하지 않는다. 그저 뒤숭숭한 꿈을 꾼 뒤 자신의 목구멍에 생명들이 걸려 있는 것 같은 답답함을 느꼈을 뿐이다. 반면 노벨상을 받았던 밀란 쿤데라의 『참을 수 없는 존재의 가벼움』은 깃털처럼 가벼운 자신의 삶에서 탈출을 감행하기 위해 섹스를 탐닉하는 외과의사 토마시의 이야기다. 둘은 전혀 다른 주제의, 다른 저자의, 다른 문체의 소설이지만 이상하게 서로 오버랩되는 건 필자만의 느낌일까? 토마시는 10년 전 이혼한 후 사랑의 의무는 지지 않으면서 여러 관계를 통해 만난 여자들과 자유롭게 성적 쾌락을 즐기며 살아간다. 토마시가 좌골신경통에 걸린 과장 대신 시골에 출장을 갔다가 우연히 보헤미아 술집에서 테레자를 만나는 것으로 소설은 시작된다. 토마시는 그녀에게 강렬한 애정을 느낀다. 아마 사랑할 수 있는 '대상' 그 자체보다 사랑을 줄 수 있는

'상황'에서 권태로운 일상의 피안 너머 자신이 살아 있다는 존재감을 발견했을지 모르겠다. 반면 술집 작부였던 테레자는 외과의사 토마시를 만나 거의 밑바닥에 가까웠던 지난 삶의 돌파구로서 그를 맹렬히 의지한다. 그녀는 무거운 트렁크를 끌고 토마시가 사는 프라하로 넘어온다. 둘은 진한 사랑을 한다. 서로의 존재에 더할 수 없는 무게감을 주면서.

『참을 수 없는 존재의 가벼움』은 밀란 쿤데라의 대표작이다. 밀란 쿤데라Milan Kundera는 1929년 체코에서 피아니스트의 아들로 태어났다. 1948년, 그는 브르노에서 중등교육 과정을 마친다. 그는 프라하 카렐대학교의 예술학부에서 문학과 미학을 공부했으나, 두 학기 만에 프라하의 공연예술 아카데미의 영화학부로 옮겼다. 그곳에서 그는 처음으로 영화 기획과 희곡 창작에 대한 강의를 들었다. 졸업 후 세계문학을 가르치다가 1950년 공산당에 반하는 활동을 했다는 이유로 당에서 추방당했다. 체코가 소련군에 점령당하고 시민권을 박탈당한 그는 1975년 프랑스로 망명해 1981년 프랑스 시민권을 취득했다. 이후로 불어로 소설을 출판했다. 명실공히 20세기를 아울러 현존하는 최고의 현대 소설가 중 한 명으로 꼽히는 쿤데라의 작품들은 거의 모두가 탁월한 문학적 깊이를 인정받아 프랑스 메디치상, 클레멘트루케상, 프레미오레테라리오몬델로상, 유로파상, 체코 작가연맹상, 체코 작가출판사상, 커먼웰스상, LA타임스소설상, 두카재단상 등 수많은 문학상을 받았으며 해마다 노벨 문학상 후보로 추천되고 있다. 국내에서만 100만 부 이상 팔리며 스테디셀러로 많은 이들의 사랑을 받았고, 네이버「지식인의 서재」 선정 '우리 시대 지식인이 사랑한 책 TOP 10'에 들기도 했다.

128

『참을 수 없는 존재의 가벼움』을 쓴 밀란 쿤데라(출처: google.com)

소설 『참을 수 없는 존재의 가벼움』은 쿤데라 자신의 경험에서 출발한다. 1968년 체코에 프라하의 봄이 일어나고 이 사태를 진압하기 위해 소련군이 침공하자 토마시 부부는 프라하를 떠나 스위스의 취리히로 간다. 그러나 토마시의 여성편력에 외로움을 느낀 테레자는 짐이 되고 싶지 않다는 쪽지를 남기고 프라하로 돌아가 버린다. 처음에는 홀가분한 해방감을 느꼈던 토마시는 곧 동정심을 갖고 그녀를 찾아 프라하로 간다. 그녀를 얻었지만 직업을 잃은 토마시. 그는 병원에서 쫓겨나 유리창 청소부가 되고 테레자는 점령군의 사진을 찍은 죄로 일자리를 잃고 바텐더로 살아간다. 하지만 전직 의사였다가 소련군을 비방한 글을 써서 창문 닦는 청소부가 된 토마시는 뭇 여자들과 바람을 피우는 버릇만큼은 버리지 못한다. 넘쳐나는 자유시간은 토마시로 하여금 다시 한 번 여자사냥에 탐닉할 수 있는 절호의 기회를 제공한다. 그는 지금껏 살아오면서 몇 명의 여자를 거쳤냐는 친구들의 계속된 질문에 대충 이백 명쯤 될 것이라고 대답한다.

반면 소설은 액자식 구성처럼 사비나의 삶에 조리개를 들이댄다. 사비나는 토마시의 옛 애인으로 프라하에서 스위스 제네바로 망명한다. 그녀는 제네바에서 프란츠라는 대학교수이자 유부남을 만난다. 둘의 육체는 볼트와 너트처럼 서로를 끝없이 탐닉할 만큼 잘 포개졌지만, 둘의 생각은 물과 기름처럼 서로를 끊임없이 주변으로 밀어내고 추방시켰다. 아버지를 여의고 홀어머니 밑에서 자란 프란츠는 정조를 으뜸으로 여기지만 사회주의의 세례를 받고 자란 사비나는 끊임없는 자유와 탈출을 꿈꾼다. 프란츠에게 음악은 무료한 일상으로부터의 해방이었지만, 사비나에게 음악은 그 의미를 알 수 없는 야만적인 소음에 지나지 않았다. 둘은 결국 갈라선다. 사비나가 떠나고 홀로 남은 프란츠는 사비나를 그리워하며 그의 강의를 듣는 한 여학생과 동거를 시작한다. 어느 날 그는 친구로부터 공산주의에 점령당한 캄보디아를 위해 시위하러 가자는 제안을 받는다. 프란츠는 공산주의에 나라를 잃었던 사비나를 떠올리고는 그 제안을 수락한다.

우리는 누구나 삶의 무게에 짓눌려 산다. 무게는 삶의 필연, 관계의 의무에서 온다. 가장은 가족을 부양해야 할 의무를 갖는다. 힘들고 괴로운 노동의 나날이 그의 앞에 기다린다고 가정을 팽개치거나 책임을 방기하는 일탈은 허용되지 않는다. 치킨을 직접 튀기고 배달까지 해야 하는 이 시대의 중년 가장들이 느끼는 삶의 무게는 '반드시 그래야 한다'는 책임감에서 비롯한다. 반면 존재의 가벼움은 '한 번은 아예 안 한 것이나 마찬가지다'라는 명제에서 잘 드러난다. 토마시처럼 가는 여자 잡지 않고 오는 여자 막지 않는 프리스타일 연애를 지향하는 바람둥이는 존재의 무거움을 안겨 주는 관계에서 부담감을 넘어 혐오감을 느

130

끼기 마련이다. 가장의 헌신? 결혼의 정절? 자녀의 부양? 이런 것 따위는 모두 삶의 거추장스러운 딱지들일 뿐이다. 토마시는 트렁크에 자신의 짐을 한가득 짊어지고 찾아온 테레자를 보고 한 여자를 책임져야 한다는 중압감에 눌려 신음한다. 전보다 더 열심히 벌어서 여자가 만족할 만큼 생활 수준을 올려야 하고, 무엇보다 이전까지 거의 아무런 제약 없이 누려 왔던 그의 자유분방한 성적 비행에도 종지부를 찍어야 한다. 그래서 그에게 삶은 고독하며 무의미하고 공허하다. 이를 도표로 정리하면 다음과 같다.

존재의 무거움	존재의 가벼움
그래야만 한다(Es muss sein).	한 번은 안 한 것이다(Einmal ist keinmal).
영원회귀	일회적 삶
관계에서의 의무	관계에서의 유리
의미	무의미
운명	우연
테레자와 프란츠의 삶	토마시와 사비나의 삶

　토마시는 삶의 우연에 자신을 맡긴다. 갈대 상자에 담겨 떠내려온 아기처럼 아무렇게나 부유하다 만난 여자와 하룻밤을 보내는 것도 그녀의 무게감을 받아줄 용기가 그에게 없기 때문이다. 가벼움을 지향하는 그는 공산당을 비판하는 글을 써서 이전까지 그가 당연한 듯 가졌던 모든 것을 하루아침에 잃는다. 유명한 외과 의사였던 그는 건물의 유리를 닦는 일개 품팔이 노동자로 전락한다. 반면 잘나가는 교수에 부인과 딸까지 둔 안정적인 가장이었던 프란츠는 대의를 위해 자신이 가진 것

을 자의로 버린다. 캄보디아에서 고통당하는 지식인들의 대장정에 참여한다는 명분이었지만 자신의 삶에서 느껴지지 않는 무게감을 확보하고 싶었던 발버둥에 가까운 결정이었다. 아이러니하게 그는 방콕에서 단순 소매치기 강도를 당해 객사하고 만다.

테레자가 그토록 토마시에게 존재의 무게감을 원했던 이유는 무엇이었을까? 그것은 그녀의 출생이 너무 가벼웠기 때문이다. 그녀의 어머니가 처녀였을 때 아홉 명의 구혼자가 있었다고 한다. 혼기에 이른 어머니는 그중에서 아홉 번째 남자를 골랐는데, 이유는 그가 가장 남성적으로 보였기 때문이었다. 그 남자에게 몸을 허락하고 사랑을 나누며 어머니는 임신하지 않도록 조심하라고 남자에게 계속 당부를 했으나 결국 남자는 어머니를 임신시키고야 말았다. 당시 어머니는 마을에서 낙태를 도와줄 의사도 찾을 수 없어서 서둘러 그 남자와 결혼해야 했다. 그렇게 테레자가 태어난 것이다. 테레자가 태어나자마자 어머니는 앞서 놓쳤던 여덟 명의 남자들이 하나씩 떠오르며 한없이 그리워지기 시작했다. 남성답다는 이유로 골랐던 아홉 번째 남자야말로 그중에서 가장 형편없는 남자라는 생각을 떨칠 수 없었다. 그렇게 테레자의 어머니는 몇 건의 사기 행각과 앞서 두 번의 이혼 전력을 가진 어처구니없는 인간과 결혼해 그녀를 낳았다. 하지만 그녀는 토마시에게서 우연이 아닌 필연을 얻을 수 없었다. 그래서 그녀는 그를 떠난다.

필자에게 소설은 난해했다. 네 명의 군상들이 다른 방식으로 서로를 끝없이 구속하고 방치하는 관계에서 현기증마저 느꼈다. 물리적으로 말해서, 모든 사람들은 체중體重을 갖는다. 체중은 지구가 사물을 끌어당기는 중력重力에 의해 발생한다. 말 그대로 무거움을 갖게 한다. 가볍다는 것은 그 중력을 느끼지 못한다는 이야기일 것이다. 결국 두 발을 땅에 딛고 사는 사람이라면 누구나 어쩔 수 없이 존재의 무게감을 가질 수밖에 없다. 쿤데라는 삶에서 추하고 가벼우며 볼품없는 것을 키치 kitsch라 불렀다. 그래서 모두는 어쩔 수 없이 삶의 키치를 마주할 수밖에 없다. 과연 우리에게 삶의 키치는 무엇일까?

자이니치의 피가 흐르는 유니콘 헌터 손정의
(소프트뱅크 CEO)

Masayoshi Son

5장

나는 빚더미에 앉은
제왕이다.

_손정의

1957년 8월 11일, 일본 사가현佐賀県 도스시鳥栖市 고켄도로五軒道路 무번지無蕃地에서 미래에 세계의 투자 지형을 바꾸어 놓을 걸출한 인물이 탄생한다. 장차 김민석의 쿠팡과 마윈의 알리바바를 오늘날 세계적인 플랫폼 기업으로 탄생시킬 운명의 투자자였다. 그의 이름은 마사요시 손. 우리에게 손정의孫正義로 알려진 인물이다. 그는 번지도 없는 허름한 일본식 가옥에서 파칭코 사업의 거물이었던 자이니치 2세 손삼헌孫三憲 씨의 아들로 태어났다. 그의 할아버지 손종경孫鍾慶은 광산 노동자로 어렵게 삶을 이어갔다. 그의 할머니는 동네에서 배출되는 음식물 쓰레기를 리어카에 담아 가축 사료로 파는 허드렛일을 하며 근근이 살았다. 당시 전후 일본에서 자이니치로 살아가는 게 얼마나 고단한 삶이었는지 엿볼 수 있는 대목이다. 다행스럽게도 나중에 아버지가 사업에 성공하면서 어린 손정의는 일찌감치 미국 유학길에 오를 수 있었다.

손정의는 16세가 되었을 무렵 미국 캘리포니아 주에 소재한 살레몬테고등학교에 입학한다. 이후 전문대학을 거쳐 캘리포니아대학교 버클리에서 경제학과 컴퓨터공학을 전공한다. 그는 19세에 장차 인생을 어떻게 살아갈지 원대한 계획을 세운다. 20대에는 사업에 출사표를 던지고, 30대에 사업 자금을 모아, 40대에 사업에 큰 승부를 건다. 그리고 50대에 사업을 완성시키고, 60대에 접어들면 사업을 후계자에게 물려준다는 계획이다. 64세가 된 지금까지 현역으로 활동하고 있으니 은퇴까지 6년밖에 남지 않은 셈이다. 그는 자신의 계획에 따라 징검다리를 놓듯 한 가지씩 착실하게 실천에 옮기고자 했다. 졸업 후 그는 다시 일본으로 돌아와 1981년 소프트뱅크를 설립한다. 그의 앞에 탄탄대로만 있었던 것은 아니다. 사업을 일으킨 지 얼마 되지 않아 치명적인 만성 간염에 걸려 생사를 넘나드는 고비를 넘긴다. 누구나 죽음은 자신의 인

손정의(출처: moneyweek.com)

생 계획에 들어 있지 않다. 손정의는 25세의 나이에 시한부 판정을 받고 병실에 누워 죽음의 그림자를 느끼며 인생과 사업, 꿈과 비전을 다시금 생각하게 된다. "죽음을 친구처럼 가까이 두세요. 전과는 다른 인생을 살게 될 겁니다."

인생은 새옹지마라고 삶에서 일어나는 모든 일에는 항상 빛과 그림자가 함께 드리운다. 인생에서 예상치 못한 불청객, 간염의 방문을 받고 와병 중이던 손정의는 마냥 죽음을 기다리고 있지만은 않았다. 3년이라는 기간 동안 병실에 누워 동서고금의 내로라하는 양서 3천 권을 읽으며 사유의 지평을 넓히고 인간 심리와 인류 역사의 흐름을 통달한다. 책에 길이 있고 문장에 해답이 있었다. 열정 하나로 비즈니스에 뛰어든 피 끓는 청년 사업가에게 책은 인생의 좋은 안내자가 되어 주었다. 만약 그가 이처럼 뜻하지 않은 병마와 처절한 사투를 벌인 일생일대의 경험을 생략한 채 오로지 초고속 질주만을 거듭했다면 오늘날 소프트뱅크는 과연 어떤 모습이었을까? 어쩌면 지금의 손정의도 지금의 소프트뱅크도 없었을지 모른다. 실제로 그는 틈만 나면 인터뷰를 통해 자신의 경영 원칙은 대부분 병실에서 완성되었다고 밝힌 이유도 여기에 있다.

와신상담 재기를 노리던 손정의에게 기회가 찾아왔다. 마이크로소프트의 윈도우 OS를 일본에 독점으로 공급할 수 있는 권리를 얻게 된 것이다. 그는 이 한 번의 결정으로 돈을 갈퀴로 쓸어 담듯 벌게 된다. 노벨의 일본 합작법인을 설립하고 1994년 일본 증시에 상장하기도 했다. 여기서 벌어들인 자금을 바탕으로 그는 기업사냥꾼으로 변모한다. 그는 창업한 지 채 1년도 되지 않은 야후의 가능성을 보고 미국으로 날아가 제리 양에게 야후 지분의 34퍼센트를 사들인다. 동시에 일본에서 야후재팬을 세우고 비즈니스를 시작할 수 있는 권리도 얻게 된다. 야후 인수는 질주하던 손정의에게 날개를 달아 주었다. 물론 우리가 아는 바와 같이 미국의 야후 본사는 후발주자인 구글에 밀려 혁신에 실패하고 중요한 기회들을 놓치며 몰락했지만, 일본의 야후는 소프트뱅크의 자회사로 오늘날까지 살아남았다. 덕분에 현재 야후재팬은 일본 내에서 최고의 점유율과 독점적인 지위를 누리고 있는 대표적인 포털사이트로 건재하다. 2018년 매출이 9,547억 엔(약 10조 2,718억 원)에 이를 정도로 일본 내 야후재팬의 위상은 그 어떤 기업도 넘볼 수 없다.

수익은 새로운 사업 영역에 대한 재투자로 선순환된다. 손정의는 야후재팬에서 안정적인 수익이 발생하자 이를 토대로 다양한 벤처기업을 발굴하고 자금을 대며 사업 영역을 넓혔다. 성장일로의 일본 경제가 미국마저 집어삼킬 것이라는 전망이 나올 정도로 뜨거웠던 1990년대 말에 손정의는 일주일에 1조 엔을 벌어들였다는 전설과 같은 이야기도 있다. 물론 일본 경제에 드리운 버블이 꺼지며 사업에 어느 정도 부침이 있었지만, 고비 때마다 기상천외한 전략과 지치지 않는 뚝심으로 사업을 이어갔다. 2000년대 초반, 초고속 인터넷 사업에 뛰어들었고 여세를 몰아 이동통신 사업에도 발을 들였다. 애플의 아이폰을 일본에 독점적으로 공급할 수 있는 판매권을 획득하게 된 것도 이때였다. '장사란 이렇게 하는 것이다'를 뽐내듯 그는 아무것도 제조하지 않은 채 다 만들어진 완제품을 들여와 오로지 유통만을 통해 어마어마한 수익을 창출해 냈다. 그는 이미 시장이 브랜드 가치를 인정한 회사의 제품이나 서비스를 독점적으로 들여오는 방식뿐 아니라 성장 잠재력이 있는 스타

139

트업이나 벤처기업을 발굴하여 투자하는 방식도 적극 활용했다. 이렇게 해서 디디추싱이나 알리바바, 쿠팡 등 다양한 기업들을 업계 거물로 성장할 수 있도록 뒷받침했다. 손정의는 누군가 자신에게 "무엇을 발명했는가?"라고 물어본다면 이렇게 답하겠다고 말했다. "칩도 아니고 소프트웨어도 아니고 하드웨어도 아니다. 나는 300년 동안 존속할 조직구조를 발명했다."

앞날이 창창하던 젊은 사업가가 병실에 누워 3일에 한 권씩 읽었다는 책들은 과연 무엇이었을까? 이제 아이디어와 기술은 있는데 자금이 없는 전 세계 유망한 개발자들에게 '말랑말랑한 은행'이 되어준 손정의의 서재를 지금부터 몰래 훔쳐보자.

손정의의 서재에 꽂혀 있는 책들

시바 료타로, 『료마가 간다(동서문화사)』
레이 크록, 『사업을 한다는 것(센시오)』
후지다 덴, 『유태인의 상술(범우사)』

시바 료타로의
『료마가 간다』

　　어렸을 때 「상도」라는 TV 드라마를 재미있게 본 적이 있다. 조선 후기 국제무역을 주름잡았던 거상巨商 임상옥의 일대기를 그린 사극으로 당시 「허준」만큼 인기를 끌었던 것으로 기억한다. 상행위를 아랫것들이나 하는 '말업末業'으로 천시했던 조선시대의 차별과 몰이해에 맞서 '장사는 이문을 남기는 게 아니라 사람을 남기는 것'이라는 그의 철학이 꽤나 인상 깊었다. 특히 가격을 후려치려는 청나라 상인들 앞에서 보란 듯이 인삼을 불태우는 장면은 짜릿한 통쾌함을 넘어 비즈니스맨이라면 반드시 지녀야 할 배포와 기백을 느꼈다. 가득 차면 찻잔의 물이 아래로 흐르는 계영배戒盈盃를 품고 늘 이익에 대한 과도한 욕심을 경계했다는 그의 철학은 "재물은 평등하기가 물과 같고, 사람은 바르기가 저울과 같다財上平如水 人中直似衡"는 문장에서 잘 드러난다. 그런데 오늘날 우리가 임상옥에 대해 이처럼 낱낱이 알게 된 것은 전부 소설가 최인호 덕분이다. 이전까지 한국인들에게조차 거의 알려져 있지 않던 임상옥을 최인호가 치밀한 조사 끝에 「한국일보」에 연재하면서 발굴

해낸 것이다. 나중에 다섯 권의 책으로 엮은 장편소설 『상도』는 2000년에 첫 출간되어 지금까지 400만 부 이상 팔린 초특급 밀리언셀러가 되었다.

우리에게 임상옥이 있다면 일본인들에게는 료마가 있다. 『료마가 간다竜馬がゆく』는 일본의 역사소설가 시바 료타로司馬 遼太郎가 1962년부터 4년간 「산케이신문」에 연재하여 공전의 히트를 기록한 장편소설이다. 18세기 무신정권 말기, 도사번이라는 변방에서 하급 무사로 태어나 서른셋의 짧은 생을 마감할 때까지 이전 일본에 없던 새로운 리더십과 훗날 메이지유신의 경제관념을 보여준 사카모토 료마를 주인공으로 하고 있다. 소설로 부활하기 전까지 철저히 무명에 가려졌던 료마를 다양한 사료와 고증을 통해 한편의 성공적인 대하소설로 재구성해 냈다는 평가다. 최근에는 2010년 1월부터 11월까지 NHK에서 「료마전」이라는 제목으로 총 48부작의 대하드라마가 방영되어 다시 한 번 인기를 모으기도 했다. 우리로 따지자면 「상도」와 비슷한 드라마라고 생각하면 된다. 자이니치인 손정의가 『료마가 간다』에 등장하는 료마를 두고 자신의 롤모델이라고 밝힌 것은 우리로 따지면 고 정주영 회장이나 고 이건희 회장 같은 재계 거물이 『상도』의 임상옥을 자신의 롤모델이라고 밝히는 것과 같다.

1904년 러일전쟁의 전운이 감도는 절체절명의 순간, 일본의 연합함대를 출항시킨 황후의 꿈에 한 사내가 나타났다. 그는 자신을 메이지유신 이전 국사에 몸을 바친 사카모토 료마라 밝힌 뒤 자신의 혼백이 일제 해군에 머물러 전쟁을 승리로 이끌겠노라 다짐했다고 한다. 이때까지 료마를 전혀 몰랐던 황후는 대신들에게 그에 대해 물었고 사진 속

료마를 보자 꿈에서 본 사내임을 직감하게 된다. 이 거짓말 같은 이야기는 '황후의 이상한 꿈'이라는 제목을 달고 신문에 실려 세상에 알려지게 된다. 그 덕분인지 일제는 예상과 달리 러일전쟁을 승리로 이끌고 본격적인 대동아공영에 나선다. 그런 점에서 료마는 혼백으로라도 일본의 대륙 침략의 선봉이었다고 말할 수 있을까? "어쨌든 이 이야기로 료마는 잊혀질 뻔하다가 다시 소생되었다. 교토 히가시 산의 그의 무덤 옆에 커다란 비석이 생긴 것도 이 이상한 꿈이 널리 알려진 뒤였고, 다이쇼大正 시대에 접어들어 그의 전기에 실린 덕분이라고 할 수 있겠다. 세상이란 그런 것인지도 모른다."[47]

료마의 일대기를 드라마틱하게 재구성한 시바 료타로(출처: google.com)

사카모토 료마坂本 竜馬는 1835년 변방 도사번 고치 성읍의 하급 무사로 태어났다. 그는 서구 열강의 아시아 침탈이 시작되고 한창 막부 중심의 봉건체제에 균열이 생기던 시기에 사무라이 정신을 앞세워 메이지유신의 도화선에 불을 댕겼던 불세출의 영웅이다. 료마는 명예와 의리를 존중하는 사무라이면서 당시로써는 보기 드문 실리주의적 경제 관념을 가진 상인이었는데, 일본인들 사이에서는 쇄국과 개화의 기로에 선 국가의 존망을 놓고 과감한 결단으로 역사를 개척한 선각자로 추앙받는다. 생전에 그는 무역회사와 정치 조직을 겸한 가메야마 조합을 세워 막부에 맞섰고 대정봉환大正奉還의 대표적인 입안자로 개혁운동과 해운업에 투신했다.^g 료마는 12세에 집 근처에 있는 서당에 들어가 글을 배우지만 석 달 만에 그만둔다. 19세에 에도에서 처음으로 서양의 흑선黑船을 보고 충격을 받는다. 그는 29세의 나이에 풍운의 꿈을 안고 자신의 고향인 도사번을 탈번脫藩(에도 시대에 사무라이가 일본의 번을 벗어나 낭인이 되는 것-편집자 주)한 뒤 나가사키에 자리를 잡는다. 사무라이에게 소위 '나와바리'를 벗어나 탈번한다는 것은 충성과 의리를 맹세한 주인을 배신한다는 의미다. 당시 나가사키는 막부의 쇄국정책에서 벗어난 유일의 자유무역항으로 부분적으로나마 서구 열강과 교역이 가능했다. 여기서 어린 료마는 서양의 근대 문물과 사상을 접할 수 있었고, 이를 토대로 자신만의 진보적인 경제관을 세워 갔다. 막부의 부패와 타락을 보고 신물을 느낀 그는 "할 수만 있다면 일본을 한 번 세탁하고 싶다"고 밝힌다.

료마는 이익이 명분을 앞서는 시대가 오고 있음을 직감했으며 각 번

---

g 대정봉환: 도쿠가와 막부의 15대 쇼군 도쿠가와 요시노부가 메이지 천황에게 통치권을 반납한 사건으로 메이지유신의 시발점이 된다.

서재에서 탄생한 위대한 CEO들

들을 규합하여 정치적 입장보다 이익을 앞세운 연맹을 구상했다. 상대를 자신의 편으로 끌어들일 때에도 명분보다는 이익으로 설득했다. 당시 사무라이가 이익을 중시하는 상사라는 결사체를 만든다는 것은 무사의 지위에 걸맞지 않은 파격적인 입장이었다. 료마의 실용주의 사상이 잘 드러난 대표적인 사건은 가이엔타이(해원대)와 가메야마 조합을 설립한 일이다. 1863년 알력 싸움에서 밀려난 조슈번의 사무라이들 200명이 주인을 잃고 길거리의 낭인이 되었을 때 료마는 사지로 내몰린 그들을 어떻게 해서든 살릴 방도를 모색한다. 주인을 잃은 부하는 할복하는 것이 당시 사무라이들의 문법이었다. 하지만 료마는 그들의 생사를 명분에 맡기지 않았다. 존왕양이와 쇄국을 외치며 부하들의 맹목적인 희생을 강요했던 당시 사무라이 문화와는 사뭇 다른 접근이었던 셈. 료마는 낭인으로 전락한 사무라이들을 거두어 땅을 개간하여 농사를 짓는 둔전병으로 삼아 경제적 안정을 도모한다. 이렇게 낭인들을 모아 일본 최초의 주식회사 가메야마 조합을 만든다. 조합은 당시 일본에서 새로운 개념이었다. 료마는 조합을 운영하면서 무역 중심지인 효고와 오사카를 통해 시장 조사를 했고, 국제무역에서 어떤 물품이 인기 있는지 살폈다. 이러한 료마의 실리주의는 부국강병이라는 메이지유신의 기본 이념으로 승화되었다.

의리와 명분보다 이익과 실리를 앞세우는 료마의 철학은 삿초동맹에서도 엿볼 수 있다. 도막의 중심은 사쓰마번과 조슈번이었다. 사쓰마번은 조정과 손을 잡아 막부를 일으켜 세워야 한다는 중도파였음에 반해, 조슈번은 막부를 타도하고 왕정을 부활시켜야 한다는 급진파로 두 번의 사이는 매우 나쁠 수밖에 없었다. 료마는 정치적 앙숙 관계였

145

던 사쓰마번과 조슈번의 갈등을 상호 이익의 경제관념을 바탕으로 해결해 냈다. 막부와 대립하던 조슈번에게는 군사원조를 통한 정치적 안정을 제공하고, 연이은 기근으로 궁핍하던 사쓰마번에게는 군량미 지원을 통한 경제적 안정을 제공하는 역량을 발휘한 것이다. 이로써 공허한 이념 논쟁이나 충성 맹세를 앞세우지 않고 실리를 통한 연합과 제휴를 도모했다는 점에서 료마의 경제사상은 다분히 합리주의적이라고 할 수 있다. 삿초동맹은 막부에게 위협적인 존재가 되어 막부체제가 막을 내리는 데 결정적인 역할을 하게 되었고 1867년 쇼군이 천황에 권력을 이양하는 대정봉환을 단행하는 데 기본 이념이 되었던「선중팔책」을 입안했다. 결국 료마는 일본이 메이지유신을 통해 중앙집권적 근대국가로 발전하는 데 초석이 된 인물이었다.

언제나 시대를 앞서가는 선각자에게는 정적이 등장하는 법. 대정봉환이 있은 지 한 달 후 료마는 정치적 동지였던 나카오카와 함께 교토에 머물다가 음력 11월 15일 오미야 여관에서 습격을 받고 피살된다. 무뢰한들이 칼을 들고 난입하여 료마와 나카오카를 베었다. 료마는 그 자리에서 죽었고, 나카오카는 중상을 입고 며칠간 사경을 헤매다 죽었다. "료마는 외과의사처럼 침착하게 자신의 머리를 꼭 누르고, 흘러나오는 체액을 손바닥에 찍어서 들여다보았다. 하얀 뇌척수액이 섞여 있었다. 갑자기 료마는 나카오카를 바라보며 웃었다. 하늘처럼 맑고 밝은 미소가 나카오카의 망막에 퍼져 갔다. "신타로, 나는 뇌를 다쳤다. 이젠 틀렸어." 그것이 료마의 마지막 말이었다. 말을 마치자 마지막 숨을 내쉬고 쓰러졌다. 아무 미련도 없는 듯이 그 영혼은 하늘을 향해 날아 올라갔다. 하늘에는 뜻이 있다. 이 젊은이의 경우, 그렇게밖에는 생각할 도리가 없다. 하늘은 이 나라의 어지러운 역사를 수습하기 위해 이 젊은이를 지상에 내려보냈다가 그 사명이 끝나자 아낌없이 하늘로 도로 불러들인 것이다. 이날 밤 교토의 하늘은 비를 머금고 별 하나 보이지 않았다. 그러나 시대는 돌고 돈다. 젊은이는 자신의 손으로 역사의 문을 밀어 미래를 향해 활짝 열어젖혔다."[48]

1867년 11월 15일, 이렇게 젊은 료마는 쓰러졌다. 그는 139통의 편지를 남겼다. 시바 료타로가 그 편지를 읽고 세상에 알리기까지 료마는 긴 잠을 자야 했다. 손정의는 와병 중에 료마를 다시 만난다. 그를 다시 일으킨 것은 료마였다. 손정의는 당시를 이렇게 기억한다. "진단받은 다음 날 바로 입원했다. 병상에서 울었다. 그저 살고 싶었다. 가족과 함께 할 수 있다면, 딸아이의 얼굴을 조금이라도 더 오래 볼 수 있다면, 사실이 알려지면 은행에서 당장 융자금을 회수할까 봐 병원에서 몰래 빠져나가 회의에 참석했다. 그 와중에도 회사 걱정을 하는 내가 한심스러웠다. 그때 료마를 다시 만났다. 시바 료타로의 『료마가 간다』를 정독했다. 열여섯 시절 내가 큰 뜻을 품게 해준 바로 그 책이다. 부끄러웠다. 료마는 33세에 죽었다. 마지막 5년 동안 엄청난 일을 했다. 나는 마음을 다잡았다. 자, 나도 5년이다. 그동안 뭔가 할 수 있는 일이 있을 거야. 그것을 하자, 목숨을 바쳐서."[49]

료마는 33세에 죽었다. 세계를 십자가로 정복한 예수도, 유럽을 칼로 정복한 알렉산더도 33세에 죽었다. 손정의는 남은 5년을 료마처럼 살기 바랐다. 손정의는 료마의 일생에서 무엇을 배웠을까? 그의 서재에 손때가 묻은 료마전이 오늘의 그를 증명하고 있다.[50]

손정의		사카모토 료마
규슈 변방 한인촌의 재일교포 3세	배경	시코쿠 시골마을의 최하급 무사
17세, 각혈하는 부친을 두고 미국 유학	출사표	28세, 가족 희생 뒤로한 채 탈번
종합 ICT그룹 소프트뱅크	핵심조직	무역결사대 가이엔타이(해원대)
일본의 디지털 혁명을 주도	산업혁신	일본 최초의 주식회사 가메야마 조합
일본 신재생에너지 프로젝트 시동	사회변혁	대정봉환으로 메이지유신의 초석
"경영권의 가족 승계는 없다."	후계	"대정봉환 뒤 내 자리는 필요 없다."

레이 크록의
『사업을 한다는 것』

　　료타로의 『료마가 간다』가 오늘날 손정의가 인생을 배웠다고 꼽은 문학서라면, 레이 크록Ray Kroc의 『사업을 한다는 것Grinding It Out』은 손정의가 장사를 배웠다고 꼽은 대표적인 경영서다. 책벌레로 유명한 손정의가 대중들에게 추천한 책이 햄버거 프랜차이즈를 세운 인물의 자서전이라니 좀 의아하다. 그는 수많은 강연과 강의를 통해서 달변가의 이미지를 주어왔다. 그의 강연은 특정한 사업이나 기술의 관점을 제시한다기보다는 세상 원리에 대한 설명으로 채워져 있다. 언뜻 들으면 두루뭉술한 이야기로 들릴 수 있다. 그런 그가 본격적으로 회사 경영에 대해 설명한 책을 꼽은 것은 『사업을 한다는 것』이 유일하다. 동시에 이 책은 세계적인 패스트패션 기업 유니클로를 창업한 야나이 타다시柳井正 회장도 추천했으니 일본인 기업가들 사이에서 레이 크록의 인기가 적지 않은 듯하다. 추천사에서 새벽 2시에 경쟁업체의 쓰레기통을 뒤졌다는 레이 크록의 일화를 전하며 타다시 회장은 무엇보다 경쟁자를 정의하는 게 중요하다고 말한다. 유니클로는 같은 섬유산업에 있는 자라나 갭을 경쟁상대로 보지 않고 손정의의 소프트뱅크를 경쟁자로 본다고 말한다. 흔히 '자신보다 뛰어난 사람은 적이 아닌 친구로 삼으라'는 말이 있다. 그래서일까. 타다시는 20여 년간 소프트뱅크의 사외이사를 맡기도 했다. 어쨌든 매년 일본 최고 갑부 1, 2위를 다투는 두 명의 사업가가 함께 추천한 책이니 한국의 독자들도 배울 게 많을 것이다.

프랜차이즈의 아버지 레이 크록(출처: thewealthrecord.com)

맥도날드는 프랜차이즈 업계에서 신화적인 기업이다. 프랜차이즈 기업으로 세계를 평정한, 아니, '프랜차이즈franchise'라는 시스템을 만들고 요식업과 유통업을 결합한 최초의 기업이었다. 하지만 창대한 비전과 세계적 명성에 비해 맥도널드의 시작은 미약하기 그지없었다. 지금은 요식업의 대부로 유명한 레이 크록은 1902년 일리노이 주 시카고 교외에서 가난한 체코계 이민자의 아들로 태어났다. 크록은 고등학교를 다니던 십 대에 제1차 세계대전에 위생병으로 참전할 정도로 시대의 굴곡과 그늘을 가로질러 보행한 인물이다. 변변한 직업 교육을 받지 못한 그는 전쟁이 끝난 이후 피아니스트와 종이컵 판매상, 재즈 연주가 등의 일자리를 전전했다. 릴리툴립이라는 종이컵 제조회사의 영업맨으로 10년 동안 일하면서도, 가족의 생계를 위해 주말이면 식당에서 피아노를 치며 용돈을 벌어야 했다. 이후 1941년 제2차 세계대전이 한창일 때 그는 밀크셰이크를 만드는 멀티믹서기를 파는 사업에 도전한다. 그리고 크록을 맥도날드 형제와 연결해준 것도 바로 이 멀티믹서기 덕분이었다.

크록은 멀티믹서기 사업에 사활을 걸었다. 크록은 자신이 판매하는 믹서기에 대한 자부심이 대단했다. 두 개의 호스로 서로 다른 셰이크를 동시에 만들 수 있는 혁신적인 제품이었다. 사실 영업 실적도 꽤 괜찮은 편이었다. 그는 전국의 레스토랑을 돌며 믹서기를 팔던 중에 1954년 캘리포니아 주 샌버너디노에서 햄버거 레스토랑을 운영하던 맥도날드 형제를 만난다. 그의 인생의 향배를 바꿔 놓을 운명적인 만남이었다. 그들은 1940년 처음 레스토랑을 오픈했는데, 동네에서 이미 형제의 햄버거는 맛이 좋기로 정평이 나 있었다. 멀티믹서기를 판매하려는 목적으로 접근했던 크록은 문전성시를 이루고 있는 레스토랑의 인기에 깊은 인상을 받았다. 특히 동선을 줄인 맥도날드 형제의 간소한 조리 시스템을 보고 이를 매뉴얼화하여 전국 규모의 사업으로 확장시키면 큰돈을 벌 수 있겠다는 계산이 섰다. '단순함이 위대함이다.' 그는 형제에게 레스토랑 운영권과 조리 시스템 등 전권을 넘기겠다는 계약서를 내밀었다. "1954년, 그 운명의 날 나는 시카고로 돌아왔다. 서류 가방 안에는 맥도날드 형제가 막 서명한 계약서가 들어 있었다. 나는 사업이라는

151

전쟁터에서 이미 많은 상흔을 입은 노병이었지만 여전히 전장을 향한 열망에 불타고 있었다. 당시 나는 쉰두 살이었다. 당뇨가 있었고 관절염 초기였다. 이전의 출정에서 담낭과 갑상선의 대부분을 잃었다. 하지만 최고의 기회가 아직 남아 있다고 확신했다. 나는 아직 푸르고 성장하고 있었다."[51]

1955년 4월, 크록은 52세의 나이에 맥도날드 프랜차이즈를 설립하고 일리노이 주 데스플레인스에 첫 프랜차이즈 레스토랑을 오픈했다. 1961년에는 맥도날드 형제로부터 270만 달러에 레스토랑에 관한 모든 권리를 인수하면서 사업은 날개를 달았다. 남들보다 늦은 출발은 그로 하여금 사업에 전력을 다하도록 만들었다. 그에 관한 유명한 일화가 있다. 시카고에 첫 매장을 열었을 때 감자튀김(프렌치프라이)이 캘리포니아에서 먹던 것과 너무 달랐다.

"외양은 그럴듯했다. 그러나 금빛 도는 갈색 감자가 혀에 감기는 맛은 마치… 곤죽 같았다. 아연실색했다. 잘못될 이유가 없는데? 내가 빠뜨린 과정이 있는지 마음속으로 모든 단계를 되짚어 보았다. 잊은 것은 없었다. 나는 샌버너디노의 맥도날드에서 감자튀김의 모든 과정을 처음부터 끝까지 암기했고 그 내용과 한 치의 틀림없이 조리했다. 전 과정을 한 번 더 시도해 보았다. 결과는 같았다. 밍밍하고 눅눅한 프렌치프라이였다. 다른 곳에서도 그 비슷한 프렌치프라이를 팔았다. 하지만 내가 원하는 건 그런 것이 아니었다. 그것은 내가 캘리포니아에서 발견한 경이로운 프렌치프라이가 아니었다."[52]

평소 크록은 맥도날드 햄버거의 장점 중 하나로 색다른 감자튀김의 맛을 꼽았는데, 원인 모를 이유로 그 장점이 사라진 것이다. 크록은 맥도날드 형제에게 당장 전화를 건다. 맥도날드 형제도 그 이유를 알지 못하는 건 마찬가지였다.

"좌절감을 느낄 정도로 심각한 상황이었다. 이 사업의 아이디어 자체가 맥도날드의 표준적인 맛과 질을 수백 개의 매장에서 구현하는 데 달려 있었다. 그런데 첫 매장부터 실패하다니!"[53]

미국 전역에 수천 개의 프랜차이즈 레스토랑을 세우겠다는 그의 거대한 야망이 처음부터 삐걱대기 시작했다.

크록은 이 문제를 해결하지 않고서는 맥도날드 사업에 승산이 없다고 판단한다. '감자가 전부다! 감자튀김을 살리지 못하면 사업은 망한다.' 이때부터 도망간 감자 맛을 되찾기 위한 그의 오랜 여정이 시작된다. 여기저기 수소문하다가 크록은 전미 감자양파협회에까지 전화를 건다. 감자튀김에 대한 그의 질긴 관심은 그칠 줄 몰랐다. 결론은 '건조'에 있었다. 땅에서 파낼 때 감자는 본래 수분이 굉장히 많다고 한다. 그런 감자를 맥도날드 형제는 밭에서 캐어 미국 서부의 고온 건조한 사막 바람이 자유롭게 드나들 수 있는 통풍 잘되는 창고에서 철제 그물망에 넣어 보관했고, 그 과정에서 자연스럽게 감자의 수분이 날아갔던 것이다. 크록도, 심지어 맥도날드 형제조차 몰랐던, 눈에 보이지 않는 건조 공정이 하나 더 있었던 셈이다. 그는 그렇게 만든 감자튀김을 단돈 10센트에 팔았다. 누구보다 대단한 자부심을 갖고 있던 프렌치프라이를 다임(10센트) 한 개와 맞바꾼 크록의 결단은 맥도날드 매장이 그토록 빠르게 미국 전역으로 퍼져나갈 수 있었던 원동력이 되었다.

이후 그의 프랜차이즈 시스템은 시계의 톱니바퀴들처럼 정확하게 움직였다. 그는 '회사는 철저하게 공급업자로 남고 지역 가맹점 운영에는 관여하지 않는다'는 원칙을 세웠다. '본사의 배만 불리는 사업은 곧 무너지고 말 것이다. 중요한 건 각 가맹점의 성공이다. 모세혈관이 원활하게 돌아가야 심장도 튼튼해진다.' 가맹점 사업을 하는 적지 않은 기업들이 가맹점을 사업의 파트너가 아닌 소비자로 본다. 이익을 편취하기 위해 도급과 밀어내기, 강매 등 온갖 갑질을 자행한다. 가맹점의 손해는 본사의 손해라는 대원칙을 망각한 기업들이 적지 않은 쓸쓸한 현실에서 크록의 원칙이 큰 울림을 주는 이유가 여기에 있다. 또한 크록은 자신의 이름을 딴 재단을 설립하면서 다른 미국의 사업가들처럼 자신의 재산을 사회에 환원하는 '착한 부자'의 대열에 동참했다.

"크록재단은 당뇨, 관절염, 다발성경화증에 대한 연구를 지원한다. 이 질병들은 모두 젊은 성인을 공략해서 한창 활동해야 할 시기에 활력을 빼앗아 간다. 이 세 개의 질병을 특별히 선택한 이유가 바로 그것이다. 이 병들은 내 삶에도 파괴적인 영향을 끼쳤다. 나는 당뇨를 앓고 있고 지금은 고인이 된 전처도 당뇨를 앓았으며 내 딸 메릴린도 1973년 같은 병으로 목숨을 잃었다."[54]

이혼한 전처에게 천문학적인 위자료를 주는 사업가들도 있지만, 자신의 삶에서 체험한 실존적 문제를 해결하기 위해 사명감을 갖고 그 돈으로 사회사업에 뛰어드는 이들도 있다. 크록은 후자였다.

레이 크록은 진정한 아메리칸드림을 일군 자수성가형 백만장자다. 손정의가 매력을 느꼈던 부분도 바로 이 지점이 아니었을까? 그래서 그 어린 나이에 혈혈단신으로 미국에 건너갔던 것은 아니었을까? 어쩌면 미국이야말로 프런티어 정신과 자유기업가 정신을 최일선에 놓은 사업가들을 가장 많이 만날 수 있는 곳이었으니 말이다.

"우리가 발전할 수 있는 유일한 길은 개척자의 정신으로 무장하고 앞으로 나아가는 것이다. 자유기업 체제가 가진 위험을 감수해야 한다. 그것이 경제적 자유로 가는 유일한 길이다. 다른 길은 없다."[55]

후지다 덴의
『유태인의 상술』

       유태인이 상술에 능하다는 사실은 잘 알려져 있다. 돈 냄새를 귀신같이 맡는 유태인들의 본능적인 감각에 비빌 수 있는 민족은 아마 전 세계에서 화교가 유일하지 않을까? 그러니 일본인 장사꾼인 후지다 덴이 유태인을 흠모하는 것은 어찌 보면 당연한지도 모른다. 『유태인의 상술』을 쓴 후지다 덴藤田田은 제국주의 일본이 태평양전쟁을 앞둔 1926년 오사카에서 태어났다. 도쿄대 법대에 다니던 1950년에 수입 잡화점인 후지타상점을 개설하여 큰돈을 벌었고, 이후 맥도날드와 토이저러스를 일본에 소개하여 '비즈니스의 귀재'로 명성을 얻었다고 한다. 백화점 1층에 다이아몬드와 여성 핸드백을 진열해 팔았던 1세대 장사꾼이면서 일본에서 '가격 파괴'라는 개념을 처음 도입한 사업가이기도 하다. 기본적으로 법을 공부할 만큼 머리도 좋았던 데다가 돈이 흐르는 길목에서 기회를 엿보는 잔머리(?)까지 갖춘 전형적인 사업가entrepreneur 기질의 인물이다. 『유태인의 상술』은 1972년 출판되자마자 베스트셀러의 반열에 올랐고, 어린 시절 손정의가 그런 그를 만나고 싶어

줄기차게 연락했다는 일화는 아직까지 기업가들 사이에서 전설처럼 회자되고 있다. 뛰어난 경영 감각과 남다른 카리스마로 일찍이 손정의가 롤모델로 삼을 만한 괴짜 사업가인 것만은 분명하다.

전후 일본의 1세대 사업가인 후지다 덴이 일본 맥도날드 체인점 앞에서 포즈를 취하고 있다.
(출처: google.com)

『유태인의 상술』의 초판은 1979년 범우사에 의해 국내에 번역 소개되었다. 당시 국내에 일본서가 인기를 끌던 시기였다는 사실을 감안하더라도 매우 이례적일 정도로 이른 시기다. 스스로를 '긴자의 유태인'으로 소개하는 저자는 유태인의 상술을 자신의 비즈니스에 접목시키려고 본서를 저술했다고 떳떳이 밝힌다. 빵을 싫어하고 밥을 좋아하는 본토 일본인인데 햄버거 레스토랑을 경영하고, 손가방과 보석을 걸치지 않는데 여성 핸드백과 다이아몬드를 파는 전략도 장사의 타깃이 언제나 '여자와 먹을거리'라는 유태인의 상술을 몸소 체화한 것이다. 책을 읽다 보면 정말 저자가 스스로를 유태인으로 생각하는 게 아닌가 하는 의구심이 들 정도다. '사람을 보면 도둑으로 알라'는 일본의 속담도 선약 없이 무작정 들이닥치는 손님을 자신의 시간을 빼앗는 도둑으로 여긴다는 유태인의 정서와 등가로 놓는 대목에서 실소가 나왔다.

여기에는 약간의 설명이 필요하다. 후지다 덴이 유태인을 존중하다 못해 스스로 아예 유태인이라고 떠벌리는 데에는 동아시아 한자문화권으로 분류되는 한중일 3국—베트남을 여기에 끼울 수도 있겠지만—중에서 유태인에 대해 가장 호의적인 민족이 일본인들이라는 사실에서 그 단서를 찾을 수 있을 것이다. 이른바 '일유동조론日猶同祖論'이라는 사상으로 메이지유신을 거치며 서양 문물을 받아들였던 개화기 지식인들 중에 유태 민족과 야마토 민족이 공통 조상을 가진 형제 민족이라는 이론을 개발하고 주장하는 이들이 있었다. 『유대문화론』을 쓴 도쿄대 교수 우치다 타츠루内田樹에 따르면, 일유동조론을 제일 먼저 주장한 인물은 놀랍게도 1867년 일본에 선교사로 파송된 스코틀랜드인 노먼 매클러드였다. 그는 기상천외한 상상력을 발휘하여 일본인들이 유태인의 잃어버린 부족의 후예라고 주장했다. 이후 매클러드의 주장은 나카타 쥬지, 사에키 요시로, 오야베 젠이치로 등 메이지유신의 종교 사상가들에 의해 더욱 정교하게 다듬어졌다. 일본 민족의 뿌리가 유태인이라는 기괴하기 짝이 없는 주장이 새로운 국가 질서를 수립하는 이들에게 어떤 역할을 했을까?

"… 당시 일본 청년들로서는 예외적인 미국 유학이라는 특권적인 경험을 통해 근대국가를 실제로 목격했음에도(혹은 상대방과 자신의 결정적인 실력 차이를 뼈저리게 느꼈던 탓으로), 그들은 '신의 나라는 절대 패하지 않는다(신주불패神州不敗)'나 '세계에서 으뜸인 신국'이라는, 자신의 수준을 모르는 망상에 사로잡히게 되었다. 당시 그들은 '신국 일본'의 세

158

계사적 탁월성을 '유태인과의 동일화'라는 망상적인 추론을 통해 논증하고자 했다."[56]

물론 중국 본토 카이펑开封에도 9세기부터 스스로를 유태인의 후손이라고 믿는 중국인들이 일부 존재하고 있었으나 일본의 일유동조론처럼 지식인들에 의해 철저한 사상으로 궁리된 사례는 찾을 수 없다.

"일본인이 이 '가상의 유태인'을 반복하여 호출한 까닭은 '자신들의 사정' 때문이었다. 일유동조론부터 시오텐의 반유태주의에 이르기까지 그 모든 것에 공통된 점은 '국민국가의 정치적 위기'와 '국민적 정체성의 동요'라는 두 가지 정치적 요인이다. 일유동조론은 구미 열강에 의한 식민지화 그리고 일본 고유의 전통문화 소멸에 대한 위기감과 공포를 배양기로 삼아 태어났다."[57]

후지다 덴이 스스로를 유태인으로 최면을 걸었던 것은 어쩌면 전후 시대 일본의 패망으로 정체성의 위기를 겪는 일본의 한 영민한 젊은이가 취할 수밖에 없었던 유일한 선택지가 아니었을까? 미국뿐 아니라 세계 경제의 패권을 쥐고 있는 유태인들의 저력을 개인적으로 체화시키는 것 말고는 미국에게 패배를 되갚아줄 방법이 거의 없었기 때문이다.

그런 점에서 후지다 덴은 패망의 잔해 속에서 끊임없이 정체성의 위기를 겪었던 인물이었던 것 같다. 돈이 되는 일이라면 국적을 사는 유태인처럼 그도 패전국 일본인에 대한 굴절된 시선에서 벗어나기 위해 미군 사령부 통역일을 하면서 자신을 화교로 위장하고 다녔다고 밝힌다. 이런 일화를 통해 필자에게는 그가 무척 흥미로운 인물로 비쳐진다.

"패전국의 국민, 유색인—그런 차별을 실컷 맛보면서 나는 통역 일을 시작했다. 태어나면서부터 오사카 사투리 때문에 차별을 받을 수밖에 없었던 내가, '유태인'이라는 것만으로 차별을 받으면서도 '돈을 가진 놈이 장땡'이라는 듯 묵묵히 동료인 사병들을 돈으로 정복해 가는 생명력 강한 유태인에게 끌리게 된 것도 그러한 여러 가지 요인이 복합적으로 얽혀 있었기 때문이다. 유태인이 가진 꿋꿋함과 씩씩함을 보고, 나는 패전으로 모든 정신적인 지주를 파괴당해 버린 내가 살아가기 위한 방향이 어떤 것인가를 암시받은 것 같았다."[58]

왜소한 일본인, 그것도 차별받는 오사카 출신 젊은이가 자신을 유태인으로 등치시켜온 과정이 눈물겹다. 나아가 그는 일본 민족을 유태인처럼 건장한 백인으로 바꿔 놓겠다고 선언한다. 뜬금없이 철 지난 민족개조론을 들고나온 것.

"일본인이 고기와 빵, 그리고 감자, 고구마 따위로 만든 햄버거를 앞으로 천 년 정도 계속 먹는다면 일본인도 피부가 희고 금발을 한 사람으로 바뀔 것이다. 나는 햄버거로 일본인을 금발로 개조해 보겠다."[59]

밥이 아닌 빵을 주재료로 하는 맥도날드 체인점을 국내에 들이면서 했다는 그의 발언은 가벼운 농담으로 받아들이기에 미심쩍은 구석이 적지 않다. 실지로 그는 먹거리가 한 개인의 체형뿐 아니라 사고방식에도 지대한 영향을 미치며 이에 자신도 유태인의 전통과 음식을 따르려고 부단히 노력했다는 대목이 책의 여러 군데에서 발견되기 때문이다.

어쨌든 저자는 유태인의 저력이 일본 경제까지 일으켰다고 주장한다. 유태인 수입업자가 일본으로부터 물품을 구입해 주었기 때문에 패전 후 일본에 달러가 모여들 수 있었고, 그것이 오늘날 일본이 부국으로 가는 토대가 되었다는 것이다. 나아가 무역업자로서 외국에 물건을

160

팔려면 반드시 유태인들을 알아야 하고 그들을 상대해야 한다고 말한다. 그는 세계 굴지의 재벌 로스차일드와 천재 화가 피카소, 위대한 과학자 아인슈타인, 미국인들이 존경하는 대통령 루스벨트, 미중 관계를 해결한 키신저가 모두 유태인이었고 심지어 예수도 유태인이었다고 말한다. 예수를 죽인 사람이 유태인이라는 억측을 돌려 까며 저자는 반유태주의의 허울도 벗겨낸다. 흥미로운 점은 「플레이보이」지의 창업자인 휴 헤프너도 유태인으로 칭송하고 있다는 사실이다. 부러우면 지는 건데 여기서 저자는 쭉쭉빵빵 미녀들과 대저택에서 황제처럼 사는 헤프너를 부러워하는 것 같다.

필자가 책을 읽고 기발하다고 여긴 부분은 단 한 군데, 유태인의 상술을 78대22의 법칙으로 설명하는 부분이다. 80대20이라는 파레토법칙의 변용처럼 보이기도 한다. 흥미로운 것은 저자가 이 법칙을 자연계에서 먼저 찾는다는 점이다. 정사각형과 내접하는 원의 면적비, 공기 중 질소와 나머지 기체의 비, 인간 신체의 수분과 기타 물질의 구성비도 모두 78대22의 법칙을 따른다고 말한다.

"일반 대중에 비해 부자는 수적으로는 적으나 부자들이 가지고 있는 돈은 압도적으로 많다. 다시 말해서 일반 대중이 가지고 있는 돈을 22라 하면 불과 20만 명도 못 되는 부자가 가지고 있는 돈은 78이 된다. 즉 78을 상대로 장사하는 편이 큰 돈벌이가 되는 것이다."[60]

물론 그의 주장을 곧이곧대로 받아들이기에는 미심쩍은 부분이 적지 않다. 우선 정사각형과 내접하는 원의 면적비와 부자와 대중의 비율 사이에 어떤 공통점이 있을까 싶다. 따지고 보면 공기 중 질소와 나머지 기체의 비율이나 인체 내 수분의 비율도 마찬가지다. 우리에게 다소

억지로 보이는 부분이 없잖아 있지만, 자신의 경제관을 삼라만상의 법칙에 근거를 두려는 발상이 흥미롭다.

숫자에 익숙해지고 철저해지는 것이 유태인 상술의 기초며 돈벌이의 기본이라고 말하는 대목은 후지다 덴뿐 아니라 손정의도 깊이 공감했을 거라고 생각한다. 다만 유태인 남성의 할례의식 때문에 유태인 여성의 자궁암 발병률이 낮다거나 안식일을 철저히 지키는 유태인들은 일주일에 하루는 반드시 쉰다는 주장에는 크게 공감하기 어려웠을 것이다. 책을 읽고 필자가 느낀 점은 유태인의 상술을 배우는 것과 유태인의 종교와 문화에 공감하는 것은 다른 문제라는 것, 그리고 유태인의 장점과 함께 유태인의 단점도 같이 언급해야 균형을 맞출 수 있다는 것이다. 유태인이 월등한 민족일지는 몰라도 완벽한 민족은 아니기 때문이다. 지구상에 존재하는 모든 민족에게는 나름 배울 만한 구석이 있으며 이를 인정할 때 비로소 자민족우월주의나 무분별한 사대주의 모두를 피할 수 있다. 개인적으로 유태인의 상술을 칭찬하는 것은 좋은데, 자신이 유태인이라고 억지를 부리는 것이 일본인 특유의 고집 부리기이거나 혼네(본심)를 숨긴 유머감각의 발로일지 모른다고 느낀 것은 필자만의 생각일까?

메타의 시대를 연 페이스북의
악동 마크 저커버그
(페이스북 창업자/메타 CEO)

Mark Zuckerberg

6장

우리는 돈을 벌려고
서비스를 구축하는 게 아닙니다.
보다 나은 서비스를 구축하려고
돈을 버는 겁니다.

_마크 저커버그

━━━━━━━━ 2021년 10월, 페이스북의 CEO 마크 저커버그가 온라인
행사에 사뭇 진지한 모습으로 등장했다. 여느 대학교 캠퍼스에서 쉽게
볼 수 있는 복학생 같은 얼굴을 한 그의 앳된 모습에서 세계 최대 SNS
플랫폼 기업을 이끄는 수장의 면모는 찾아보기 힘들었다. 생전의 스티
브 잡스처럼 터틀넥을 입고 있진 않았지만, 짙은 색 라운드티를 받쳐
입은 그의 모습에서 급격한 IT 환경의 변화와 무섭게 치고 올라오는 경
쟁자들의 도전에 맞선 21세기 페이스북의 결기가 느껴졌다. 이날 저커
버그는 웃음기를 싹 뺀 얼굴로 카메라를 응시하며 최근 가상공간과 현
실 세계를 이어 주는 새로운 시장이 출현하고 있으며 미래 세대는 AR
과 VR이 연동된 새로운 플랫폼을 요구한다고 말했다. 더불어 그는 그
러한 환경에 발맞춰 사명을 페이스북에서 메타Meta로 변경한다고 공식

발표했다. "이제 우리에겐 페이스북이 1순위가 아니다. 5년 뒤 페이스북이 메타버스 기업으로 기억되길 바란다. 메타버스가 새로운 미래가 될 것이다." 개인정보 유출이라는 악재에다 경쟁자의 약진, 자사의 성장세 둔화라는 삼중고를 겪고 있는 페이스북이 새로운 미래의 먹거리를 찾아 사업 방향을 전환하겠다는 결단을 내린 것이다.

페이스북을 메타로 변경하며 제2의 창업을 선언한 저커버그(출처: businessinsider.com)

메타라는 사명은 메타버스에서 유래한 것이다. 이름을 바꾼다는 것은 정체성을 바꾸겠다는 의지의 피력이다. 페이스북이 이제 더 이상 SNS의 '얼굴마담'에서 벗어나 플랫폼의 정글에서 실질적인 '알파메일'이 되겠다고 선언한 셈이다. 저커버그는 이날 온라인으로 진행된 행사에서 사실상 '원맨쇼'를 했다. 소셜미디어라는 한계를 벗어나 페이스북이 출시하는 메타버스 서비스를 소개하고, 직접 메타버스를 결합한 펜싱 게임을 선보였다. 여기에는 가상세계에서 유저들이 주고받는 코인, 즉 암호경제cryptocurrency의 활용 방안도 담겨 있었다. 일찍이 2019년 페이스북은 달러나 유로 등 다양한 통화를 연동시킬 수 있는 '리브라'라는 암호화폐를 개발하겠다고 선언했다. 또한 '호라이즌'이라는 메타버스 플랫폼도 공개하며 저커버그의 선언이 말뿐인 발표가 아니라 상당히 오랫동안 구체적인 계획을 갖고 움직여 왔음을 가늠케 했다. 최소한 페이스북의 유저들이라도 자사의 메타버스 공간으로 끌어들일 수만 있다면 현재 페이스북의 가치만큼을 곱한 새로운 부가가치를 창출할 수 있을 것으로 내다보고 있다.

그동안 저커버그는 안팎으로 다양한 위기에 직면해 있었다. 2019년 페이스북 이용자 2억 6,700만 명의 개인정보가 유출되는 대형 사고가 터진 지 얼마 되지 않아 2021년에는 한국을 포함해 106개국의 5억 3,300만 명의 개인정보가 다시 털리는 초유의 보안 사고가 일어났다. 이런 상황에서 2021년 말, 페이스북에서 개발을 담당했던 전 직원이 회사가 자사 플랫폼이 10대에 미치는 악영향을 알고도 그간 방임했다는 내용의 내부 고발을 하면서 저커버그의 경영 윤리에 대한 사회적 우려가 증폭되었다. 이 직원은 페이스북이 백신에 관한 가짜 뉴스나 허위 정보, 세대와 종교 간 증오심을 부추기는 피드를 방치하거나, 플랫폼 운영과 콘텐츠 노출 방식이 십 대에 부정적인 영향을 미친다는 사실을 충분히 인지했음에도 불구하고 자사의 이해를 위해 이를 묵인한 정황을 언론에 알린 것이다. 그는 미국 상원 청문회에서 페이스북이 어린이들의 정서에 해를 끼치고 분열을 부추기며 민주주의를 심각하게 훼손한다고 주장했다. 심지어 특정 셀럽들의 계정에 일반인과 다른 특권을 부여하고 연민과 공감을 일으키는 광고보다는 혐오와 갈등을 부추기는 광고에 유저들이 더 많이 노출되도록 알고리즘을 조작했다는 그간의 의구심이 그가 폭로한 내부 문건에 의해 사실인 것으로 드러났다.

　업계 관계자들은 이러한 회사 안팎의 위기 국면을 저커버그가 페이스북의 사명을 바꾸는 정책으로 비껴가려는 것 같다고 말한다. 메타버스 서비스를 전면에 내세우겠다는 정책으로 그간 일련의 악재들을 통해 페이스북에 붙어 있는 여러 부정적인 이미지를 털어 내리려고 한다는 것이다. 사실 저커버그는 이러한 위기가 있을 때마다 유사한 전략을 써 왔다. 윙클보스 형제나 세브린과의 소송전에서도, 2007년 회원들의 쇼핑 성향이 본인의 동의 없이 친구들에게 자동 전송되는 비콘Beacon 서비스를 도입했다가 물의를 일으켰을 때도 그는 언제나 당사자에게 합의금을 주어 무마시키거나 자신의 뜻을 관철시켜줄 제3자를 등판시켜 문제를 회피해 왔다.

　"또한 페이스북은 정치 성향 때문에 끊임없이 구설수에 올랐다. 저커버그는 페이스북 알고리즘을 통해 보수 성향의 기사들을 차단해 왔다는 논란에 휘말렸다. 논란이 점점 눈덩이처럼 커지자, 나중에는 이를 해명하기 위해 보수 인사들과 만나 페이스북이 특정 정치 성향을 가지고 있지 않다는 사실을 밝혀야 했다."[61]

　일각에서는 그런 그가 아직 부잣집 도련님의 태를 벗지 못했다고 말한다.

　반면 저커버그의 순발력은 독서에서 비롯한 것이라는 평가도 나온다. 그가 평소 2주마다 최소한 한 권 이상의 책을 읽는 철칙을 갖고 있다는 사실은 잘 알려져 있다. 하루가 멀다 하고 공룡기업들이 우후죽순처럼 무너지는 무한경쟁의 틈바구니 속에서 세계적인 기업을 이끌고 있는 CEO가 한가로이(?) 데스크에 앉아 책을 읽는 게 그리 쉬운 일은 아니다. 급기야 2015년 저커버그는 자신의 페이스북 페이지에 1년 동안 매주 한 권씩 책을 읽겠노라고 독서 챌린지를 발표하기도 했다. 펜페이지를 열고 올해 읽은 책A Year of Books 목록을 올려 자신의 도전이 단순히 말잔치가 아님을 입증했다. 과연 그의 서재에는 어떤 책들이 꽂혀 있을까?

저커버그의 서재에 꽂혀 있는 책들
헨리 M. 폴슨, 『중국과 협상하기(열린책들)』
피터 후버, 『오웰의 복수(구민사)』
윌리엄 제임스, 『종교적 경험의 다양성(한길사)』
칼 세이건, 『코스모스(사이언스북스)』
율라 비스, 『면역에 관하여(열린책들)』
다론 에케모글루, 『국가는 왜 실패하는가(시공사)』
토머스 쿤, 『과학혁명의 구조(까치)』
모이세스 나임, 『The End of Power』
미셸 알렉산더, 『The New Jim Crow: Mass Incarceration in the Age of Colorblindness』
마이클 S. 최, 『사람들은 어떻게 광장에 모이는 것일까(후마니타스)』
벤 호로위츠, 『하드씽: 경영의 난제를 푸는 최선의 한 수(한국경제신문)』
에드 캣멀, 『창의성을 지휘하라: 지속 가능한 창조와 혁신을 이끄는 힘(와이즈베리)』
스티븐 핑커, 『우리 본성의 선한 천사(사이언스북스)』
대릴 콜린스, 『뉴노멀 시대: 어떻게 생존할 것인가(경향미디어)』
피터 틸, 『제로 투 원(한국경제신문사)』
매트 리들리, 『생명설계도, 게놈: 23장에 담긴 인간의 자서전(반니)』
매트 리들리, 『이성적 낙관주의자: 번영은 어떻게 진화하는가(김영사)』
그레이엄 무어, 『밤의 마지막 날들(교보문고)』
헨리 키신저, 『헨리 키신저의 세계 질서(민음사)』

이븐 할둔, 『The Muqaddimah: An Introduction to History』

존 게르트너, 『벨 연구소 이야기: 세상에 없는 것에 미친 사람들(살림비즈)』

앤드루 S. 그로브, 『하이 아웃핏 매니지먼트(청림출판)』

유발 하라리, 『사피엔스(김영사)』

데이비드 도이치, 『The Beginning of Infinity』

니얼 퍼거슨, 『전설의 금융가문 로스차일드가(21세기북스)』

제이-지, 『디코디드』

리처드 파인만, 『파인만 씨, 농담도 잘하시네(사이언스북스)』

제임스 글릭, 『인포메이션: 인간과 우주에 담긴 정보의 빅히스토리(동아시아)』

월터 아이작슨, 『아인슈타인: 삶과 우주(까치)』

오슨 스콧 카드, 『엔더의 게임(루비박스)』 외 다수

셀 실버스타인, 『아낌없이 주는 나무(시공주니어)』

169

토머스 쿤의
『과학혁명의 구조』

　　기회가 되면 과학사라는 생소한 분야에 도전해 보겠다는 분들에게 단도직입적으로 이 책을 강추한다. 영국 케임브리지대학교 과학철학 석좌교수로 있는 장하석이 바로 토머스 쿤의 이 책을 읽고 자신의 진로를 물리학자에서 과학철학자로 틀었다는 일화는 유명하다. 필자 역시 쿤의 책을 귀동냥으로 주워들은 적이 있었는데, 이번 기회에 단단히 마음먹고 도전해 보기로 했다. 토머스 쿤의 『과학혁명의 구조』가 과학계에 지각변동을 일으킨 몇 안 되는 책 중 하나라는 사실은 아마 필자의 어쭙잖은 부연 설명이 따로 필요 없을 것이다. 한 학자는 오늘날 과학사가 아예 쿤의 책 이전과 이후로 양분된다고 하고, 또 다른 학자는 『과학혁명의 구조』가 칼 포퍼Karl Popper가 벌인 놀이터에 떨어진 핵폭탄이었다고 말할 정도다. 서문을 쓴 이언 해킹도 쿤의 책을 일컬어 세상에 위대한 책은 드물지만 이 책은 진정 '위대한 책'이라고 밝힐 정도니까. 위대한 책을 읽고 있노라면 괜히 독자도 저절로 위대해지는 느낌을 받는다. 분량도 적당하고 표지도 정갈해서 공공장소에 들고 다니며 뽐내기에 좋다는 점은 교훈과 정보 말고도 책이 주는 덤이다.

저자 토머스 쿤Thomas Samuel Kuhn은 1922년 미국 오하이오 주 신시내티에서 태어났다. 하버드대학교에서 물리학을 전공한 그는 당시 이름조차 낯설었던 과학사와 과학철학 분야를 개척하여 캘리포니아대학교 버클리 캠퍼스에서 과학사 교수가 되었다. 이듬해 과학사에서 기념비적인 저서로 꼽히는 『과학혁명의 구조』를 출간하면서 일약 스타 교수가 된다. 이전까지는 과학의 발전을 가설과 반증이라는 틀로 설명하는 입장이 대세였다. 어떤 가설이 과학적인 진술인지 아닌지에 알려면 그 가설이 반증될 수 있는가 없는가를 보면 된다는 것이다. 다시 말해, 반증이 될 수 없는 가설은 과학에서 다룰 수 없는 진술이라는 말이다. 그런 의미에서 '모든 백조는 하얗다'라는 가설은 과학적인 진술이다. 왜냐하면 검은 백조[h]가 발견되면서 그 가설이 반증되었기 때문이다.(앞서 1장에서 언급한 나심 탈레브의 『블랙 스완』을 기억하기 바란다.) 이러한 가설과 반증의 과정들이 연쇄하면서 과학은 진보한다. 이를 반증주의falsificationism라고 한다.

하지만 쿤은 과학사의 발달 과정이 패러다임의 생성과 파괴로 이루어진다고 주장했다. 일단 그의 설명을 이해하려면 우선 패러다임이라는 말을 먼저 이해해야 한다. 패러다임paradigm은 한 시대 모든 사람들이 전형적인 사고의 틀로 받아들이는 체계를 말한다. 한 마디로 사고의 회로와 같은 것이다. 일단 패러다임이 형성되면 이는 한 시대 사람들의

---

[h] 사실 이 명칭은 형용모순인 '옥시모론(oxymoron)'에 해당한다. 백조(白鳥)가 이미 '희다'는 뜻을 내포하고 있기 때문이다.

견해나 사고를 규정하는 테두리로 작동한다. 패러다임이 작동하는 과학을 쿤은 '정상과학normal science'이라고 불렀다. 모든 과학자들은 정상과학이라는 틀 안에서 사고하고 실험하며 이론을 구축한다. 거칠게 표현하자면, 노란색 색안경을 쓰고 보는 것이 정상과학이라면 모든 과학자들이 똑같은 색안경을 쓰고 사물을 보는 것과 같다. 이 과정에서 과학자들이 하는 작업은 패러다임이 맞는지 확인하는 '문제 풀이puzzle-solving'에 불과하다. 패러다임은 시대가 바뀌면서 함께 바뀐다. 이처럼 일정한 패러다임이 바뀌는 것을 쿤은 '패러다임 시프트paradigm shift'라고 불렀다. 노란색 색안경이 파란색 색안경으로 바뀐 것이다. 이때 두 개의 패러다임은 질적으로 전혀 다른 종류로 서로 소통 자체가 불가능하다. 노란색 색안경을 낀 과학자들은 모든 사물이 노랗다고 주장할 것이고, 파란색 색안경을 낀 과학자들은 모든 사물이 파랗다고 주장할 것이기 때문이다. 쿤은 이를 통약불가능성incommensurability이라고 불렀다. 포퍼의 반증주의와 가장 큰 대별점을 보이는 부분이라고 할 수 있다.

『과학혁명의 구조』를 써서 과학사에 일대 혁명을 가져온 토머스 쿤(출처: wikipedia.org)

서재에서 탄생한 위대한 CEO들

그렇다면 패러다임 시프트는 어떤 계기로 발생할까? 문제 풀이 과정에서 더 이상 패러다임에 맞지 않는 변칙 사례들이 등장할 때다. 처음에는 한두 개의 변칙 사례anomaly들이 무시된다. 연구자의 실수로 실험이 잘못되었거나 아주 특수한 상황에서 벌어지는 예외적 조항이라고 여겨진다. 문제는 그러한 변칙 사례들이 무시할 수 없을 만큼 빈번히 보고되거나 패러다임 전체를 무너뜨릴 정도로 명확한 반례가 등장할 때다. 더 이상 기존의 패러다임 내에서 문제가 풀리지 않는 상황을 쿤은 '위기crisis'로 보았으며, 이 위기는 또 다른 패러다임의 등장을 요청하게 된다.

"이런저런 이유들로 인해서, 하나의 변칙 현상이 정상과학의 또 다른 퍼즐 이상의 것으로 보이게 될 때에, 위기로 그리고 비정상과학extraordinary science으로의 이행이 시작되는 것이다. 이제 전문 분야는 변칙 현상을 그 자체로서 점점 일반적으로 수용하기에 이른다."[62]

위기는 곧 새로운 패러다임의 출현을 예견한다.

대표적인 사례가 천동설과 지동설이다. 오랫동안 과학자들은 지구가 우주의 중심이며 태양을 비롯한 하늘의 천체가 지구 주위를 돌고 있다고 믿었다. 이 학설은 약 150년경 프톨레마이오스가 『알마게스트』에서 주장한 학설로 거의 1,500년 동안 유럽의 우주관을 지배한 패러다임이자 정상과학이었다. 특히 천동설이 설명한 천체의 이동과 조화는 질서정연한 신의 창조 원리를 반영해야 한다는 중세 기독교적 신앙과도 잘 맞아떨어졌다. 당시 조야한 망원경과 초보적인 관측 기술 수준 때문에 정확한 별의 이동을 관찰하기 쉽지 않았던 점도 천동설이 그토록 오랜 기간 굳건한 패러다임으로 살아남을 수 있었던 요인이 되었다. 하지만 시간이 가면서 천동설은 여러 도전에 직면하게 되었다. 실제로는 행

173

성이 태양 주위를 타원 운동을 하고 있기 때문에 여러 관측값이 맞지 않는 현상이 잦아졌다. 처음에는 관측자의 단순한 실수나 기기의 오작동 때문으로 치부되었다. 이를 해결하기 위해 주전원 등 다양한 설명들이 붙기도 했다. 그러나 그런 임기응변은 오래가지 못했다. 천문학과 인쇄술의 발달로 학자들 간의 교류가 활발해지고 천체망원경 등 관측 장비가 정교해지면서 패러다임에 일대 위기가 감지된 것이다.

"16세기 초에는 유럽 최고의 천문학자들 중에서 차츰 더 많은 사람들이 천문학의 패러다임이 그 고유의 전통적 문제에 대한 적용에서 제 구실을 하지 못하고 있음을 깨닫게 되었다. 그러한 인식은 코페르니쿠스가 프톨레마이오스 패러다임을 거부하고 새로운 패러다임을 찾기 시작하는 데에 요구되었던 선행 조건이었다."63

결국 천문학에서 일대 패러다임 시프트가 발생하고 이전의 정상과학이었던 천동설은 폐기되고 지동설이라는 새로운 패러다임이 정상과학의 지위에 오른다. 이 과정을 쿤은 '과학혁명scientific revolution'이라고 불렀다. 이를 전체적으로 정리하면 과학혁명은 다음의 네 단계를 거친다고 할 수 있다. 물론 필자가 책을 읽고 내린 결론이다.

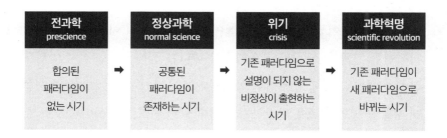

전과학 prescience	정상과학 normal science	위기 crisis	과학혁명 scientific revolution
합의된 패러다임이 없는 시기	공통된 패러다임이 존재하는 시기	기존 패러다임으로 설명이 되지 않는 비정상이 출현하는 시기	기존 패러다임이 새 패러다임으로 바뀌는 시기

쿤은 패러다임 전환이 마치 종교를 바꾸는 개종의 경험과 같다고 말

한다. 과학자들이 그간 사실이라고 믿었던 기존의 패러다임을 던져 버리고 새로운 패러다임을 진리로 받아들이기 때문이다. 그렇게 전환이 일어난 학문 공동체에서 과거 자신들이 믿었던 패러다임을 바라보면 실소를 금할 수 없을 만큼 우스꽝스러운 미신처럼 보이는 경우가 있는데, 이는 이전 우상을 섬기던 부족민들이 기독교로 개종하여 새로운 신앙을 수용하고 온갖 주술로 점철된 자신들의 과거를 반추하는 것과 같다는 것이다. 생각해 보라. 마을에 비가 오지 않으면 기우제를 지내던 자신들의 과거를 기억 속에서 떠올릴 때, 오늘날 일기예보를 통해 내일의 날씨를 예측하는 데 익숙한 삶과 완전히 유리된 것 같은 느낌이 들게 뻔하다. 이처럼 각각의 패러다임 사이에는 아무런 일치점이 없으며 둘 사이는 철저히 다른 관점에서 다른 이야기를 한다.

저커버그는 2021년 페이스북을 메타로 바꾸고 새로운 도전을 시작했다. 그는 학창 시절 처음 페이스북을 만들었을 때에도 소셜네트워크의 패러다임이나 기존 문법을 따르지 않고 새로운 방식의 플랫폼을 창조하는 일에 집중했다. 본래 소셜네트워크라는 개념은 페이스북 이전에 이미 존재하고 있었고 관계망으로 서로의 계정을 연결한 플랫폼도 저커버그가 새로이 만들어낸 게 아니었다.

"사실 저커버그가 페이스북을 개발하기 전에 이미 소셜네트워크서비스를 제공하는 선두주자들이 있었다. 마이스페이스MySpace와 프렌스터Friendster 같은 사이트는 수만 명의 회원을 확보하기도 했다. 해 아래 새 것이 없다고, 페이스북은 새로운 개념을 창출한 플랫폼은 아니었다."[64]

그가 훗날 도용 문제로 윙클보스 형제와 소송전까지 벌였던 하버드 커넥션이라는 프로그램도 페이스북 이전에 있었으며 실제로 저커버그는 하버드커넥션의 초기 개발에 잠시 참여한 적도 있었다. 다만 저커버그가 이룬 혁신은 단순한 오락이나 유흥거리에 불과했던 기존의 플랫폼 대신 실질적인 교류와 연결을 위해 등록 시 가입자의 실명을 고집했던 정책이었다. 이 정책은 매우 단순해 보이지만 익명성에 숨어 섹스 파트너나 구하던 SNS가 음지에서 벗어나 '진짜' 상대와 메시지를 주고받는 네트워크로 한 단계 올라서는 데 결정적인 동력이 되었다. 이번에 메타 전략도 마찬가지다. 그가 안팎으로 받았던 여러 압박에서 이미 몸집이 커질 대로 커진 페이스북의 체질을 바꾸는 결단을 그토록 빨리 내릴 수 있었던 것도 저커버그가 평소 패러다임을 바꾸는 데 열려 있는 사고를 한다는 방증이 된다. 그에게 위기는 곧 기회인 셈이다.

칼 세이건의
『코스모스』

이제 여러분은 지구상에서 이제껏 가장 많이 팔린 과학서를 읽게 될 것이다. 1980년에 첫 출간된 천문학에 관한 대중서로서 아직까지 많은 이들의 사랑을 받고 있는 스테디셀러 중의 스테디셀러, 『코스모스』가 바로 그 주인공이다. 40여 년 전에 쓰인 책이지만 오늘날에도 여전히 가장 대표적인 과학 교양서로 꼽히는 이유는 여태껏 『코스모스』처럼 광활한 우주에 대한 방대한 지식과 그에 비해 보잘것없는 인간의 도전을 이토록 알기 쉽게 설명해 놓은 책이 없기 때문이다. 쉽게 말해 시대를 초월한 고전(클래식)의 반열에 올라선 책이다. 게다가 저자의 해박한 인문학적 지식과, 에세이를 방불케 하는 미려한 문학적 필치가 어우러져 마치 씨실과 날실이 거대한 태피스트리를 짜는 듯 과학에 문외한인 독자들조차 부담감 없이 가볍고 무난하게 읽을 수 있는 책이기도 하다.

『코스모스』는 하버드대학교 교수이자 천문학자였던 칼 세이건Carl Edward Sagan이 다큐멘터리 방송을 준비하면서 대중에게 당시까지 밝혀진

우주에 관한 과학적 사실들을 쉽고 재미있게 소개하려는 목적으로 집필되었다. 책은 출판과 동시에 공전의 히트를 기록했다. 무려 70주 동안 뉴욕타임스 베스트셀러 목록에 올라가 있었고, 1981년 휴고상을 수상하기도 했다. 1988년 출간된 스티븐 호킹의 『시간의 역사A Brief History of Time』[i]와 함께 전 세계적으로 1,000만 부 이상 팔린 책에 이름을 올린 유일한 과학서다. 국내도 사정은 다르지 않다. 교보문고의 집계에 따르면, 지금까지 국내에서 발행된 과학서 중에 가장 많이 팔린 책 1위로 『코스모스』가 선정되기도 했다. 많은 기업가들, 유명인, 명사들이 한결같이 이 책을 추천했다. 마크 저커버그가 『코스모스』를 감명 깊게 읽었다는 것은 여러 면에서 시사하는 바가 크다.

과학에 일천한 지식조차 없는 필자에게 세이건의 책은 만만치 않은 도전이었다. 아무리 쉽게 쓰였다 하더라도 분량이 국내서 기준으로 700페이지가 넘기 때문에 완독하는 데 상당한 용기와 끈기가 필요했다. 『코스모스』는 그 제목대로 책 자체가 하나의 방대한 우주와 같다. 끝없이 펼쳐진 천문학과 인문학의 향연에 독자에게 무한한 지적 자극을 주는 블랙홀과 같은 책이다. 필자가 아무리 영민하다 해도 『코스모스』의 모든 내용을 여기에 간추릴 수 없기 때문에 아무래도 이 중에서 제일 재미있게 여긴 부분을 하나 짚어야겠다. 당연히 주제를 고른 것 역시 주관적인 판단이기 때문에 독자들의 너른 양해를 구한다.

---

i   국내에서는 삼성출판사(현정준 역)에 의해 1989년 첫 출간되었고, 이후 까치출판사(김동광 역)가 재출판했다.

칼 세이건(출처: google.com)

세이건이 들려준 흥미로운 이야기 중에 인류를 비롯한 생명체의 진화에 대한 비밀을 단적으로 보여 주는 일화를 소개하겠다. '헤이케平家'라 불리는 게가 시모노세키 근처 단노우라 해안에서 잡히는데, 이들은 한껏 얼굴에 힘을 준 험상궂은 사무라이 모양의 등딱지를 갖고 있는 것으로 유명하다. 과연 왜 이 지역에서만 헤이케 게가 유독 많이 잡히는 걸까? 세이건은 이런 설명을 내놓는다. 1185년 일본의 내해 단노우라에서 벌어진 해전에서 겐지 파에 의해 수적으로 열세였던 헤이케 사무라이 일파가 전멸을 당한 사건이 결정적이었다. 헤이케 일족은 전멸했고 살아남은 이들은 구차하게 사느니 바다에 몸을 던져 자결하는 쪽을 선택했다. 그렇게 살아남은 사람이라곤 부녀자 42명뿐이었다. 그들은 해안을 마주보고 있는 어촌에 살면서 거친 뱃사람들에게 몸을 팔면서 생계를 유지했다. 어부들 사이에 구전되는 전설에 따르면, 바다에 수장된 헤이케 사무라이들이 단노우라 해안 바닥에 게가 되어 돌아다니고 있다고 한다. 언제나 역사는 승자의 기록이지만, 약자에게 동정심

179

이 드는 것이 인지상정이다. 그런 이유로 단노우라 해전의 비극과 헤이케 일족의 희생을 기리기 위해 해안에서 잡히는 게 중에서 게딱지가 사무라이 얼굴을 닮은 것들은 다시 바다로 놓아준다고 한다. 평범한 모양의 등딱지를 가진 게는 사람들에게 속속 잡아먹혀서 후손을 남기기 어려웠다. 결국 독특한 유전적 특성을 가진 게들만이 바글바글하게 생존할 수밖에 없었다. 필자가 이 이야기에서 흥미를 느낀 점은 우리가 흔히 '자연선택설'이라고 부르는 적자생존의 원리와 진화의 과정이 전적으로 불변하는 자연의 프로그램이 아니라 인간이 가진 사소한 믿음에 의해 그 방향이 얼마든지 바뀔 수 있다는 것이었다.

등딱지가 사무라이 얼굴을 닮은 헤이케 게의 모습(출처: wikipedia.org)

이 밖에 세이건의 『코스모스』는 미지의 우주를 향한 인류의 지칠 줄 모르는 탐구열을 보여 준다. 영화 「E.T.」를 보면서 현대인들은 다른 은하계에도 인간과 같은 고등한 존재가 있을까 상상하기 시작했고, 그러한 상상의 결과로 우주에 보이저를 띄운 눈물겨운 인류의 도전을 이 책은 담담히 그려 낸다. 우주의 광활함은 우리의 상상을 뛰어 넘는다. 우리와 가장 가까운 은하계까지 가는 데 200광년이 필요하다. 인류가 용케 빛의 속도로 전진하는 전파를 개발했다 하더라도 2세기의 시간이 걸린다는 뜻이다. 쉽게 말해, 두 은하계가 서로 대화를 주고받는다고 할 때 케플러가 보냈던 질문에 대한 답을 오늘날 우리가 받는 꼴이 된다. 한 번의 대화가 오가는 데 400년이나 걸리기 때문에 질문을 던져 놓고는 어쩔 수 없이 200년 간 침묵을 지켜야 한다. 거의 대화가 불가능하다고 봐야 한다.

과연 우주에 인간과 유사한 지적 생명체가 존재할까? 존재한다 하더라도 그들을 만날 수 있을까? 그들은 인간에게 우호적일까, 아니면 적대적일까? 이런 궁극적인 물음은 세이건조차 답을 하지 못한 채 독자들에게 던져 놓고 말았다. 저커버그가 메타버스를 만든다면 거기서 세이건을 만날 수 있으려나?

유발 하라리의
『사피엔스』

호모 사피엔스는 '생각하는 인간'이라는 뜻이다. 우리는 평소 생각을 당연하게 생각하는 경향이 있지만, 고도의 사유야말로 인간과 동물을 가르는 결정적인 경계선 역할을 한다. 인간은 가능하지만 동물은 가능하지 않다. 생각은 단순히 자동적으로 떠오르는 상념의 조각들을 이어 붙인 게 아니다. 추상적이며 논리적인 사유, 관념적이며 수학적인 판단, 무리를 하나로 묶을 수 있는 집단적 상상력, 공동의 목표를 향해 사사로운 이해를 희생시킬 수 있는 소속감과 공동체 의식처럼 매우 복잡한 형식을 갖춘 의식의 활동이다. 몸집도 더 크고 육체적으로 더 강인했던 네안데르탈인을 멸종에 가까운 수준으로 격퇴시킬 수 있었던 것도 사피엔스가 고도의 추상적 사고를 할 수 있었기 때문이다. 임마누엘 칸트는 「계몽이란 무엇인가에 대한 답변」에서 '감히 사유하라Sapere Aude'를 인간의 정언명제로 둔 것도 같은 맥락이다. 그렇다면 과연 저커버그가 『사피엔스』를 필독서로 꼽은 이유는 뭘까?

유발 하라리Yuval Noah Harari는 레바논계 유태인 부모 사이에서 1976년

2월 이스라엘 하이파에서 태어났다. 세 살 때 스스로 글을 터득한 신동이었다. 십 대 때부터 역사에 맹렬한 관심을 가졌고 예루살렘 히브리대학교에서 중세사와 전쟁사를 연구했다. 이후 영국으로 건너가 옥스퍼드대학교에서 중세 전쟁사로 박사학위를 받았다. 젊은 나이에 모교인 히브리대학교 역사학과 교수로 재직 중이다. 환경론자이자 채식주의자, 무신론자 그리고 동성애자다. 다이아몬드의 『총, 균, 쇠』를 읽고 지적 충격을 받았다고 고백했으며 역사학자면서 생물학과 고고학, 인류학, 종교학 등 다방면에서 지적 월경越境을 감행할 수 있었던 이유도 다이아몬드의 학문적 편력에 영향을 받았기 때문이다. 그는 『사피엔스』에서 역사학과 생물학을 종합하는 시도를 통해 호모 사피엔스가 생태계를 공유하는 여타 동물들과 본질적으로 다른 점은 무엇인지 탐사한다. 그에게 문명은 현실에 대한 불만으로 시작된 것이다. 하라리는 불만족이야말로 진화의 깊은 뿌리이자 현생인류가 생태계의 정점에 올라설 수 있도록 추동한 핵심 기제로 보았다. 그렇다면 사피엔스의 미래는 어떠할까? 그의 미래 진단은 사뭇 암울하다. 인공지능(AI)의 발달은 인류의 공영을 위협할 수 있으며 생태계의 붕괴와 핵전쟁의 위기는 사피엔스의 생존에 커다란 장애물이 될 것이다. 그는 군비 감축과 국가 간 협력, 평화적 공존을 호소한다. 이쯤에서 하라리는 유태교 예언자로 돌변한다.

『사피엔스』는 2011년 히브리어로 먼저 출간되었다. 자신이 대학에서 가르치는 20여 개의 강좌들의 강의 노트를 취합해 핵심만 간추린 다이제스트였다. 이때까지 이스라엘의 일개 무명 교수에 불과했던 하라리는 2014년 『사피엔스』가 우연히 영어권에 소개되면서 일약 세계적인 학자로 올라섰다. 책은 한국어를 비롯하여 45개의 언어로 번역 출판되었으며 대부분의 국가에서 베스트셀러에 올랐다. 하라리는 이후에 『호모 데우스』를 비롯하여 여러 권의 책을 출간했으나 『사피엔스』의 아성을 넘어서지는 못했다. 본래 중세를 연구한 역사학자면서 최근에는 AI나 환경, 4차 산업혁명을 주제로 세계를 돌며 강연을 한다. 한국에도 내한한 적이 있으며 심포지엄이나 학술대회의 단골 연사로 초대받는 핫한 일타 강사다. 책 『사피엔스』는 총 4부 20장으로 구성되어 있는데, 네 개의 파트는 인류의 진화 과정을 추종하듯 인지혁명과 농업혁명, 인류의 통합, 과학혁명으로 이어진다. 유태인 가정에서 자란 덕분에 구약성서에 대한 해박한 지식으로 신화와 종교를 넘나들며 사피엔스의 진화사를 재구성한다. 이 짧은 지면에 그의 현란하고 심오한 논의를 모두 소개할 수는 없다. 필자가 저커버그의 서재에서 건져낸 핵심 주제 중 하나만을 여기에 적어 두고자 한다.

유발 하라리(출처: google.com)

서재에서 탄생한 위대한 CEO들

하라리는 사피엔스가 지상의 많은 유인원 중에서 우세종을 거쳐 최상위종이 될 수 있었던 첫 번째 요인으로 신화의 탄생을 들었다. 신화는 눈에 보이지 않는 존재를 믿는 믿음이다. 이 믿음은 상이한 이해관계를 갖는 타인과 협업을 가능케 한다. 어느 곳이나 사람들이 모이는 곳에는 갈등이 일어나기 마련이며, 조직이 비대해지면 급기야 질서가 불안정해지고 와해되고 만다. 무리들의 반목은 곧 알력 다툼으로 번지게 되고 창칼을 든 채 서로를 도륙하는 전쟁으로 비화된다. 조직을 만들고 구성하는 데 일정한 임계치가 작동할 수밖에 없다. 그 이상은 바닷가 모래알처럼 뭉치지 못하고 서로 흩어져 버리기 때문이다.

"호모 사피엔스는 어떻게 해서 이 결정적 임계치를 넘어 마침내 수십만 명이 거주하는 도시, 수억 명을 지배하는 제국을 건설할 수 있었을까? 그 비결은 아마도 허구의 등장에 있었을 것이다. 서로 모르는 수많은 사람이 공통의 신화를 믿으면 성공적 협력이 가능하다. 인간의 대규모 협력은 모두가 공통의 신화에 뿌리를 두고 있는데 그 신화는 사람들의 집단적 상상 속에서만 존재한다. 현대 국가, 중세 교회, 고대 도시, 원시부족 모두 그렇다."[65]

하라리는 교회도 국가도 모두 이런 신화에 기반하여 이루어졌다고 말한다. 대한민국이라는 나라는 20세기 이전에 지구상에 존재하지도 않았다. 그럼에도 우리는 스스로를 반만 년 역사를 공유한 '한민족'이라고 부른다. 축구 국가대표 A매치가 있는 날이면 호프집에 모여 "대～한민국!"을 외칠 수 있는 것도, 올림픽 포디움에 오른 우리나라 선수가 부르는 애국가에 눈물이 핑 도는 것도, 김치도 태권도도 한복도 모두 자신들의 것이라는 중국의 동북공정에 그토록 분개하는 것도 모두 이런 민족이라는 공통 신화 때문에 만들어진 것이다. 이런 주장은 베네딕트 앤더슨이 말한 상상의 공동체imagined community를 연상시킨다. 앤더슨에 따르면, 민족이 발명된 18세기 이전에 사회를 하나로 묶었던 것은 종교였다. 계몽주의를 거치며 종교가 중세 때만큼의 위력을 발휘하지 못하자 민족이라는 또 다른 신화가 탄생했다. 어떤 경우에도 사회질서를 유지하기 위한 공통의 신화, 공동의 목표가 필요하다는 것이다. 우리는 과거 국사 시간에 고대 삼국의 왕들이 왕권을 강화하고 율령을 반포하기 위해 언제나 불교를 국교로 받아들이는 과정을 배워 왔다. 그들이 그토록 종교에 목을 맸던 이유는 종교가 가르치는 신화가 공동체를 하나로 결속시켜 주기 때문이었다. 제2차 세계대전 이후 마르크스주의에 기반을 두고 성립한 사회주의 국가들조차 스스로를 민족이란 용어로 정의할 정도로 공통 민족에 대한 상상력은 강력한 힘을 지녔다. 그렇다면 『사피엔스』를 읽고 저커버그가 만들어낸 신화는 무엇이 있을까?

　책을 읽으며 흥미롭게 여긴 내용은 농업혁명과 관련한 부분이었다. 하라리는 우리 인류가 곡식으로 삼고 있는 쌀과 밀, 보리, 귀리와 인간 중에 누가 진화의 승리자인지 독자들에게 묻는다. 언뜻 생각해 보면 인간이 오랜 공진화 과정의 절대 승자일 거라고 생각할 수 있는데, 하라리는 정반대라고 주장한다. 인류가 식물을 인위적으로 땅에 심고 재배하여 곡식을 거두는 농업의 개념이 존재하지 않았던 1만 년 전 밀은 수많은 잡초 중 하나일 뿐이었다. 분포 지역도 매우 협소하여 중동 일부 지역에서 산발적으로 돋아났으며 그것도 인간이 먹기에 매우 불편한 외피를 싸고 있었다. 그런데 사피엔스가 귀리와 밀을 자신들의 주식으로 삼겠다고 결심했을 때 상황은 완전히 달라졌다.

"생존과 번식이라는 진화의 기본적 기준에 따르면 밀은 지구 역사상 가장 성공한 식물이 되었다. 북미의 대초원 지역 같은 곳에는 1만 년전 밀이 한 포기도 없었지만 지금은 수백 킬로미터를 걷고 또 걸어도밀 이외의 다른 식물을 볼 수가 없다. … 밀은 호모 사피엔스를 자신의이익에 맞게 조작함으로써 그렇게 해낼 수 있었다."[66]

농업혁명은 사피엔스의 역사에 많은 변화를 가져다주었다. 부의 개념이 만들어졌으며 덩달아 계급이 출현했다.

하라리가 바라보는 사피엔스의 미래는 우울하다. 그는 연작 『호모데우스』에서 7만 년 전 화식을 통한 인지혁명이 사피엔스를 세상의 지배자로 만들었다면 앞으로 닥칠 두 번째 인지혁명은 호모 데우스를 은하계의 주인으로 만들 것이라고 천명했다. 하지만 그 미래는 잿빛으로뒤덮여 있다. 나아가 만물에 인터넷이 심어져 인간의 사유와 행동 모든것이 데이터의 흐름으로 환원된다면 호모 사피엔스는 결국 종말을 맞을 것이라고 단언하고 있다. 『사피엔스』에서도 이런 하라리의 견고한믿음이 표현된다.

"더구나 인간의 능력이 놀라울 정도로 커졌음에도 불구하고 여전히 스스로의 목표를 확신하지 못하고 있으며 예나 지금이나 불만족스러워하기는 마찬가지인 듯하다. … 이보다 더욱 나쁜 것은 인류가 과거어느 때보다도 무책임하다는 점이다. 우리는 친구라고는 물리법칙밖에 없는 상태로 스스로를 신으로 만들면서 아무에게도 책임을 느끼지않는다. 그 결과 우리의 친구인 동물들과 주위 생태계를 황폐하게 만든다. … 스스로 무엇을 원하는지도 모르는 채 불만스러워하며 무책임한신들, 이보다 더 위험한 존재가 또 있을까?"[67]

아이폰에 봉인된
애플의 독재자 스티브 잡스
(애플 창업자)

Steve Jobs

7장

설탕물이나 팔면서
남은 인생을 보내고 싶습니까?
아니면 세상을 바꿀
기회를 붙잡고 싶습니까?

_스티브 잡스

_____ 무슨 이유에선지 잡스는 생전에 셰익스피어의 『리어왕』
을 탐독했다고 한다. 호사가들의 이러쿵저러쿵 뜻풀이에 매달리자면
한도 끝도 없겠지만, 적어도 "해군이 되기보다 해적이 돼라"고 떠벌렸
던 애플의 수장 스티브 잡스의 『리어왕』 읽기는 여러모로 시사해 주는
바가 있다. 『리어왕』이야말로 끝없는 관계 상실과 샘솟듯 돋아나는 의
심에서 오는 파괴적 사랑을 모티브로 하면서 동시에 스스로 건설한 왕
국에 무소불위의 창칼을 휘두르는 봉건제의 왕이 되려는 지배욕을 함
께 보여 주는 고전 중의 고전이기 때문이다. 평소 잡스는 "리어왕은 자
신의 왕국에 대한 통제력을 잃을 때 일이 어떻게 꼬이는지 매우 적나라
하게 보여 준다"고 입버릇처럼 말했다고 한다. 펩시 CEO로 있던 스컬
리를 애플의 사장으로 앉힌 잡스는 자신의 권력과 아성에 금이 가는 것

을 느끼자 이제는 그를 찍어 내려고 한 것도 다 그 이유였다.

"회사를 맡아 달라고 애걸복걸 매달릴 때는 언제고 잡스는 금세 스컬리의 경영 능력에 의문부호를 붙이기 시작했다. … 급기야 인내심의 한계를 느낀 잡스는 애플의 중역들과 작당해 스컬리를 몰아내려는 무모한 시도를 감행했다. 하지만 스컬리는 이를 조기에 감지했고, 오히려 선수를 쳐 잡스를 자리에서 찍어 내는 데 성공했다. 결국 스컬리와의 논쟁은 잡스를 구렁텅이로 몰아넣었고, 파워게임에서 밀린 잡스는 자신이 뽑은 임원에게 목이 잘려 나가는 황당한 패배를 맛봐야 했다. … 잡스의 독재는 그렇게 허망하게 막을 내렸다."[68]

잡스는 젊은 시절 캠퍼스 등지를 떠돌며 마리화나와 장발로 상징되는 히피와 같은 삶을 살았기 때문에 힌두교와 불교 등 동양종교에 대한 깊은 존경심과 함께 영적 호기심을 갖고 있었다. 실지로 수행을 위해 인도로 구도의 여행을 떠난 적도 있었다.

"잡스는 선불교와 힌두교의 요가 전통에 흥미를 느꼈다. 불가해한 공안公案과 자연주의 같은 철학에 매료된 그는 색다른 동양적 사유와 실천에 빠져들었다. 심지어 그는 삶의 답을 찾고자 인도 여행을 감행했다. 7개월 동안 이어진 그 여행은 수도자의 삶을 방불케 할 정도로 극빈과 절제의 연속이었다."[69]

채식을 실천했던 것도 그때부터였다. 그는 모든 육류를 끊고 당근이나 사과만 먹으며 몇 주를 버티기도 했다. 그는 전분이 없는 채소와 과일만 먹으면 몸에 해로운 점액이 형성되는 것을 막을 수 있다고 믿으며 빵이나 곡물 같은 탄수화물까지 끊었다. 19세기 말 독일의 보건교육자 아놀드 에흐렛Arnold Ehret이 고안해낸 비점액질 식단Mucusless Diet은 이런 잡스의 정신을 단번에 사로잡았다. 그는 가장 고결한 음식이 고결한 인간을 만든다고 생각했다. 그는 죽을 때까지 첨단 의학 기술과 일체의 연명치료를 거부했으며 채식을 단념하라는 주치의의 권고를 듣지 않았다. 21세기 우리가 오늘날 누리고 있는 디지털 세계의 판도를 완전히 바꾸어 놓은 희대의 천재가 지금은 이미 비과학으로 폐기되어 버린 19세기 기괴한 식사법에 평생 몰두했다는 게 정말 믿어지는가?

그런 그의 믿음은 그의 서재에도 고스란히 반영되어 있다. 요가난다의 전기나 스즈키 순류의 수행집을 늘 읽었으며 오토가와 고분 치노라는 이름의 선승을 자신의 사무실에 정기적으로 불러 명상과 수련을 실천했다. 다른 CEO들의 서재와 달리 잡스의 서재에 힌두교와 불교의 서적들이 많은 비중을 차지하고 있는 이유는 이 때문이다. 동시에 자신의 특이한 섭식과 채식주의를 뒷받침하는 책들을 읽었다. 특히 프랜시스 무어 라페의 『작은 지구를 위한 식습관』은 그에게 바이블과 같은 책이었다. 그의 채식에는 단순히 건강이나 영적 기능뿐 아니라 환경 문제까지 들어 있었던 것이다. 오늘날 각국에서 한창 떠들고 있는 탄소중립이나 탄소발자국 같은 개념들이 만들어지기도 전에 잡스는 인간의 육식 문화가 지구라는 작은 행성에 얼마나 커다란 해악을 끼치는지 잘 알고 있었다. 그런 점에서 그의 서재는 공공의 문제에 그만큼 민감한 책들이 있을 수밖에 없다. 과연 그의 서재에 어떤 책들이 꽂혀 있는지 한번 들여다보자.

잡스의 서재에 꽂혀 있는 책들

조지 오웰, 『1984(민음사)』

에인 랜드, 『아틀라스(휴머니스트)』

허먼 멜빌, 『모비 딕(작가정신)』

스즈키 순류, 『선심초심(해뜸)』

윌리엄 셰익스피어, 『리어왕(열린책들)』

클레이튼 크리스텐센, 『혁신기업의 딜레마(세종서적)』

토머스 쿤, 『과학혁명의 구조(까치)』

파라마한사 요기난다, 『어느 요기의 자서전(에이케이커뮤니케이션즈)』

바바 램 다스, 『Be Here Now』

초감 트룽파, 『마음 공부에 관하여(불광출판사)』

프랜시스 무어 라페, 『Diet for a Small Planet』

제프리 A. 무어, 『토네이도 마케팅(세종서적)』

앤드루 S. 그로브, 『편집광만이 살아남는다(부키)』

고프리 제임스, 『The Tao of Programming』

닉 혼비, 『하이 피델리티(문학사상)』

아놀드 에흐렛, 『Mucusless Diet Healing System』

앨런 와츠, 『The Way of Zen』

S.N. 다스굽타, 『인도의 신비사상(영성생활)』

잭 케루악, 『다르마 행려(시공사)』

스즈키 순류의
『선심초심』

　　요즘처럼 종교인들의 평판이 땅에 떨어졌던 적은 결코 없었다. 단순히 세속화를 등에 업은 포스트모던 사회의 특징이라고 치부하기엔 오늘날 대중이 목회자와 승려에 대해 갖는 혐오감은 그 도가 훨씬 넘는 수준이다. 아무래도 선봉에는 개신교 목사가 서있을 것이다. '개독교'라는 멸칭으로 도배된 온라인 공간은 이미 무신론자들의 놀이터가 된 지 오래다. 인터넷 공간에서는 기독교를 폄하하는 온갖 유머와 짤이 시대적 밈meme처럼 돌아다닌다. 최근에는 '풀소유' 논란으로 결국 쫓기듯 고국을 떠난 모 스님의 사례도 있다. 우리나라에서도 손꼽히는 부자 동네로 유명한 서울 삼청동에 수십억을 호가하는 자택이 TV 방송을 타면서 그에 대한 대중의 여론은 싸늘하게 식었다. 게다가 미국 뉴욕에도 고가의 아파트를 보유한 사실이 알려지며 항간에는 '공수래 풀수거'라는 비아냥거림도 나돌았다. 논란이 불거지자 이전에 법정 스님의 '무소유'를 디스했던 그의 과거 발언이 다시 수면 위로 떠오르며 현각스님을 비롯한 불자들에게까지 뭇매를 맞고 쫓기듯 미국으로 달아

194

났다.

하지만 우리는 최첨단 IT 업계의 잘나가는 CEO가, 그것도 다른 회사가 아닌 애플의 창업자 스티브 잡스가 기독교도 아닌 불교의 명상집을, 그것도 일본에서 도미한 이름 없는 일개 선승의 책을 감명 깊게 읽었다며 자신의 서재뿐 아니라 한때 자신의 아이패드에도 파일로 넣어 가지고 다녔다는 걸 어떻게 보아야 할까? 그는 젊어서 스즈키 순류의 『선심초심』을 수십 번 정독했고, 수백 권을 구매하여 자신의 결혼식에 참석한 하객들에게 나눠 줬던 일화는 오늘날까지 잘 알려져 있다. 아마 애플 제품에 죽고 못 사는 '앱등이'들이 아니더라도 최소한 잡스가 스마트기기의 새 시대를 연 불세출의 천재라는 사실을 인정하는 일반인들이라면 매우 의아하게 생각할지 모른다. 스마트기기와 불교라고? 민트 초코처럼 뭔가 조합이 되지 않는 어색한 만남처럼 느껴진다.

『선심초심禪心初心, Zen Mind, Beginner's Mind』을 쓴 스즈키 순류鈴木俊隆는 패전 이후 미국으로 건너간 1세대 일본 선승 중 한 명이다. 그와 함께 미국에서 활동한 유명한 선승 중에는 스즈키 다이세츠鈴木大拙도 있다. 스즈키 순류는 미국 불교의 조사Patriarch of American Buddhism라는 별칭으로 불릴 만큼 서방세계에 일본의 선불교를 알리는 데 큰 공헌을 했다. 스즈키 순류는 1904년 일본 도쿄 남서쪽 가나가와현에서 태어났다. 그의 어린 시절은 사람들에게 거의 알려져 있지 않다. 그는 동네 사찰을 지켰던 선사를 아버지로 두고 검소하게 살았으며 자연스럽게 불교에 심취하게 되었다. 일본이 전쟁에서 패망한 이후, 순류는 미국으로 건너가 포교를 시작한다. 1962년 미국 샌프란시스코에서 선불교센터SFZC를 건립하고 본격적으로 명상을 소개했다. 당시 히피문화에 절어 있던 미국의 젊은이들에게 "마약 대신 명상을 해보라"고 조언했던 일화는 잘 알려져 있다. 이때 잡스와의 개인적인 만남과 교류는 잡스의 개인적인 삶뿐만 아니라 그의 포교 활동에도 큰 영향을 미쳤으며 미국에서 선불교가 하나의 운동으로 보급되는 데 큰 역할을 했다.

스즈키 순류와 그가 친히 쓴 글씨 '초심'(출처: wikipedia.org(좌), buddhamind.works(우))

서장序章에서 순류는 죽음에 대해 이렇게 말한다. "몇 해 뒤에 우리는 죽을 것이다. 죽음이 우리 삶의 끝이라고만 생각한다면 그것은 그릇된 이해인 것이다. 그러나 우리가 죽지 않는다고 생각한다면 그것 역시 그릇된 것이다. 우리는 죽는다. 그리고 우리는 죽지 않는다. 이것이 올바른 이해이다."[70] 이 대목을 읽고 잡스는 무엇을 느꼈을까? 불사조? 불멸의 존재? 순류가 말하는 '죽지 않음'은 단순히 육체의 영생을 말하는 기독교의 불멸성을 뜻하지 않는다. 불교에서는 도리어 죽음을 갈망한다. 죽음은 삶이 주는 고통을 끝내는 유일한 출구다. 문제는 죽어도 다시 태어난다는 것이다. 인간을 비롯한 모든 생명체는 소위 윤회의 수레바

퀴에 붙들려 살아간다. 좋은 업(카르마)을 지으면 이 사슬에서 벗어나 열반(니르바나)에 들 수 있지만, 나쁜 업을 지으면 다음 생에서 졸지에 동물이나 미물로 태어날 수 있다. 중요한 것은 세상이 가르는 이원론에 붙들리지 않는 것이다. 색은 곧 공이다色卽是空. 물은 물이요 산은 산이다.

"선 수행자에게 가장 중요한 것은 이원적으로 되지 않는 일이다. 우리의 '본래 마음本心'은 그 자체 안에 모든 것을 포함하고 있다. 그것은 그 자체 안에서 언제나 부유하고 충분한 것이다. 마음의 자족적 상태를 잃어버려서는 안 되는 것이다. 이것은 '닫힌 마음'을 의미하는 것이 아니라 실제로 '텅 비어 있는 마음'과 '열려 있는 마음'을 의미한다."[71]

그가 책에서 제일 먼저 선의 자세를 소개하고 있는 것은 이례적이다. 대부분 정신과 철학에 대해 언급할 것 같은데, 순류는 자세가 명상의 전부라고 말하고 있기 때문이다. 특히 결가부좌를 틀고 앉아 있는 자세는 몸과 마음을 하나로 통일하는 데 반드시 거쳐야 할 필수조건으로 제시된다. 그에 따르면, 몸과 마음은 둘이 아니며 그렇다고 하나라고 할 수도 없다. 무엇인가 하나가 아니라고 하면 하나 이상이라고 착각하며, 하나라고 하면 같다고 오해하기 때문이다. 여기서 동양종교에서 자주 볼 수 있는 '이도 저도 아니다neither … nor'라는 양비론적 논리가 등장한다. 과학만능주의 시대를 사는 현대인들은 '이것이냐 저것이냐either … or'라는 사고방식에 대부분 익숙해져 있다. 하지만 산스크리트어로 '네티… 네티…neti neti'라는 어구처럼 두 가지 속성을 부정하여 제3의 인식으로 나아가도록 이끄는 패턴이 불교와 힌두교에서 자주 등장한다. 사실 순류의 말대로 우리네 인생은 복수이기도 하면서 동시에 단수이기도 하다. 우리 중 어느 누구도 혼자 살 수 없으며 생존을 위해 서로를 강하게 의지할 수밖에 없다. 동시에 우리는 독립적인 존재며 모든 것의 결정권은 자신에게 있기도 하다.

나아가 순류는 좌선은 종교를 초월하는 자세라고 말한다. 가부좌를 트는 데 나의 종교, 성별, 배경, 신분은 아무런 방해물이 되지 않는다. 불교적 명상을 시도한다고 해서 내가 기독교를 버리거나 불교로 개종할 필요도 없다.

"여기에서 좌선을 하는 여러분들 중 얼마는 다른 종교를 믿고 있으리라 생각하지만, 개의치 않는다. 우리들의 수행은 어떤 특별한 종교적 신념과는 아무 관계도 없다. 그리고 여러분들로서도 그것이 기독교, 천주교, 힌두교와 아무런 상관이 없기 때문에 우리의 도를 닦는 데 머뭇거릴 필요가 없다. 우리의 수행은 모든 사람을 위한 것이다. 보통은 어떤 사람이 특별한 종교를 믿을 때, 그의 태도는 점점 더 밖을 향하여 예민하게 된다. 그러나 우리의 방법은 그렇지 않다. 우리의 선에서 날카로운 예각銳角의 끝은 언제나 자기 자신을 향해 있다. 우리들 자신으로부터 떠나 있는 것이 아니다. 그러므로 불교와 여러분들이 믿고 있을지도 모르는 종교와의 차이에 대해서 걱정할 필요가 없다."[72]

그에게 선은 일상에서 얻어진다. 생활하는 모든 것이 수행이고 일상에서 실천하는 모든 행위가 명상이다. 밥 먹고, 똥 싸고, 섹스하고, 잠자는 그 행위 속에서 선은 자라난다. 선은 어떤 종류의 흥분이 아니라 일상을 충실히 살아가는 것에 대한 정신 집중이다. 잡다한 일에 매몰되지 말고, 너무 바쁘게 살지 말고, 누군가를 너무 미워하지 말고, 가능하면 언제나 고요하고 유쾌한 정신을 유지하는 것, 그것이 순류가 말하는 선의 핵심이다. 따라서 고행을 견디며 핍절한 삶을 이어가거나 고된 순례

198

길에 나서지 않아도 바로 내가 있는 곳에서 수행이 이뤄진다. 복잡하고 시끄러운 세계로부터 자신을 차단하고 바쁜 생활 속에 함몰되지 않으면 우리 내면에서 올라오는 자아를 만날 수 있다. 진정한 좌선은 내가 다른 사람이 아닌 바로 나 자신이 될 때다. 아이들의 아버지이자, 한 아내의 남편이자, 부모의 아들이자, 회사에서 과장인 내가 아니라 아무런 칭호와 지위와 의무가 없는 '나로서의 나'를 찾는 것이 좌선이다.

"무엇이 진정한 좌선인가? 여러분이 자기 자신이 될 때이다! 여러분이 자기 자신이 될 때 여러분이 하는 일은 무엇이든지 그것이 좌선이다."[73]

좌선에는 나를 가르치는 스승도, 나를 설득하는 교리도, 나를 통제하는 규율도 없다. 가르침을 주는 모두가 나의 스승이며, 깨닫는 모든 것이 나의 교리며, 생각과 행동을 지배하는 모든 게 나의 규율이 된다. 일찍이 임제가 던진 '살불살조殺佛殺祖'라는 화두와 일맥상통하는 이야기다. 살불살조는 말 그대로 부처를 만나면 부처를 죽이고 조사를 만나면 조사를 죽이라는 충격적인 화두다. 부처를 의지하고 스승을 따르는 것 자체가 하나의 아집이며 집착이다. 내가 절대적이라고 믿는 대상을 극복하는 것에서 나만의 깨달음을 얻을 수 있다. 『장자』에 나오는 말, '통발은 물고기를 잡기 위한 것이니 물고기를 잡으면 통발은 버려야 하고, 올가미는 토끼를 잡기 위한 것이니 토끼를 잡으면 올가미를 버려야 한다筌者所以在漁 得漁而忘筌, 蹄者所以在兎 得兎而忘蹄'는 경구를 떠올리게 한다. 쉽게 들리지만 결코 쉽지 않은 조언이다.

"스승을 만나는 순간 여러분은 스승을 버려야 한다. 그리고 독립해야 한다. 독립하기 위해서 스승이 필요하다. 그에게 집착하지 않는다면 스승은 여러분 스스로에게 도를 보이도록 할 것이다. 여러분은 스승을 위해서가 아니라 자기 자신을 위해서 스승을 갖는다."[74]

2011년 6월, 미국 샌프란시스코 모스콘센터에서 열린 한 프레젠테이션 행사에서 아이클라우드와 아이폰 운영체계 iOS5를 공개하러 잡스가 무대에 올랐다. 몰라보게 야윈 잡스를 보고 사람들은 경악했다. 웅성대는 청중들에게 잡스가 첫마디 말로 "전 괜찮습니다"라고 밝혔지만 죽음의 그늘이 그를 엄습하고 있는 것을 알아보지 못하는 사람은 아무도 없었다. 도대체 그에게 무슨 일이 일어난 걸까? 그의 전기를 썼던 월터 아이작슨은 한 방송사와의 인터뷰에서 잡스가 의사의 권고대로 수술을 받지 않은 것에 대해 뼈저리게 후회했다고 밝혔다.

"잡스의 마지막은 갑작스럽게 다가왔다. 2003년 10월, 잡스는 췌장암 진단을 받았다. 그의 주치의가 평소대로 신장 상태를 체크하기 위해 CT 촬영을 하다가 종양을 발견한 것이다. 그가 걸린 췌장암은 일반적인 형태보다 수술하기 수월한 케이스였고, 암 진단 후 바로 수술을 했으면 90% 이상 완치가 가능한 수준이었다. 하지만 잡스는 췌장암 진단을 받은 순간부터 일체의 수술 치료를 거부했다. 자신의 몸에 칼을 대는 것에 극도의 거부감을 느꼈던 것이다. 아마도 그는 현대 의학이 아닌 채식이나 천연 치료로 자신의 상태가 완쾌되기를 바랐는지도 모른다. 잡스는 주치의보다 일본 선승을 더 자주 만났으며, 우리가 이해하기 힘든 대체 의학과 초월 명상에 집착했다."[75]

잡스는 주변 사람들에게는 다 나았다며 건재한 모습을 보였지만 몰래 뒤에서는 침술과 약재, 동양의학, 기치료, 민간요법 따위에 의존했다. 가족의 강력한 권유로 뒤늦게 수술대에 올랐을 때는 이미 암이 췌장 전체로 전이된 상태였다.

한 시대를 풍미했던 재기 넘친 기업가는 그렇게 애플이라는 불멸의 브랜드를 남긴 채 소멸하는 불처럼 조용히 사그라졌다. 마지막까지 읽었다는 한 동양 선사의 얇은 책의 다음 문단은 어쩌면 그의 마지막을 예언하기라도 한 듯 하나의 계시처럼 우리에게 남아 있다.

"암과 같은 병으로 고통당하여 2년이나 3년밖에는 살 수 없다는 것을 깨달았을 때, 의지할 그 무엇을 찾게 되고, 그때 여러분들은 수행을 시작할지도 모른다. 그 밖의 어떤 사람들은 좌선의 수행을 시작할지도 모른다. 그의 수행은 마음의 공空을 얻으려고 열중할 것이다. 그것은 그가 삶과 죽음과 같은 이원의 고통으로부터 자유롭고자 애쓰는 것을 의미한다. 이것이 '형상 있는 것이 텅 비어 있는 것이고, 텅 비어 있는 것이 형상 있는 것이다色卽是空 空卽是色'라고 하는 수행이다. 공의 진리 때문에 그는 그의 일생에 있어서 실제적인 깨달음의 세계에 들어가고자 한다. 그가 이런 방법으로 신념을 갖고 노력하면서 수행한다면, 물론 그것은 그에게 도움이 될 것이다. 그러나 그것은 완전한 수행이 아니다. 인생은 짧다는 것을 알고서도, 매일매일 순간순간마다 인생을 즐기는 것은 '형상 있는 것은 형상 있는 것이며, 텅 비어 있는 것은 텅 비어 있는 것이다'라는 차원의 인생이다."[76]

자기 방식대로 역사의 한 자락을 휘어잡았던 시대의 영웅들이 결국 병상에 누워 자신에게 주어진 운명을 담담히 받아들이며 공수래공수거를 외칠 때 150센티미터 단신의 한 동양 선사는 색즉시공 공즉시색을 말했다. 잡스가 끝까지 부여잡으려고 했던 건 자신이 만든 아이폰이었을까, 아니면 선승이 가르쳐준 초심이었을까?

7장 아이폰에 봉인된 애플의 독재자 스티브 잡스

허먼 멜빌의
『모비 딕』

마크 트웨인은 일찍이 "고전(클래식)이란 모두가 알고 있지만 아무도 읽지 않는 책"이라고 말했다. 아마 그의 말이 이 소설처럼 맞아떨어지는 것도 따로 없을 것이다. 미국인이 가장 사랑하는 허먼 멜빌Herman Melville의 소설 『모비 딕Moby-Dick』은 학령기와 나이를 불문하고 청소년 및 성인 필독서로 유명한 작품이다. 독자 중에서는 소설보다는 영화로 접했을 가능성이 많다. 필자는 대학을 졸업하고 펭귄북스에서 나온 책으로 읽은 기억이 있는데, 책의 두께도 두께지만 다양한 등장인물과 복잡하고 서사적인 사건들이 맞물려 정확한 스토리가 떠오르지 않았다. 필자의 미약한 기억력 덕분에 이번에 책을 쓰면서 다시 한 번 읽는 행복(?)을 누렸다. 주인공 이슈메일Ishmael의 회고록 형식으로 쓰인 소설은 모비 딕이라는 별칭으로 불리는 거대한 흰고래를 추적하는 피쿼드 호Pequod의 선장과 뱃사람들에 관한 이야기다. 모비 딕은 바다에서 잔뼈가 굵은 선원들에게 공포의 대상이면서 항해 중에 반드시 피해야 할 가공할 존재를 넘어 불가해한 존재다. 멜빌은 이를 두고 "이 리바이어던에 대해 내가 생각하는 바를 단지 적는 것만으로도 탈진하고 마치 모든 학문, 모든 세대의 고래와 인간과 마스토돈, 과거와 현재와 미래, 지상의 모든 제국의 흥망성쇠, 우주 전체와 변두리까지도 뻗어나가는 듯한 그 광범위함에 정신이 혼미"하다고 적었다. 리바이어던은 『성서』에 등장하는 신원미상의 괴물을 가리킨다.ʲ 누구는 악어라고도 하고 용이라고도 한다. 모르기에 그만큼 무서운 존재다.

특히 모비 딕은 흰색 고래인데, 흰색은 매우 불편한 색에 속한다. 흰색은 그 어떤 색으로든 변할 수 있으며, 동시에 그 어떤 색도 아닐 수 있다. 평상시에는 순백의 청결한 이미지로 다가오면서도 이따금씩 무시무시한 혼령과 허깨비의 형상으로 드러난다. 어쩌면 그래서 야밤에 우리나라 귀신들은 한결같이 소복을 입고 있는지도 모른다. 그래서 대상을 특정할 수 없는 정치적 목적을 위해 암살과 파괴 등을 자행하는 행위를 백색 테러white terror라고 부르며, 흔히 일정한 청각 패턴 없이 전체적이고 일정한 스펙트럼을 가진 배경 소음을 백색소음white noise이라 부르는 것이다. 백색은 가장 심심한 색이며 가장 쾌활한 색이다. 가장 밝은

---

j 개역개정(KRV)에는 '리워야단'으로 번역했다. 이 단어는 성서에만 여섯 번 등장한다. "그 날에 여호와께서 그의 견고하고 크고 강한 칼로 날랜 뱀 리워야단, 곧 꼬불꼬불한 뱀 리워야단을 벌하시며 바다에 있는 용을 죽이시리라."(이사야서 27장 1절) "리워야단의 머리를 부수고 그것을 사막에 사는 자에게 음식물로 주셨으며."(시편 74편 14절) "그 곳에는 배들이 다니며 주께서 지으신 리워야단이 그 속에서 노나이다."(시편 104편 26절) "네가 낚시로 리워야단을 끌어낼 수 있겠느냐? 노끈으로 그 혀를 맬 수 있겠느냐?"(욥기 41장 1절) "날을 저주하는 자들, 곧 리워야단을 격동시키기에 익숙한 자들이 그 밤을 저주하였더라면."(욥기 3장 8절)

색이며 동시에 가장 어두운 색이다.

"모비 딕에게는 이따금 모든 사람의 영혼 속에 공포를 불러일으키는 두드러진 특징이 몇 가지 있지만, 그것과는 별도로 뭐라고 형언할 수 없는 막연한 공포가 존재했는데, 이 공포는 이따금 그 강렬함으로 나머지 특징을 완전히 압도해 버리곤 했다. … 무엇보다도 나를 몸서리치게 한 것은 고래의 색깔이 희다는 사실이다."[77]

『모비 딕』을 쓴 허먼 멜빌(출처: wikipedia.org)

고래의 창백한 백색은 이승의 공포와 저승의 경악을 상징한다. 이슈메일에게 백색증에 걸린 모비 딕은 신비스러우면서도 가까이 다가가기 힘들 만큼 공포스러운 존재다. 그 형언할 길 없는 안개처럼 사라지는 허깨비 무연고 백경白鯨의 흔적을 따라 망망대해를 들쑤시고 다니는 선원들도 필자가 보기엔 어찌 보면 공포스럽긴 마찬가지다. 어쩌면 모비 딕의 흰색은 초기 아이폰을 온통 백색으로만 단장한 잡스의 결벽증을 설명해 준다. 그에게 백색은 공포감을 주면서 동시에 보는 이에게 경외감을 주는 양가성을 지닌 색이다.

저자 멜빌은 1819년 뉴욕의 유복한 상인 가정에서 둘째 아들로 태어났다. 직물 수입상인 아버지는 유니테리언이었지만 멜빌은 장로교인이었다. 아버지의 잇따른 사업 실패로 가세가 기울자, 그는 스무 살에 원양어선을 타고 처음으로 선원이 된다. 이때의 경험은 그가 훗날 『모비 딕』을 쓰는 데 많은 영향을 미쳤음은 물론이다. 스물한 살에는 소설의 배경이기도 한 뉴베드퍼드에서 포경선을 탔는데, 보스턴으로 돌아올 때까지 4년 동안 남태평양을 떠돌게 된다. 이후 미국으로 돌아온 멜빌은 아버지에게서 물려받은 문예적 소양을 발휘하여 소설가가 되기로 결심한다. 하지만 작가로서의 길은 순탄하지 않았다. 여러 권의 소설을 내지만 독자들의 철저한 외면을 받게 된다. 서른한 살이 되던 1850년, 그는 한 작가들의 모임에서 당시 최고의 작가였던 내서니얼 호손을 만난다. 둘은 서로의 천재성을 단번에 알아보았고 멜빌은 우정을 기념하여 자신의 여섯 번째 소설 『모비 딕』을 호손에게 헌정하기까지 한다. 이후 여러 권의 책을 냈지만 멜빌은 입에 풀칠하기조차 힘들었고, 결국 중년에는 세관 검사원으로 조용히 여생을 보냈다. 1891년 72세의 나이로 세상을 떠날 때 그의 장례식에는 아내와 두 딸만 참석할 정도로 철저히 무명작가의 삶을 살았다.

소설의 줄거리는 다음과 같다. '내 이름을 이슈메일이라고 해두자Call me Ishmael'라는 문장으로 시작하는 『모비 딕』은 이단자와 부랑자의 전형을 주인공으로 등장시켜 이야기를 끌어간다. 우리가 잘 알다시피 '이스마엘'은 성서에 등장하는 인물로, 아들을 얻지 못한 아브라함이 아내 사라의 몸종인 하갈을 통해 얻은 서자다. 이후 단산과 폐경을 겪은 사라에게서 기적적으로(성서의 관점에서는 '섭리'라고 불러야 할 것이지만) 적자 이삭(아이작)이 태어나면서 이스마엘과 그의 어미 하갈의 운명은 180도 바뀌어 버린다. 둘은 광야로 내쫓겨 부랑자가 되고 이후 이들은 오늘날 17억 무슬림들의 조상이 된다. 기독교권에서는 당연히 이삭의 계보를 따르며 이스마엘은 이단자이자 부랑자로 취급된다. 어쩌면 오늘날 서방 기독교 세계와 동방 이슬람 세계의 충돌은 이처럼 아브라함이 낳은 두 아들의 갈등에서 비롯한 것일지 모른다. 어쨌든 항구도시 뉴베드퍼드에 도착한 이슈메일은 물보라 여인숙에서 전신에 거무튀튀하고 네모난 문신을 한 남태평양 마오리족 출신 작살잡이 퀴퀘크를 만난다. 그는 30년전쟁에 참전했다가 속옷 대신 고약을 처바르고 전쟁터에서 방금 탈출한 패잔병처럼 몰골이 말이 아니었다. 이슈메일은 우상을 섬기는 이교도 퀴퀘크에게 묘한 매력을 느낀다. 이슈메일은 겉만 번지르르한 기독교인보다 이 작살잡이 식인종이 더 정직하고 믿을 만한 사람일 수도 있겠다고 생각한다.

"나는 엄격한 장로교회의 품에서 태어나 자란 어엿한 기독교도였다. 그렇다면 어떻게 이렇게 이 야만적인 우상 숭배자와 함께 나무토막을 숭배할 수 있겠는가?"[78]

종교도 다르고 배경도 다른 그에게 마법처럼 이끌린 이슈메일은 매플 목사의 경고성 설교에도 아랑곳없이 피쿼드 호에 승선한다.

배에는 일등항해사 스타벅이라는 이성적이고 상식적인 인물과 에이해브라는 반이성적이고 몰상식한 인물이 함께 공존한다.

"고래를 두려워하지 않는 자는 내 보트에 절대로 태우지 않겠다"고 스타벅은 말했다. 이 말은 가장 믿을 수 있고 쓸모 있는 용기는 위험에 맞닥뜨렸을 때 그 위험을 정당하게 평가하는 데에서 나온다는 뜻일 뿐만 아니라, 두려움을 모르는 사람은 겁쟁이보다 훨씬 위험한 동료라는 뜻이기도 했다."[79]

그렇게 선장의 모습도 보지 못한 이슈메일은 크리스마스 당일 항구를 떠나는 피쿼드 호에 오른다. 고래를 잡아 수익을 올리는 것보다 오로지 모비 딕을 잡아야 한다는 복수심이 우선인 광기의 선장과 포경선 피쿼드 호에 승선한 이슈메일은 모비 딕을 쫓는 항해를 처음부터 끝까지 지켜본다. 이슈메일의 눈에 비친 선장 에이해브는 불가지의 존재를 용납할 수 없고 또 직접 자신이 알아낼 수 있다고 자신하는 존재다. 자신의 다리를 앗아간 모비 딕에 대한 복수의 일념에 사로잡힌 에이해브 선장은 자신의 분노와 광기가 선원 모두를 파멸로 몰고 갈 수 있다는 사실조차 깨닫지 못한다. 그의 분노는 40여 년 한평생을 거친 바다에서 고래잡이로 살아온 자신에게 청동기 같은 다리를 빼앗고 대신 볼품없는 고래 의족을 선사한 모비 딕에 대한 증오면서도 가족도 벗도 없이 고독하게 살아온 자신의 인생에 보상을 주지 않는 야속한 신에 대한 불신이기도 했다.

드디어 남태평양에서 모비 딕을 마주한 피쿼드 호. 스타벅의 만류에도 불구하고 에이해브 선장과 모비 딕의 사투는 사흘 밤낮을 이어간다. 마지막 싸움에서 에이해브 선장은 모비 딕에게 던진 작살의 밧줄이 목에 감기는 바람에 끌려가고, 성난 모비 딕은 피쿼드 호를 들이받아 박살 낸다. 그리하여 주인공 이슈메일을 제외한 전원이 바다에 수장된다.

"작살이 던져졌다. 작살에 찔린 고래는 앞으로 달아났고, 밧줄은 불이 붙을 것처럼 빠른 속도로 홈에서 미끄러져 나가다가 엉클어졌다. 에

이해브는 허리를 구부려 그것을 풀려고 했다. 그래서 엉킨 밧줄을 풀기는 했지만, 밧줄의 고리가 허공을 날아와 그의 목을 감았기 때문에, 그는 터키의 벙어리들이 희생자를 교살할 때처럼 소리 없이 배 밖으로 날아갔다. 선원들은 그가 없어진 것을 알아차리지도 못했다. 다음 순간, 밧줄 끝에 달린 묵직한 고리가 완전히 텅 빈 밧줄통에서 튀어나와 노잡이 한 사람을 때려눕히고 수면을 친 뒤 깊은 물속으로 사라졌다. … 그리고 이제 소용돌이가 동심원을 그리며 바다에 홀로 떠 있는 배와 그 배의 선원들, 물 위에 떠도는 노와 작살 등 생물과 무생물을 가리지 않고 모조리 그 안으로 끌어들여 뱅글뱅글 돌면서 피쿼드 호의 작은 나뭇조각 하나까지도 남김없이 삼켜버렸다."[80]

멜빌의 『모비 딕』은 사활의 건 한 인간의 출정과 피맺힌 노력이 결국 헛된 신기루와 같이 덧없는 것이며 한몫 단단히 챙길 고래와 같은 대상도 신기루처럼 자신을 파멸로 몰고 갈 저주의 사자使者임을 증언한다. 잡스는 이승의 끈을 든든히 잡았다고 생각했으나 그의 신념은 도리어 그의 목을 감아 죽음의 강에 던져 넣었다. 잡스는 『모비 딕』을 읽으며 이슈메일의 심정이었을까, 에이해브의 입장이었을까? 필자는 적어도 그가 스타벅을 추종하지는 않았을 것 같다.

클레이튼 크리스텐센의
『혁신기업의 딜레마』

　　성경의 마태복음 11장 12절에는 '천국은 침노하는 자의 것이다'라는 구절이 있다. 천국은 하늘에서 뚝 떨어지는 횡재가 아니다. 천국은 영적 전쟁에 전폭적으로 뛰어드는 이들에게 주어지는 전리품과 같다. 사업의 성패도 마찬가지다. 현실에 안주하지 않고 과단성 있게 미지의 시장을 침노하는 기업만이 살아남는다. 이를 우리는 '혁신기업innovator'이라고 한다. 1997년 『혁신기업의 딜레마The Innovator's Dilemma』를 쓴 클레이튼 크리스텐센Clayton Christensen은 21세기 기업들에게 부과된 과제를 파괴적 혁신disruptive innovation이라는 개념으로 정의한 세계적 경제학자다. 그는 하버드비즈니스스쿨의 경영학 교수로 있으면서 많은 기업과 경영인에게 시장을 '찢는' 혁신이 무엇인지 전수했다. 기업 컨설팅을 해주는 이노사이트와 벤처캐피털회사 이노사이트벤처스 등을 창립했고 경영학계의 오스카상이라 불리는 「싱커스 50」이 선정한 '세계 최고 경영사상가 50인'에 2회 연속 이름을 올렸다. 개인적으로 신앙심도 깊어서 신실한 모르몬교 신자로 지내다가 2020년 향년 67세로 세상을 떠났다.

그는 아무리 뛰어난 기업, 업계를 선도하는 회사라 할지라도, 파괴적 기술이 출현함과 동시에 예측 불가능한 지각변동에 희생양이 될 수 있다고 말한다. 대표적인 사례로 드는 것이 컴퓨터에 들어가는 디스크 드라이브 산업이다. 가장 단순한 혁신에서 가장 과격한 혁신에 이르기까지 지속적인 혁신을 주도하는 데 기존의 선도적 기업들이 기술적으로 잘 대처한다 할지라도 파괴적 기술을 개발하고 응용하는 신흥 기업들에게 업계의 왕좌를 물려주었다는 사실을 역사적 추이로 보여 준다. 1989년부터 2.5인치 드라이브를 도입하며 디스크 업계를 장악했던 프레어리텍Prairietek은 1992년 1.8인치 드라이브가 등장하면서 일순간에 파산하고 만다. 이후 1.8인치 드라이브가 출시된 지 2년이 지난 시점에 업계에서 드라이브를 생산하는 기업의 3분의 2가 신생기업으로 채워졌다. 프레어리텍이 드라이브 업계를 거의 독점하다시피 했더라도 파괴적 기술을 장악하지 못하자 하루아침에 산업 지형에서 종적을 감추고 말았다.

이런 예는 얼마든지 있다. 1920년대 초반만 하더라도 땅을 파는 굴착기는 모두 증기 셔블steam shovel을 이용한 것들이었다. 증기의 힘을 이용하여 구동하는 증기 셔블은 당시 대형 토목공사가 많았던 공사 현장에서 인기 만점이었다. 이후 석유 시추와 정제 기술이 발달하면서 굴착기의 연료는 증기에서 가솔린으로 대체되는 과정을 겪었다. 증기 압력이 아니라 가솔린이 연소될 때 나오는 에너지를 이용하는 방식으로 바뀐 것이다. 이후 1940년대 굴착기는 연료로 쓰이던 가솔린이 전기와 디젤로 대체되는 기술적 진보를 다시금 맞닥뜨렸다. 이 기술적 진보는 케이블을 중심으로 한 굴착기의 기본 원리는 변하지 않은 채 연료만 바뀌는 형식이었기 때문에 이전 기업들이 그 진보를 손쉽게 따라갈 수 있었다. 증기 셔블 기술의 선도적 기업들 25곳 중에 23곳이 자사의 굴착기 연료를 디젤로 성공적으로 교체했다. 문제는 제2차 세계대전이 끝난 뒤 1960년대에 일어났다. 유압으로 구동하는 전혀 새로운 개념의 굴착기 기술이 등장한 것이다. 유압 시스템이 기존의 케이블 구동 시스템을 완벽하게 대체하면서 기존 기업들 중 서너 곳만이 생존하고 나머지는 역사의 뒤안길로 사라지는 운명을 맞았다. 시장에 파괴적 기술이 등장하자 몸집이 큰 회사부터 업계에서 빠르게 사라졌다.

클레이튼 크리스텐센(출처: hbr.org)

왜 이런 일이 일어난 걸까? 당시 시장에서 최고의 기술과 최대의 점유율을 가진 기업들이 신생 기업의 유압 기술 하나 모방하지 못해 무너졌을까? 천만에. 그들은 유압 기술을 처음부터 끝까지 속속들이 너무 잘 알고 있었다. 문제는 그들이 너무 정상적으로 기업을 운영했다는 점이다.

"케이블 구동 굴착기를 제조하는 기업들의 문제점은 무엇이었는가? 지금 시점에서 돌아봤을 때 그들은 분명히 유압식 기계에 투자하고, 조직의 한 부분이 유압식 제품을 필요로 하는 가치 네트워크에서 유압식 제품을 제조하도록 해야 했다. 그렇지만 치열한 경쟁이 벌어지고 있는 당시에는 이 기업들이 일을 잘못하지 않았다는 것이 바로 딜레마가 된다. 유압식 기술은 그들의 고객이 필요로 하지 않았고, 사실 사용할 수도 없었던 기술이었다. … 우리가 앞에서 살펴봤듯이 기술이 없었기 때문에 이 기업들이 실패한 것은 아니었다. 이 기업들이 유압 기술에 대한 정보가 부족했거나, 유압 기술 사용법을 몰랐기 때문에 실패한 것도 아니다. … 유압 기술이 처음 시장에 등장했을 때 그들에게는 이 기술이 전혀 의미가 없었기 때문에 실패했다. 유압 기술이 의미를 갖게 됐을 때는 이미 너무 늦은 상태였다."[81]

선도적인 기업에 소속된 연구원들은 특정 기술 패러다임에 집착하지 않았고 경쟁사가 개발한 기술이나 달성한 혁신을 무시하지도 않았다. 경영 방식과 대처에 문제가 있던 것도 아니었다. 리스크 관리도 적절했고 기술과 시장을 이해하는 능력도 탁월했다. 그럼에도 상위 기업들은 속절없이 무너졌다. 크리스텐센은 기업들이 기존 기업의 성공 전략을 모방하는 데에서 그쳐선 안 된다고 조언한다. 도리어 기업 경영의 ABC라고 불리는 의사결정과 자원배분 프로세스가 시장에 침노하는 파괴적 기술을 자연스레 거부하도록 기업을 몰아간다는 것이다. 지극히 상식적이고 건전한 기업 경영 프로세스가 파괴적 기술의 등장과 역동적인 시장 변화에 제대로 대처하지 못한 셈이다. 파괴적 기술에는 파괴적 접근이 필요하다. 이는 소규모 시장에서 더 빈번하게 일어난다. 대기업들이 무시하는 소규모 시장은 수익 모델이 단순하기 때문에 이들의 성장 욕구를 충족시키지 못한다. 그러나 이 소규모 시장이 이후 거대한 시장으로 성장했을 때 대기업들은 한발 늦은 대응으로 중요한 가치 네트워크를 상실하고 만다.

파괴적 기술의 원칙

1. 기업들은 자원을 얻기 위해 고객과 투자자에게 의존한다.
2. 소규모 시장은 대기업들의 성장 욕구를 해결해 주지 못한다.
3. 존재하지 않는 시장은 분석이 불가능하다.
4. 기술 공급이 시장의 수요와 일치하지 않을 수 있다.

그렇다면 파괴적 기술은 어떤 원칙과 조건하에서 작동할까? 첫 번째로 기업의 몸집이 클수록 파괴적 기술을 받아들이는 데 느리고 그에 걸맞은 혁신을 이루는 데 더디다. 보통 고객이 원할 때까지 이런 기업들은 파괴적 기술을 필요로 하지 않는다. 두 번째로 파괴적 기술의 수요가 있다 할지라도 공룡기업의 성장 욕구를 충족시키지 못한다. 좁쌀만 한 시장을 먹어 봤자 간에 기별도 가지 않는 셈이다. 주주들과 이사회, 내부 구성원들이 납득할 만한 규모의 시장이 아닐 때 이들은 보통 꿈쩍도 하지 않는다. 세 번째로 파괴적 기술이 적용될 수 있는 시장을 조사하고 싶어도 시장 자체가 형성되어 있지 않다면 분석도 불가능하다. 파괴적 기술과 관련된 시장 데이터는 애초에 존재하지 않기 때문에 분석가가 미래의 시장을 파악하려면 상당한 상상력을 발휘해야 한다.

마지막으로 파괴적 기술이 처음에는 소규모 시장에만 적용될 수 있기 때문에 기업의 눈에는 경쟁력이 떨어질 수밖에 없다. 신뢰성과 편리성, 가격 면에서 우위를 점하는 기술이 주류가 되었을 때 보통 시장 파악이 늦은 기업들은 진입 자체가 불가능하거나 아예 고사되고 만다.

그렇다면 파괴적 기술의 출현에 직면한 기업들은 어떤 방향으로 경영 노선을 틀어야 할까? 크리스텐센 교수는 파괴적 기술에 대한 책임을 그 기술을 필요로 하는 고객을 상대하는 별도의 조직에 따로 맡겨야 한다고 조언한다. 그리고 이들에게 과도한 지침이나 성과를 요구하지 말고 지속적인 지원과 지지를 아끼지 않아야 한다. 구글이 내부에 '20퍼센트 시간 규정20% time rule'을 두고 있는 이유가 바로 이것이다. 구글은 2004년부터 직원들이 일상적인 업무로 보내는 시간의 20퍼센트를 따로 떼어 새로운 기술을 배우고 자유롭고 창발적인 기획을 할 수 있도록 격려했다. '실패해도 괜찮다. 엉뚱한 상상도 좋다. 창조적이고 혁신적인 아이디어를 내놓아라.' 물론 이는 여러 실패들을 감수해야 하는 지난한 과정일 수 있다. 어쩌면 실패로 끝나 버린 시도들이 지속적으로 쌓여 파괴적 기술의 시장이 형성될 것이다. 문제를 단번에 해결하는 돌파구는 존재하지 않는다. 파괴적 기술이 주류시장에서 실패를 거듭하고 적자를 면치 못하는 부분이야말로 미래의 잠재적 시장이 될 수 있기 때문이다.

기업을 경영하는 필자에게 『혁신기업의 딜레마』는 여러 가지 생각할 문제들을 제시해 주었다. 최근 트렌드로 볼 때, 기업 CEO들은 경영에서 생산성 확대나 가치 창출만큼 위기 대응 능력이나 문제 해결 능력에 많은 관심을 갖는다. 필자도 잘나가던 기업이 하루아침에 몰락하는 사태를 지켜보면서 위기는 언제나 우리 주변에 도사리고 있으며 항상 그 위기를 피할 수 있는 것은 아니라는 사실을 깨닫곤 한다. 그런 맥락에서 이 책은 언뜻 나심 탈레브의 『블랙 스완』과 함께 읽으면 좋을 것 같다는 생각이 든다.

버크셔 해서웨이 막후의 실세
찰리 멍거
(버크셔 해서웨이 부회장)

사람들은 스마트해지려고 노력한다.
내가 노력하는 거라곤
호구가 되지 않는 것뿐이다.
대부분이 생각하는 것보다
의외로 어려운 일이기 때문이다.

_찰리 멍거

──────── 찰리 멍거[k]는 1924년 1월 1일 네브래스카 주 오마하Omaha
에서 태어났다. 비범한 인물은 태어나는 타이밍조차 기가 막히다. '오마
하의 현인' 워렌 버핏보다 여섯 살 많았다. 그가 오마하에서 태어났다는
사실은 말 만들기를 좋아하는 호사가들의 좋은 소재가 되었다. 그는 십
대일 때 버핏의 할아버지가 소유한 자그마한 식료품 가게였던 버핏앤
드선Buffett & Son에서 하루 열 시간 일하고 일당 2달러를 받는 노동 착취(?)
수준의 알바를 하기도 했다. 그의 아버지는 변호사였고 할아버지는 지
방법원 판사이자 하원의원이었다. 멍거라는 성姓은 독일어로 '상인'이
라는 뜻을 갖고 있다. 아마 그 집안에서 멍거만큼 자신의 성을 충실히

───────────────────

k   그의 본명은 찰스 토머스 멍거(Charles Thomas Munger)다.

서재에서 탄생한 위대한 CEO들

살았던 인물은 드물 것이다.

될성부른 나무는 떡잎부터 알아본다고 한다. 그의 투자 감각은 어렸을 때부터 빛을 발했다. 그가 처음 시작한 사업은 굳이 이름을 갖다 붙이자면 축산업이었다. 일곱 살 때 햄스터를 길러서 동네 아이들에게 웃돈을 받고 파는 비즈니스를 벌인 것이다. 우리로 따지자면 학교 주변에서 코흘리개 아이들에게 병아리를 파는 아저씨들의 사업 감각을 이미 멍거는 그 어린 나이에 습득한 셈이다. 그는 평범한 십 대를 보내고 미국의 일류대학인 미시건대학교에 입학했다. 전공은 수학이었다. 하지만 그에게 수학은 현실과 동떨어진 따분한 학문이었다. 1943년 초, 태평양 전쟁이 한창이던 때, 자신의 열아홉 번째 생일을 보내고 며칠 지나지 않아 그는 대학을 중퇴하고 미 육군 항공대에 입대했다. 본래 세계 이곳저곳에서 온 이민자들이 세운 나라로서 민족주의라는 것 자체가 없었던 미국에서 진주만 공습은 미국인들의 마음을 하나로 결속시키는 도화선이 되었다. 이 시기 전쟁에 대한 미국 젊은이들의 위기감과 애국심은 영화 「진주만」을 보면 잘 드러나 있다. 어쨌든 멍거 역시 학교를 마치는 것보다 입대하여 나라를 지키는 일이 더 중요하다고 판단했다.

전쟁은 그에게 인생의 두 가지 터닝포인트를 선사했다. 하나는 첫 번째 아내를 만나게 된 일이었다. 그는 군사훈련을 받고 알래스카에 주둔했는데, 거기서 아내 낸시를 만났다. 다른 하나는 이상만을 쫓던 그가 가정을 꾸리며 현실 감각을 갖게 된 것이다. 그는 군인으로 있으며 캘리포니아 주 패서디나에 있는 칼텍에서 기상학을 공부하라는 상부의 명령을 받았는데 이는 그의 삶에 새로운 이정표가 되었다. 이후 기상학을 공부하는 와중에 멍거가 아버지의 모교인 하버드대학 로스쿨을 지원했기 때문이다. 여기에는 사람들에게 잘 알려지지 않은 비하인드 스토리가 있다. 로스쿨의 입학처장은 멍거가 학부 과정을 다 마치지 않았다는 이유로 처음에는 입학을 거절했다고 한다. 그러나 학장은 전 하버드 법대 학장이자 멍거 가족과는 친구로 지냈던 로스코 파운드로부터 전화를 받은 후 멍거의 조건부 입학을 허가했다. 우리나라나 미국이나 아빠 찬스는 위력을 발휘한다! 그것이 전화위복의 계기가 되었는지 멍거는 로스쿨에서 우수한 성적을 거두었고 1948년에 법학사 학위를 받고 우등으로 졸업했다. 하버드대학교에서 그는 하버드 법률지원국의 일원이었다.

여기서 한 가지 흥미로운 사실은 그가 대학과 육군에서 포커를 배웠다는 점이다. 그런 점에서 멍거는 버핏처럼 샌님(?)은 아니었던 것 같다. 우리에게는 포커가 화투에 버금가는 사행성 도박의 하나쯤으로 여겨지지만, 사실 포커는 매우 통계적이고 수학적인 게임이다. 오늘날 포커의 기술은 대부분 금융권과 주식 투자에서 활용하는 통계학 이론들이다. 그는 한 인터뷰에서 이렇게 말했다.

"여러분이 배워야 할 것은 승산이 없을 때 일찍 죽고, 큰 우위를 갖고 있다면 베팅으로 든든히 지원사격을 하는 겁니다. 그런 기회는 자주 오는 게 아니니까요. 물이 들어왔을 때 노를 젓는 겁니다. 전 이 중요한 기술을 포커에서 배웠습니다."

로스쿨을 졸업한 그는 가족과 함께 캘리포니아로 이주하여 라이트앤개릿이라는 로펌에 입사했다. 그는 회사에서 초봉으로 275달러를 받았다. 당시로서 꽤 괜찮은 월급이었으나 멍거는 남의 사업이나 자산을 자문해 주는 변호 업무에서 갈증을 느끼곤 했다.

왼쪽부터 워렌 버핏과 찰리 멍거. 둘은 오랫동안 친분을 유지하며 버크셔 해서웨이를 이끌어 왔다.
(출처: google.com)

멍거의 첫 번째 결혼생활은 순탄치 않았다. 1953년, 아내인 찰리 낸시와 '화해할 수 없는 성격 차이'로 이혼하고 만다. 위자료를 내준 멍거는 거의 파산에 이르렀다. 그러나 그게 끝이 아니었다. 불행은 항상 겹쳐서 온다. 그의 8살 된 아들 테디가 급성 백혈병에 걸렸기 때문이다. 엎친 데 덮친 격으로 멍거는 당시 의료보험도 없는 상태였기 때문에 모든 비용을 현금으로 지불해야 했다. 매일 그는 다른 두 아이들을 돌보고 변호사 일을 하면서 테디의 치료를 위해 병원을 오가는 삶을 살았다.

"저는 아들이 침대에 누워 천천히 죽어가는 걸 볼 수밖에 없었습니다. 이불 속에 있는 그를 꼭 안아 주고는 병원을 나서서 패서디나 거리를 울면서 걸어가곤 했죠."

결국 테디는 멍거의 각별한 보살핌에도 불구하고 아홉 살이란 어린 나이에 세상을 떠나고 말았다. 아들의 죽음으로 삶의 모든 것이 엉망이 되었다. 가정은 이혼으로 깨졌고, 그는 파산했다. 이때 심정을 멍거는 이렇게 회상한다.

"인생은 기회비용의 연속입니다. 손쉽게 찾을 수 있고, 자신과 가장 어울리는 사람과 결혼해야 합니다. 이는 투자 대상을 찾는 일과 흡사합니다."

인생의 밑바닥에 발을 디딜 때 언제나 새로운 시작이 온다. 1956년, 그는 동료 변호사의 소개로 두 명의 자녀를 둔 낸시 배리 보스윅(헐, 이번에도 낸시다!)이라는 돌싱과 재혼을 하며 새로운 가정을 꾸린다. 그의 나이 32세였다.

오성과 한음, 백아와 종자기, 사다함과 무관, 관중과 포숙처럼 친구로 인해 자신의 역량을 뛰어넘는 존재로 성장할 수 있게 해주는 우정이 세상에는 존재한다. 오늘날의 멍거도 버핏이 있었기에 가능하지 않았을까? 1959년, 드디어 멍거는 버핏을 처음 만난다. 이미 오마하에서 두 가문은 매우 가까운 사이였지만 버핏과 나이 차이가 났던 멍거는 35년을 기다려서야 하늘이 점지한 친구를 만날 기회를 만난 것이다. 원래 버핏의 초기 투자자 중 한 사람이었던 에드윈 데이비스라는 외과의사는 당시 버핏의 투자 전략을 듣고는 이렇게 말했다고 한다. "당신은 멍거라는 친구와 똑같은 이야길 하는군요. 한 번 만나보시겠습니까?" 그렇게 둘은 오마하의 한 디너파티에 참석했는데, 둘은 만나자마자 바로 화학적 결합을 했다. 버핏은 당시를 이렇게 회상한다. "첫눈에 그를 이해했죠. 그를 보자마자 내가 좋아할 만한 사람이란 걸 알았습니다." 고수는 고수를 알아보는 법. 멍거 역시 버핏의 비범함을 바로 알아차렸다. "그저 그런 인상을 받은 게 아니었습니다. 그에게서 아주 깊은 인상을 받았습니다." 버핏은 그 자리에서 멍거에게 투자가가 변호사보다 더 빨리 부자가 될 수 있다고 권유한다.

자잘하게 주식 투자를 병행하고 있던 터라 투자가 매우 흥미로운 일이라는 사실은 알았지만 멍거는 자신의 이름을 딴 법률회사를 만들고 싶었다. 1962년, 그는 멍거톨스앤올슨이라는 법률자문회사를 세우고 거기서 부동산 전문변호사로 활동하기 시작했다. 회사는 기업 소송과 증권, 노무, 반독점법, 세법, 부동산, 신탁 등 다양한 분야를 다루었는데, 흥미로운 것은 필리핀의 독재자 마르코스와 영부인 이멜다의 은닉 재산을 회수하기 위한 정부의 소송을 맡은 것으로 유명하다. 3년 뒤인 1965년 멍거는 변호사보다 투자가가 부자가 되기에 더 유리하다는 버핏의 제안을 잊지 않고 미련 없이 회사를 떠난다. 조부와 부친이 대대로 일구어 온 법조계를 나오는 데 상당한 용기가 필요했음은 물론이다. 당시 이유를 두고 멍거는 이렇게 말했다. "재정적으로 완전한 독립을 원했기 때문이죠. 전 누군가에게 소송장을 보내는 일을 고귀하지 않은 일로 여겼습니다. 어디서 비롯된 생각인지는 알 수 없지만 은연중에 그런 생각을 품고 있었지요."

당시 그는 이미 여러 건의 부동산 투자와 주식 투자로 상당한 돈을 만지고 있었다. 이후 멍거는 버핏과 10년 동안 함께 투자를 진행하다가 1976년 정식으로 버크셔 해서웨이에 들어가게 된다. 이후 이야기는 여러분들이 잘 알고 있는 것과 같다. 개인적으로 투자회사를 경영하고 있는 필자는 버핏과 멍거의 우정에 각별한 애정과 관심을 갖지 않을 수 없다. 적 아니면 도둑놈 천지인 이 바닥에서 저렇게 오랫동안 우정을 이어올 수 있었던 이유는 무엇이었을까? 아마 둘의 서재가 이를 증명

223

해 주지 않을까? 멍거는 사석에서 이런 말을 종종 했다고 한다. "제 평생 책을 꾸준히 읽지 않는데도 똑똑한 사람은 본 적이 없습니다. 정말이지 단 한 사람도 없다고 단언할 수 있습니다. 여러분은 워런과 제가얼마나 많은 책을 읽는지 알게 된다면 깜짝 놀랄 것입니다." 과연 멍거의 서재에는 어떤 책들이 꽂혀 있을까?

멍거의 서재에 꽂혀 있는 책들
빅터 프랭클, 『죽음의 수용소에서(청아출판사)』
리처드 도킨스, 『이기적 유전자(을유문화사)』
리처드 도킨스, 『눈먼 시계공(사이언스북스)』
재레드 다이아몬드, 『총, 균, 쇠(문학사상)』
재레드 다이아몬드, 『제3의 침팬지(문학사상)』
존 그리빈, 『딥 심플리시티: 카오스, 복잡성 그리고 생명체의 출현(한승)』
그레고리 주커먼, 『The Greatest Trade Ever』
로버트 G. 핵스스톰, 『워런 버펫 포트폴리오(나무와숲)』
윌리엄 N. 손다이크, 『아웃사이더(아이지엠세계경영연구원)』
레스 슈왑, 『Pride in Performance』
로렌스 M. 크라우스, 『무로부터의 우주(승산)』
지노 세그레, 『A Matter of Degrees』
허버트 A. 시몬, 『Models of My Life』
앤드류 S. 그로브, 『편집광만이 살아남는다(부키)』
개럿 하딘, 『Living within Limits: Ecology, Economics, and Population Taboos』
벤저민 프랭클린, 『벤저민 프랭클린 자서전(원앤북스)』
매트 리들리, 『생명설계도, 게놈: 23장에 담긴 인간의 자서전(반니)』
아서 허먼, 『How the Scots Invented the Modern World』
프랭크 파트노이, 『FIASCO: 파생금융상품 세일즈맨의 고백(길안사)』

224

조셉 프레지어 윌, 『Andrew Carnegie』

로저 피셔, 『Yes를 이끌어내는 협상법: 하버드대 협상 프로젝트(장락)』

로버트 치알디니, 『설득의 심리학(21세기북스)』 시리즈

로버트 라이트, 『Three Scientists and Their Gods』

데이비드 S. 랜즈, 『국가의 부와 빈곤(한국경제신문사)』

월터 아이작슨, 『아인슈타인: 삶과 우주(까치)』

존 C. 보글, 『모든 주식을 소유하라: 시장과 시간이 검증한 투자의 원칙(비즈니스맵)』

낸시 포브스, 『패러데이와 맥스웰(반니)』

말콤 글레드웰, 『아웃라이어(김영사)』

225

리처드 도킨스의
『이기적 유전자』

리처드 도킨스Richard Dawkins는 투사다. 그는 『신 없음의 과학
The Four Horsemen』을 함께 공저한 샘 해리스와 크리스토퍼 히친스, 대니얼
데닛과 함께 오늘날 신무신론자new atheist로 분류된다. 이들은 소위 '무신
론 선언'을 통해 그간 종교, 그중에서 특히 아브라함 종교(유태교, 기독교,
이슬람교)가 인류에게 얼마나 큰 해악을 가져왔는지 각성하고, 존 레논
의 「이매진」처럼 종교 없는 세상을 꿈꿀 것을 촉구한다. 도킨스는 이들
중에서 가장 극렬하게 기존 종교를 공격하는 호전적인 무신론자면서
실제로 종교를 무력화시키기 위한 사회운동을 활발하게 전개하고 있
는 활동가다. 『종교의 종말』, 『신이 절대로 답할 수 없는 몇 가지』, 『자
유 의지는 없다』를 쓴 샘 해리스와 『신은 위대하지 않다』, 『신 없이 어
떻게 죽을 것인가』를 쓴 크리스토퍼 히친스, 『주문을 깨다』, 『마음의 진
화』를 쓴 대니얼 데닛보다 도킨스가 쓴 『만들어진 신The God Delusion』이 종
교계에 미친 파장은 비교할 수 없을 정도로 컸기 때문이다. 2021년 최
근에는 다시 『신, 만들어진 위험Outgrowing God』이라는 책을 내며 유신론과

의 논쟁에 종지부를 찍은, 한마디로 뼛속까지 무신론자다.[1] 책에서 도킨스는 무수히 많은 신들 중에서 절대적 믿음은 불가능하고, 성서가 말하는 신은 선하거나 위대하지도 않으며, 성서를 신화가 아닌 역사로 받아들일 수도 없다고 말한다.

도킨스가 전선戰線을 형성한 분야가 공교롭게 기성 종교여서 그렇지 그의 전공은 사실 분자생물학이다. 익히 알려진 바와 같이, 그는 2009년까지 영국 옥스퍼드대학교에서 동물행동학과 진화생물학을 가르쳤던 과학자다. 멍거의 서재에서 발굴한 『이기적 유전자The Selfish Gene』는 도킨스가 진화론을 정립한 찰스 다윈의 영전에 바친 제물이자 해밀턴과 메이나드 스미스를 비롯한 선구적 진화론자들의 만신전萬神殿에 드린 봉헌물이다. 단연 오늘날 그를 있게 한 대표작이며 지금까지 그가 저술한 수십 권의 책 중에서 가장 폭넓은 사랑을 받았던 베스트셀러다. 『이기적 유전자』를 사랑하는 독자들은 저자인 도킨스가 쓸데없이 종교인들과 무신론 논쟁에 휘말리느라 더 많은 창작의 에너지를 자신의 본업에 쏟지 못한 부분을 아쉽게 생각한다. 그도 그럴 것이 상대적으로 초창기에 쓴 『이기적 유전자』와 『확장된 표현형The Extended Phenotype』을 능가하는 저서를 자신의 전공인 생물학과 관련하여 내놓지 못했다.

그의 책 『이기적 유전자』는 어떤 주장을 하고 있을까? 한마디로 말하면, 인간을 비롯한 모든 생명체는 유전자 기계며 생존과 번식을 위해 가장 이기적인 선택을 하도록 프로그래밍된 존재라는 것이다. 불멸

---

[1] 『신 없음의 과학』과 『신, 만들어진 위험』은 각기 2019년과 2021년 김영사에 의해 국내에 번역 소개되었다.

의 코일 DNA는 생존 기계를 이루는 핵심 부품과 같다. 도킨스에 따르면, DNA는 세상이 왜 무無가 아니라 유有인지 말해 주는 생명의 근본이다. 도킨스는 인생도 헛되고 생명도 덧없지만 세대를 거치며 이어지는 DNA만큼은 개체가 죽거나 부패해도 결코 사라지지 않는 불사조와 같다고 말한다.

"생존 기계는 종류에 따라 그 외형이나 체내 기관이 매우 다양하다. 문어는 생쥐와 전혀 닮지 않았으며, 이 둘은 참나무와는 또 다르다. 그러나 그들의 기본적인 화학 조성은 오히려 균일하다. 특히 그들이 갖고 있는 자기 복제자, 즉 유전자는 박테리아에서 코끼리에 이르기까지 기본적으로 모두 동일한 종류의 분자다."[82]

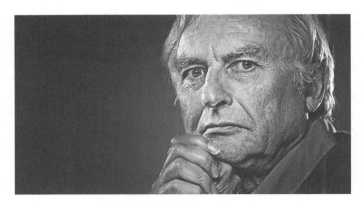

리처드 도킨스(출처: atheistrepublic.com)

인간을 비롯한 지구상의 모든 생명체는 다음 세대에 자신의 DNA를 전달하는 것을 사명으로 여긴다. 일개미가 교미도 못하고 평생 집단의 최하층에서 죽어라 일만 하다가 세상을 하직하는 이유도 바로 이

DNA를 다음 세대에 넘겨주기에 사활을 걸었기 때문이다.

도킨스의 이 주장이 생물학 내에서는 상식에 속하는 내용일 것이다. DNA가 사실상 존재의 전부며 나머지는 그 유전자를 보다 잘 전달할 수 있는 보조적 수단이나 매개 역할을 할 뿐이라는 주장이다. 인간이 틈만 나면 잘도 갖다 붙이는 이성과 감정, 사상과 문화라는 것도 모두 대를 이어 유전자를 전달하려는 본능이 드러난 표현일 뿐이다. 이런 주장을 종교나 사회의 영역으로 끌고 들어오면 전혀 다른 의미를 내포하게 된다. 어쩌면 도킨스는 자신의 주장을 끝까지 밀어붙였을 때 어떤 결론에 도달하며 그 결론에 종교인을 비롯한 소위 윤리주의자, 고상한 인문주의자들이 어떤 반응을 보일지 책을 쓰면서 충분히 예상했을 것이다. 사회를 지탱하는 도덕과 윤리를 신을 상정하거나 절대선을 전제하지 않고도 오로지 이러한 '세대 간 DNA의 전달'이라는 개념만을 통해 충분히 입증할 수 있다면 지구상에 존재하는 모든 종교는 실질적으로 무용지물에 불과하다. 많은 종교인들, 심지어 일부 진화론자들조차 "인간이 동물과 다른 점은 인간에게 유독 이타성이 보인다는 것"이라고 주장하는 선언에 도킨스는 "겉으로 보기에 이타적인 행동조차도 사실은 지극히 이기적인 선택의 결과"라고 되받아친다. "우리는 이기적으로 태어났다. 그러므로 관대함과 이타주의를 가르치도록 시도해 보자. 우리 자신의 이기적 유전자가 무엇을 하려는 녀석인지 이해해 보자. 그러면 적어도 우리는 유전자의 의도를 뒤집을 기회를, 즉 다른 종이 결코 생각해 보지도 못했던 기회를 잡을지도 모른다."[83]

기존에 진화론자들 사이에서 유력했던 학설은 집단의 생존과 강화를 위해 몇몇 개체가 자신을 희생한다는, 소위 그룹 선택설이 주류였다. 집단의 내외를 나누고 집단의 경계를 가르며 자연스레 집단 내 유전적으로 일부를 공유한 개체들이 약속이나 한 것처럼 번식과 생존을 모의한다는 것이다. 이런 설명 내에서 바라보면 당연히 집단 내에서 일어나는 동물들의 이타적 행위는 그 자체로 자신을 희생한 이타적 행동으로 취급된다. 하지만 도킨스는 이러한 그룹 선택설이 전반적인 진화론의 토대를 흔드는 것으로 보아 반대했다. 그는 몇몇 개체의 집단 내 이타적인 행동조차도 사실은 자신의 유전자를 다음 세대에 전달하려는 지극히 이기적인 행동에서 나온 것이라 반박한다. 사람들에게 그룹 선택설이 큰 매력을 주는 이유는 그것이 대부분 도덕적 이상이나 정치적 구호와 조화를 이루기 때문이다. 이는 권선징악이라는 사자성어로 표현된다. 사회는 본능은 이기적으로 행동하지만 이상은 타인의 이익을 우선하도록 가르친다. 자연법칙이 이기적이라면, 그래서 모든 구성원들이 이기적으로 행동한다면, 사회는 무질서와 무법이 판을 칠 것이다.

그러면 인간의 행동 속에서 빈번하게 보이는, 심지어 일부 고등동물들의 행동 속에서도 간간히 보이는 이타적 행동은 어떻게 설명할 것인가? 도킨스는 혈연이 갖는 '근친성relatedness'에서 해답을 찾았다. 근친성은 유전자의 공유 정도를 알 수 있는 척도다. 근친성이 높을수록 해당 개체와 공유하고 있는 유전자 개수가 높을 수밖에 없다. 근친성이 높은 집단에서 희생이나 이타적 자살이 그렇지 않은 집단에서보다 높은 것이 이를 설명해 준다는 것. 이타적 자살 유전자가 성공하는 최소의 요구 조건은 형제나 배다른 형제, 사촌의 관계 내에 있을 때다. 그래서 자식이나 부모, 작은아버지, 작은어머니, 조카, 할아버지, 할머니 등을 위해 집단 내 개체는 희생을 감수하는 것이다. 그 이유는 그들과 피를 나눈 친족 관계에 있기 때문에 그들에게도 자신과 같은 유전자가 존재할 수밖에 없다. 평균적으로 이와 같은 유전자는 이타주의자의 희생으로 목숨을 건진 개체들이 이타주의자의 죽음으로 인한 손실을 보상받기에 충분한 수의 개체를 통해 전달되고 유지된다.

"이제 우리는 자식에 대한 부모의 돌봄은 혈연 이타주의의 특수한 예임을 알 수 있다. 유전적으로 말하면 만약 갓난아기인 동생이 고아가 됐을 경우, 형제들은 자기의 친자식처럼 어린 동생을 열심히 돌봐 줘야 할 것이다. 근친도가 똑같이 1/2이기 때문이다. 유전자 선택의 용어로 말하면 큰누나의 이타적 행동의 유전자는 부모의 이타주의 유전자와 같은 정도로 개체군 속에 퍼질 확률이 있어야 한다."[84]

도킨스는 유전자의 근친도가 어떻게 이타적 행동을 보상해줄 수 있는지에 관해 생명보험의 예와 죄수의 딜레마를 가지고 설명한다. 우리는 왜 가족 명의로 생명보험을 드는가? 불의의 사고나 질병을 가장해 억대의 보험금을 타내려는 악질적인 보험사기단이 아니라면, 대부분의 보험 가입자는 자신과의 근친도를 고려하여 자신의 생명에 자산의 일부를 기꺼이 투자한다. 이유는 간단하다. 생물학적으로 볼 때, 그것이 번식 기대치를 높이고 장래에 자신의 유전자를 이롭게 할 확률을 높이기 때문이다. 도킨스가 예로 든 두 번째 사례는 소위 죄수의 딜레마 prisoner's dilemma다. 그는 먼저 상대를 배신하는 일이 결코 없는 마음씨 좋은 전략군이 결국 자신의 이타적 행동을 통해 가장 큰 보상을 받는 집단으로 설명한다. 토너먼트에 참가한 15개의 전략 중 8개는 '마음씨 좋은' 전략이었고, 득점이 높은 쪽부터 상위 8위까지 모두 '마음씨 좋은' 전략이 차지했다.

"우리는 승리하는 전략에 두 가지 특징이 있다는 것을 식별할 수 있었다. 즉 '마음씨 좋기'와 '관용'이다. 거의 유토피아적인 이 결론—마음씨 좋기와 관용이 이득이 된다는 결론—은 미묘하게 간악한 전략을 제출하는 것 때문에 지나치게 교묘해지려고 시도한 전문가들을 많이 놀라게 했다."[85]

멍거가 도킨스의 『이기적 유전자』에서 이타성의 진의를 어떻게 이해했는지 우리는 알 길이 없지만, 적어도 버핏과 멍거가 그토록 다양한 자선 활동에 참여하고 있는 사실은 어쩌면 자신들의 경영 활동에 도움이 된다고 판단한 매우 전략적이고 의도적인 행위의 발로인 것은 아닌지 생각해 볼 수 있다.

재레드 다이아몬드의
『총, 균, 쇠』

세계적인 지리학자 재레드 다이아몬드Jared Mason Diamond의 『총, 균, 쇠Guns, Germs, And Steel』는 '서울대생이 가장 많이 읽는 책'이라는, 그렇지 않아도 가뜩이나 뜨거운 전국 엄마들의 입시 교육열에 기름을 끼얹는 지극히 상업적인 별칭이 붙으며 국내에서 오랫동안 스테디셀러로 사랑받아 왔다. 2005년 국내에 처음 소개된 이후 2021년 기준으로 3판 50쇄까지 출간될 정도로 우리나라 국민들의 꾸준한 『총, 균, 쇠』 사랑은 유명하다.^m 2019년에는 한 TV 프로그램에 소개되며 도서 판매가 역주행하면서 그해와 2020년에 2년 연속 베스트셀러 1위를 차지하는 기염을 토하기도 했다. 최근에도 여전히 각종 베스트셀러 지표 상위에 선정되며, 유통기한이 출간 후 고작 15일에 불과하다는 뭇 신간 서

---

m 원저는 1995년 출간되었으며, 1998년 퓰리처상을 수상했다. 저자는 한국과 인연이 각별해 2021년 국내 성균관대학교 학부대학의 석좌교수로 임명되기도 했다.

적들과 대조적인 노익장(?)을 과시하고 있다. 하도 여러 매스컴을 통해 내용이 회자된 탓인지 마치 자신이 책을 직접 읽은 것 같은 기시감마저 준다. 그만큼 마이클 샌델의 『정의란 무엇인가』와 함께 국내 인문 분야 필독서의 독보적 지위에 오른 지 오래다.

그렇다고 국내에서 『총, 균, 쇠』가 남다른 인기를 구가하고 있는 이유를 출판사의 성공적인 마케팅 전략으로만 돌릴 수는 없다. 여기에는 몇 가지 이유가 있는데, 첫째는 저자인 다이아몬드(어쩜 이름마저 멋지다!)가 여러 차례 내한할 만큼 한국 문화에 남다른 애정을 갖고 있다는 점이다. 특히 그의 한글 사랑은 학계에서조차 유명하다. 한 인터뷰에서 그는 "한글은 독창성이 있고 기호와 조합 등 효율성에서 각별히 돋보이는, 세계에서 가장 합리적인 문자"라고 소개한 적이 있으며, 『총, 균, 쇠』 서문에도 한글을 가리켜 "한국인의 천재성에 대한 위대한 기념비"라고 평가했다. 둘째, 누구보다 한국과 일본의 지정학적 관계와 침탈과 저항으로 얼룩진 역사를 잘 알고 있던 저자는 증보판에 일본인들의 기원을 한반도에서 찾는 논문을 수록했다는 점이다. 그간 일본 사학계에서 꾸준히 주장해온 임나일본부설任那日本府說을 부정하고 한반도의 유민이 벼농사 기술을 가지고 열도로 건너갔다는 가설을 수용한다. 그는 이런 설명의 근거를 일본어와 한글, 더 좁히면 고대 고구려어와의 유사성에서 찾는다.

"현대 한국어는 그중 삼국을 통일한 신라의 언어에서 유래한 것이지만 신라는 일본과 그다지 긴밀한 관계를 맺지 않았다. 한국의 초기 연대기를 보면 삼국은 서로 다른 언어를 사용했다. 신라에 복속된 고구려와 백제의 언어는 후세에 거의 알려지지 않았지만, 일부 전해지는 고구려어 단어들을 보면, 현대 한국어보다 오히려 옛 일본어의 그것과 더욱 유사하다. 삼국이 통일되기 전인 기원전 400년경 한반도의 언어는 보다 다양한 형태를 띠었을 것이다. 당시 일본에 전해져 현대 일본어의 기원이 되었던 한반도의 언어는 현대 한국어의 기원이 된 신라의 언어와는 크게 달랐으리라는 것이 나의 생각이다."[86]

어찌 보면 일한양어동계론日韓兩語同系이라고 볼 수 있는 그의 주장은 많은 언어학자들의 지지를 받고 있다.

재레드 다이아몬드(출처: google.com)

『총, 균, 쇠』의 골자는 문명사회가 인간의 생물학적 차이가 아니라 환경의 차이 때문에 각 대륙마다 다르게 발전했다는 것이다. 과학기술의 혁신과 중앙집권적인 정치조직, 상업적인 발달은 잉여 식량이 축적될 수 있는, 인구 밀도가 높은 정주 사회에서 일어난다. 그 매개로 작용하는 게 총과 세균, 그리고 쇠를 이용한 야금술이다. 야생식물을 작물화하고 야생동물을 가축화할 수 있는 사회는 지리적으로 정해져 있으며, 그곳에 살던 최초의 거주자들이 총기와 전염병, 그리고 금속 가공술을 발전시킬 주도적인 위치를 선점했다.

"세계 지도에서 각 대륙의 모양과 방향을 비교해 보라. 아주 분명한 차이를 발견하고 놀라게 될 것이다. 남북아메리카는 남북의 길이가 동서보다 훨씬 길다. 동서 폭은 가장 넓은 곳도 4,800킬로미터 정도밖에 안 되고 파나마지협에서는 64킬로미터까지 좁아진다. 다시 말해 남북아메리카의 중요 축은 남북 방향이다. 이보다는 덜 극단적이지만 아프리카의 경우도 마찬가지다. 그와 대조적으로 유라시아의 주요 축은 동서 방향이다. 그렇다면 각 대륙 축의 방향에서 나타나는 이러한 차이는 인류 역사에 과연 어떤 영향을 미쳤을까?"[87]

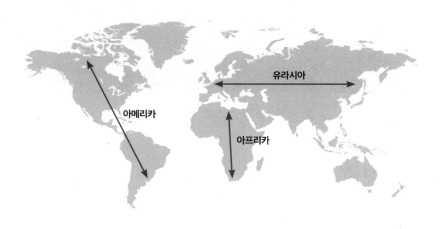

유라시아 대륙은 자유로운 좌우 이동이 가능했지만 아메리카와 아프리카 대륙은 불가능했다.

다이아몬드가 제시한 위의 그림이 총기와 병원균, 쇠의 탄생에서 나타난 지리적 차이를 이해하는 데 있어 핵심적인 부분이다.

"같은 위도 상에 동서로 늘어서 있는 지역들은 낮의 길이도 똑같고 계절의 변화도 똑같다. 그리고 일치하는 정도는 좀 덜하지만 질병, 기온과 강우량의 추이, 생식지나 생물군계 등도 서로 비슷한 경향이 있다."[88]

이런 동서의 전파는 전염병의 발병 단계를 보면 확연하게 이해할 수 있다. 인류의 맨 처음 전염병은 애완동물이나 가축에게서 옮는 종류들이 대부분이다가 병원체가 진화하여 사람과 사람 사이에서 전염되는 단계로 나아가면 주요 전염병이나 풍토병으로 진화한다는 것이다. 최근 전 세계를 공포로 몰아넣었던 코로나-19의 경우를 상기하자. 2019년 중국 우한의 동물 시장에서 시작된 바이러스는 변종과 아종을 만들어 삽시간에 전 세계로 퍼져 나갔다.[ᴺ] 지금이야 교통과 운송, 이동과 운반이 자유롭기 때문에 국지적으로 발생한 병원체가 세계적인 유행병으로 성장하는 데에는 훨씬 유리한 측면이 있지만, 당시만 해도 가축을 기를 수 있으며 많은 인원들이 가가호호 모여 살 수 있는 몇 안 되는 지역에서만 지극히 배타적으로 일어날 수 있었다.

그의 주장을 언뜻 들으면 그는 환경결정론의 끝판왕으로 느껴진다. 환경결정론은 자연스럽게 인종주의로 나아가는 길을 터주는데, 필자는 『총, 균, 쇠』를 읽으며 먼저 우생학과 인종주의에 대한 기초적인 이해가 있으면 독서에 도움이 될 것 같다는 느낌이 들었다. 인종의 구분

ᴺ 박쥐가 숙주나 매개로 작용했다고 하지만 이에 대해 WHO는 현재까지 공식 입장을 내놓고 있지 않다.

은 과연 언제부터 시작된 것일까? 『황인종의 탄생』이라는 책을 들여다보자. 책에 따르면, 문헌에는 중국이나 일본 어디에서도 황색을 피부와 관련지은 언급을 찾을 수 없다고 한다. 19세기 말까지 동아시아의 어느 누구도 자신의 피부색을 황색으로 표현한 적이 없었다. 대항해 시대, 동아시아를 여행했던 유럽인들의 여행기에는 도리어 중국인과 일본인을 모두 '백인'으로 묘사하고 있다. 아시아인은 의외로 풍채가 좋은 백인들이며 옷은 독일인처럼, 신발은 프랑스인처럼 신었다고 밝힌다. 그러던 것이 19세기를 거치는 동안 우생학이 발명되면서 황인종이 새로운 인종적 범주로 자리 잡는다.

"황색은 다른 모든 색깔처럼 그것이 표현되는 문맥과 언어에 따라 긍정적 함의와 부정적 함의를 모두 지닌다. 아주 거칠게 말해, 좋은 황색은 빛, 태양, 황금 등을 연상시키며, 나쁜 황색은 배신, 질시, 허위를 연상시킨다. 중세 기독교 미술에서 황색은 유다와 유태인을 표현하는 색이었다. 현대적 맥락에서도 황색은 교통신호나 스쿨버스처럼 여전히 경고의 색이다. 현대 영어에서 황색 인간은 겁쟁이다."[89]

서구의 시각에서 동양과 인종을 바라보는 이러한 관점을 오리엔탈리즘Orientalism이라고 하는데, 에드워드 사이드의 『오리엔탈리즘』은 이 분야의 핵심 저서다. 오리엔탈리즘은 이제껏 우생학의 발전과 궤를 같이 해왔다. 독신의 외로움과 적적함을 달래려고 그랬는지 그레고르 멘델Gregor Mendel은 수도원 앞마당에 싹을 틔운 콩에 꽂혔다. 어느 날 정원을 유심히 들여다보다가 멘델은 콩이 같은 품종임에도 불구하고 모양과 색깔이 제각기 다르다는 사실을 발견한다. 평소에도 새털처럼 많은 게 시간인지라 그는 콩을 가지고 교배 실험을 하기로 결심한다. 수년간의 연구 끝에 1865년 멘델은 유전법칙을 수립한다. 기독교 수사修士였던 그는 콩처럼 보잘것없는 생물도 한 치의 오차 없는 유전 법칙의 지배를 받는다는 사실에서 신의 섭리를 발견한 셈이다. 몇 년 뒤 멘델의 논문을 읽은 프랜시스 골턴Francis Galton은 그 법칙을 완두콩에서 사람으로 확장시켰다. 찰스 다윈의 먼 친척이었던 골턴은 우리가 더 나은 생물을 육성할 수 있다면 더 나은 사람도 육성할 수 있지 않을까 상상했다. 지능과 충성심, 용감성, 정직성과 같은 것들도 유전되는 게 아닐까? 술주정뱅이나 부랑자, 범법자, 난쟁이, 절름발이, 기형적 병신이 없는 세상이 가능하지 않을까? 이렇게 우생학은 탄생한다.

1900년대 우생학은 대서양을 건너 미국 뉴욕 주 헌팅턴에 상륙했다. 골턴을 거의 숭배하다시피 했던 찰스 데이븐포트Charles Davenport는 하버드대학교에서 동물학으로 박사학위를 받은 뒤 시카고대학에서 학생들에게 우생학을 가르쳤다. 그는 단지 상아탑에 갇힌 학자가 아니라 행동하는 개혁가였다. 그는 미국 국민들의 유전자 풀에서 부적격 혈통을 제거하고자 정신병원과 각종 보호시설, 교도소, 병원, 구빈원의 기록을 샅샅이 뒤졌다. 이런 분위기에서 뉴욕의 변호사 매디슨 그랜트Madison Grant가 등장한다. 그는 『위대한 종족의 소멸』이라는 책에서 무분별한 이민법으로 미국인들이 종족 자살을 자행하고 있다고 주장했다. 그랜트가 책을 출판하고 1년 뒤인 1917년 미 의회는 모든 바보와 지진아, 저능아, 심신박약자, 간질환자, 정신이상자와 체질상 심리적 저능인의 입국을 금지하는 이민법을 통과시켰다. 1925년, 그랜트의 책은 급기야 독일어로 번역된다. 유럽에서 탄생한 우생학이 미국에서 고도로 정교한 과학으로 둔갑한 뒤 다시 대서양을 건너 유럽에 역수입된 셈이다. 역사의 비극일까? 그 책은 상병이었던 아돌프 히틀러의 눈에 띄게 된다. 서른여섯 살의 혁명가는 책을 여러 번 탐독한 뒤 그랜트에게 편지를 보낸다. '이 책은 저의 성서입니다.' 히틀러가 정권을 잡고 3년 뒤인 1936년 나치당은 그랜트의 책을 필독서에 포함시킨다. 이후의 이야기는 여러분들이 익히 알고 있을 것이다.

제래드 다이아몬드는 뉴기니 친구의 다음 질문을 단서 삼아 책을 집필했다고 밝힌다. "당신네 백인들은 그렇게 많은 화물을 발전시켜 뉴기니까지 가져왔는데 어째서 우리 흑인들은 그런 화물들을 만들지 못한 겁니까?"[90]

현대 세계가 왜 이렇게 민족과 인종의 불평등에 시달리고 있는 걸까? 왜 중국에서는 서구 유럽에서 일어났던 것과 같은 산업혁명이 일어나지 못했을까? 왜 남미 아즈텍은 고도의 문명을 싹틔우고도 근대화가 그토록 더뎠을까? 오스트레일리아는 어째서 금속 무기나 문자, 정치적으로 복잡한 사회 등을 탄생시키지 못했을까? 다이아몬드는 현대 세계의 불평등과 문명의 상이함에 대한 근원적인 질문을 묻고 그에 대한 설명을 시도하고 있다. 문명의 전개가 어째서 각 대륙에서 서로 다른 속도로 진행되었는지, 그러한 속도 차이는 인류 역사에 어떤 결과를 가져왔는지 고고학과 인류학, 지리학, 역사를 넘나들며 다양한 통계와 문헌들을 제시한다. 부피에 비해 지루하지도 않고 매우 재미있는 책이다. 여름휴가를 이용하여 일독을 권한다.

멍거는 『총, 균, 쇠』에서 무엇을 배웠을까? 역사라는 거대한 흐름 속에 기술의 발달과 문명의 진보를 목도하며 우상향 그래프를 그리는 다우존스지수를 떠올렸을까? 아니면 21세기 새로운 시대의 패자覇者는 서구가 아니라 동양이 될 거라는 확신을 얻었을까? 한 가지 확실한 것은 그 역시 제1세계 미국 주류 백인이며, 게다가 세계 상위 0.1퍼센트 안에 드는 어마어마한 거부로서 지극히 서구적 관점에서 문명을 바라봤을 것이다. 『총, 균, 쇠』가 주는 교훈은 결국 경쟁만이 한 사회나 국가를 건실하게 만들고 경쟁에서 승리한 쪽에서 모든 것을 독차지한다는 것 아닐까? 그런 점에서 재레드 다이아몬드의 글은 우리에게 매우 익숙한 변증법적인 명제로 읽혀진다.

빅터 프랭클의
『죽음의 수용소에서』

    알다시피 멍거는 왕성한 다독가다. 그가 읽은 책들은 매우 철학적이고 전문적인 책에서부터 실용적인 책에 이르기까지 넓은 스펙트럼을 보여 준다. 그중에서 아우슈비츠에서 살아남은 생존자면서 세계적인 심리학자인 빅터 프랭클Victor Emil Frankl의 『죽음의 수용소에서Man's Search for Meaning』를 발견하고 좀 의외다 싶었다. 그는 프랭클처럼 박해를 받았던 유태인도 아니고 직접적으로 전쟁의 상흔을 가진 인물도 아니기 때문이다. 하지만 우리는 객관화를 통해 삶의 다양한 편린들을 읽고 공감할 수 있는 능력을 갖고 있다. 멍거 역시 자신과 무관한 타인의 삶에서 자신의 문제를 발견하고 적극적인 독서로 그 해답을 찾으려 했을 게 분명하다. 개인적으로 필자 역시 대학 전공 덕분에 프랭클의 책을 학부 때 읽었고 이번 기회에 다시 한 번 정독할 수 있는 기회를 얻었다.

    빅터 프랭클은 1905년 3월 오스트리아의 수도 빈의 한 유태인 가정에서 세 자녀 중에 둘째로 태어났다. 그의 아버지는 사회복지과 공무원이었다. 어려서부터 심리학에 관심이 많았던 그는 중학교 때 야간에 응용심리학 강좌를 들을 정도였다. 십 대 때 당대 최고의 심리학자였던 프로이트에게 편지를 보낼 만큼 그는 프로이트의 정신분석학에 매료되었다. 1923년 김나지움을 졸업하고 빈대학에서 의학을 전공한 것도, 의대에서 세부 전공으로 신경과와 정신분석과, 특히 그중에서 우울증과 자살 심리에 집중한 것도 다 인간의 심리에 대한 그의 오랜 관심의 발로였다. 1930년, 의학박사 학위를 받은 후, 프랭클은 자살 시도 여성들을 치료하는 스타인호프 정신병원에서 수련의 과정을 거쳤다. 1937년, 그는 개인 진료를 시작했지만 오스트리아의 나치 합병과 함께 유태인이라는 이유만으로 '아리안' 환자들을 치료할 수 없다는 판정을 받으며 그의 삶에 어두움의 그림자가 드리우기 시작했다. 1940년, 그는 로스차일드 병원에서 신경과장으로 봉직했지만, 4년 뒤 그와 아내, 가족 모두 아우슈비츠로 강제 구금되는 운명을 맞았다. 그곳에서 어머니와 남동생은 가스실에서, 그의 아내는 발진티푸스로, 아버지는 폐부종으로 목숨을 잃었다. 가족 중에 살아남은 사람은 프랭클 자신과 강제 구금 직전에 호주로 이주한 여동생뿐이었다.

가까스로 죽음의 마수서 벗어난 그는 공부를 계속 이어가 1948년 빈대학에서 철학박사 학위를 받는다. 그의 학위논문인 「무의식의 신」은 심리학과 종교의 관계를 고찰하며 향후 그의 평생의 주제를 천착하는 데 디딤돌이 되었다. 1955년, 그는 모교에서 신경과 및 정신의학 교수로 임명되었으며 이후 미국으로 건너가 하버드대학교와 서든감리교대학, 피츠버그의 듀케인대학교에서 교수로 재직했다. 그는 인간에게 가장 중요한 것은 '의미meaning'이며 이 의미를 잃어버린 사람은 산송장과 같다고 생각했다. 이를 기반으로 모든 정신적 문제는 이 의미를 찾는 데 실패한 데에서 원인을 찾을 수 있다는 로고테라피logotherapy 이론을 수립했다. 그는 다시는 꺼내어 보고 싶지도 않은 과거의 기억을 되살려 1946년 독일에서 『죽음의 수용소에서』를 집필한다. 『그럼에도 삶에 예스라고 말하라Trotzdem Ja Zum Leben Sagen』라는 제목의 독일어판은 단 9일 만에 썼다고 알려져 있다. 이후 수십 개의 언어로 번역 출판되며 전 세계에서 수백만 권이 팔리는 베스트셀러가 되었다. 영역본은 1959년에 출간되었으며, 우리나라에는 2005년에 소개되었다. 1991년에는 미국 의회도서관과 「이 달의 책 클럽」에서 실시한 설문조사에서 가장 영향력 있는 10대 책 중 하나로 꼽혔다. 미국 정신의학회는 종교와 정신의학에 대한 중요한 공헌을 인정해 프랭클에게 1985년 오스카 피스터상을 수여했다.

죽음의 수용소에서 생존한 심리학자 빅터 프랭클(출처: google.com)

좀 뜬금없지만, 프랭클의 책을 구체적으로 읽기 전에 영화 「실미도」를 먼저 언급해야겠다. 언제 봐도 감독 강우석은 참 일관된 사람이다.

전작들에서 어김없이 등장하는 국뽕과 손이 오글거리는 신파, 거기에
다 철저히 남자의 시선에서 내러티브를 엮어 가는 마초적 발상에 이르
기까지 어디 하나 빠지지 않는 강 감독만의 원칙이 「실미도」에서도 어
김없이 발휘되었기 때문이다. 필자는 특히 무장한 대원들이 버스를 탈
취하여 국회로 진입하다가 바리케이트로 도로를 봉쇄한 국군과 교전
하는 마지막 장면이 기억에 남는다. 이들은 죽음을 직감하고 자폭을 결
의하는데, 차내 곳곳에 혈서로 주민등록번호와 자신의 이름을 남기기
시작한다. 이전까지 이들은 이름을 잃은, 즉 군번으로만 기억되는 존
재였다. 이 장면은 할리우드 영화 「쇼생크 탈출」에서도 반복된다. 앤디
(팀 로빈스)는 수감 첫날 울음을 터트리다 악마 교도관 해들리(클랜시 브
라운)가 휘두른 곤봉에 머리가 박살 나 죽은 입소자(재소자들은 이들을 신
입, 즉 '피시fish'라 부른다.)의 이름을 묻는다. 누가 먼저 울음을 터트릴지를
두고 담배 내기를 벌였던 동료 재소자 헤이우드(윌리엄 새들러)는 "닥쳐,
여기서 이름이 무슨 소용이야?"라고 힐난한다. 맞다. 이름을 갖는다는
것은 자유를 갖는다는 것과 같다. 자유를 박탈당한 존재에게 이름은 사
치스러운 훈장이다.

　　필자는 프랭클의 『죽음의 수용소에서』에서 자신의 이름을 찾으려
고 발버둥 치는 군상들의 절규를 발견한다.

　　"중요한 것은 오로지 번호뿐이다. 오로지 죄수 번호를 가지고 있을
때에만 그 사람이 의미가 있는 것이다. 사람은 글자 그대로 번호가 되
었다. 그 사람이 죽었는지 살았는지는 그렇게 중요한 문제가 아니다.
그 '번호'의 생명은 철저하게 무시된다. 그 번호의 이면에 있는 것, 즉 그
의 삶은 그렇게 중요한 것이 못 된다. 그의 운명과 그가 살아온 내력 그

245

리고 그의 이름은 중요하지 않다."[91]

프랭클에게 번호는 '의미 없음'이다. 집단이 강조되는 사회, 전체가 개인보다 앞서는 공동체에서 이름은 번호로 대체되며 구성원들의 개성은 익명 속으로 사라진다. '이름을 남긴다'는 것은 그 사람이 의미에 걸맞은 삶을 살았다는 뜻이다. '이름값을 한다'는 것은 자신에게 주어진 운명에 따라 인생에 공적을 쌓았다는 의미다. 조상들은 자신의 가문과 이름에 누가 되지 않기 위해 수양을 게을리하지 않았다. 그래서 명불허전이라는 말만큼 위대한 진리는 드물다. 필자의 이름은 아버지가 지어주셨다. 물론 여기에는 항렬을 따라 이름을 짓는 원칙도 무시하지 않는 배려가 돋보인다. 이름이 의미를 잃어버린 것은 필자가 군대에 입대하면서부터였다. 군번이 새겨진 군복을 입고 짊어지고 다니는 군장에서부터 소총, 탄창, 군화에 이르기까지 모두 군번이 새겨져 있었다.

저자는 언제 죽어도 이상하지 않을 죽음의 수용소에서 두 가지 부류의 사람들을 관찰했다. 한 부류는 자신의 처지를 비관하고 희망을 잃은 이들, 다른 한 부류는 끝까지 삶의 희망을 놓지 않고 현실에서 벗어날 꿈을 꾸는 이들. 프랭클은 모두 똑같이 열악한 환경, 먹는 것에서부터 잠자리까지 모든 게 부족하고 불결한 상황에서 희망의 끈을 끝까지 붙든 이들이 질긴 삶의 가닥을 잡고 가는 것을 지켜보게 된다. 심지어 그들보다 더 유리한 상황, 더 안정적인 삶을 살아갈 수 있는 이들이 삶의 희망을 잃었을 때 쇠약해지고 병들고 서서히 죽어 갔다. 프랭클은 삶의 애착, 더 나아가 생의 의미를 발견한 이들이 더 강인한 정신력으로 죽음의 그림자가 드리운 암담한 현실을 뚫고 생존하는 것을 목도한다. 어쩌면 삶의 의미는 죽음보다 더 강할지 모른다.

246

"병동에 누워 있은 지 사흘째 되는 날, 나는 야근 당번에 편성되었다. 그런데 바로 그때 주치의가 달려와 발진티푸스 환자를 수용하고 있는 다른 수용소에서 의료 자원봉사자로 일하지 않겠냐고 물어 왔다. 친구의 간곡한 만류에도 불구하고 나는 가기로 결심했다. 나는 내가 작업반에 들어갈 경우, 짧은 시간 안에 죽게 될 것이라는 사실을 알고 있었다. 그러나 만약 내가 죽어야 한다면 나는 내 죽음에 어떤 의미를 부여하고 싶었다. 의사로서 내 동료들을 돕다가 죽는 것이 그전처럼 비생산적인 일을 하는 노동자로 무기력하게 살다가 죽는 것보다 확실히 의미 있는 일이라고 생각했다."[92]

프랭클은 죽더라도 의미 있게 죽고 싶었다. 동료를 보살피고 의미 있게 죽는 것이 수용소를 짓고 울타리를 두르고 자신을 가둔 거악巨惡에 부역하며 엎드려 삶을 연명하는 것보다 더 가치 있는 삶이라고 여겼다. 이건 어쩌면 자살을 선택한 것에 가깝다. 일찍이 예수는 "사람이 친구를 위하여 자기 목숨을 버리면 이에서 더 큰 사랑이 없다"고 말했다(요한복음 15장 13절).

프랑스 사회학의 아버지 에밀 뒤르켐Emile Durkheim은 『자살론』에서 자살을 개인의 문제가 아닌 사회의 문제로 규정했다. 뒤르켐은 각국이 통계로 제시한 자살률을 비교하며 특정 범주에 속한 사람들이 그렇지 않은 사람들에 비해 더 빈번히 자살한다는 사실을 알아냈다. 여성보다 남성이, 가톨릭신자보다 개신교인이, 가난한 자보다 부유한 사람이, 기혼자보다는 미혼자가 더 많이 자살한 것이다. 그는 자살을 이기적 자살과 이타적 자살, 아노미적 자살, 숙명적 자살로 구분했는데, 이타적 자살의 범주에는 자기희생이나 순교, 순국과 같이 자신을 희생하여 대의를 지키는 행동을 포함시켰다. 이타적 자살은 당사자가 과도하게 사회나 집단에 통합되어 있을 때, 사회의 가치나 대의를 개인의 가치나 이익보다 더 중요하게 생각할 때 일어난다. 모든 희생은 숭고하다. 물론 도킨스는 이런 희생에 대해 이렇게 말하며 반박할 것이다. "완벽히 이타적인 자살이란 없다. 이타적이라는 건 가장 이기적이라는 것과 다르지 않기 때문이다." 필자는 도킨스의 『이기적 유전자』와 프랭클의 『죽음의 수용소에서』를 함께 읽으며 같은 사안을 두고 전혀 다른 두 가지의 결론에 도달한 관점의 차이에서 현기증을 느꼈다.

우주여행을 파는
21세기 만물상 제프 베조스
(아마존 CEO)

Jeff Bezos

9장

당신의 브랜드(낙인)란
당신이 방에 없을 때
남들이 당신에 관해 말하는 것이다.

_제프 베조스

신화학자 조지프 캠벨Joseph John Campbell은 위대한 인물은 범
상치 않은 출생 배경을 가지고 있다고 말했다. 로마를 건국한 로물루스
와 레무스는 신전의 여사제였던 어머니가 강간을 당한 뒤 얻은 아들들
이었다. 오이디푸스는 불길한 신탁을 받고 아버지에 의해 들판에 유기
된다. 정복왕 윌리엄 1세는 사생아였다. 『성서』에 등장하는 모세는 유
대인 친모에게 버려져 이집트 공주의 손에서 길러진다. 예수도 오늘날
로 치면 미혼모에게서 출생한 셈이다. 이는 우리나라도 마찬가지다. 주
몽과 박혁거세는 모두 알에서 태어났다. 출생의 비범함은 견훤이나 바
리공주, 홍길동 등 헤아릴 수 없이 많은 영웅의 예들이 공통적으로 갖
는 특징이다. 「스타워즈」의 루크 스카이워커는 아버지가 누군지 모르
는 고아다. "아임 유어 파더." 이제는 하나의 밈이 되어 버린 이 망령과

도 같은 명대사를 루크는 그토록 극복하고 싶었던 악의 화신 다스베이더의 입에서 듣는다.

그런 점에서 현재 세계 최고의 갑부이자 조만장자인 베조스는 종종 애플의 수장 고 스티브 잡스와 함께 영웅다운 면모마저 보인다. 그는 1964년 1월 12일 미국 뉴멕시코 주 앨버커키에서 철부지 십 대 부모 사이에서 태어난다. "베조스의 친부 요르겐센은 고등학교를 갓 졸업한 열여덟 살 청소년이었고, 친모 재클린 자이스 역시 열일곱 살에 불과했다."[93] 지역과 동네를 돌며 공연을 하던 작은 서커스단에서 외발자전거를 타던 그는 평소 술 문제를 가지고 있었다. 폭음을 했으며 어린 아내 재클린에게 구타를 일삼았다. 베조스가 태어났을 때 둘은 서로를 지지하며 가정을 안정적으로 꾸려갈 수 없다는 사실을 깨달았다. 결국 둘은 갈라섰다. 베조스가 기저귀도 떼지 않았던 18개월 때였다. 베조스의 아버지는 핏덩이 같은 아들을 어린 아내에게 남겨 두고 다른 지역으로 이사를 갔다. 이렇게 해서, 캠벨의 관점으로 볼 때, 베조스는 영웅의 기준을 충족시켰다. 출생 직후 유기된 사생아나 다름없었기 때문이다.

이후 베조스의 전기를 쓴 작가 브래드 스톤은 2012년 수소문 끝에 베조스의 생물학적 아버지가 애리조나 주 글렌데일에서 작은 자전거점을 운영하고 있다는 사실을 알아냈다. 놀라운 것은 정작 요르겐센이 자신이 버린 생후 18개월 된 아들이 세계 최대의 온라인 쇼핑 플랫폼의 CEO가 되었다는 사실을 전혀 모르고 있었다는 사실이다. 어떤 이유에선지 그 이후로 요르겐센은 자신의 아들과 일절 접촉하지 않았다. 심지어 철저히 매스컴과 거리를 두며 조용히 여생을 보냈다. 항간에는 그가 개인적으로 베조스의 편지를 받았다고 하지만 그 어떤 사실도 철저히 비밀에 부쳤다. 2015년, 그는 원인미상의 질병으로 죽었다. 베조스는 그의 장례식에 참석하지 않았다. 그는 이렇게 말하곤 했다. "나는 친아버지가 어떤 사람인지 궁금한 적이 없다. 친아버지를 상기하는 것은 병원에서 가족 병력에 관해 질문을 받을 때뿐이다. 그럴 때면 그냥 모른다고 써넣는다. 내게 진짜 아버지는 나를 길러 주신 아버지다."[94]

캠벨이 정의한 영웅의 면모에 부합한 CEO 제프 베조스(출처: forbes.com)

잡스는 대학 때 사귀었던 연인 브레넌이 아이를 갖자 그녀를 헌신짝처럼 버린다. 그녀는 딸을 낳았고 딸이 만 1세가 되었을 때 잡스는 법원의 명령으로 DNA 검사를 받아야 했다. "그 결과, 잡스가 친부일 가능성이 94.41%로 나왔다. 캘리포니아 법원은 검사 결과를 토대로 딸에게 매달 양육비로 385달러를 지급하고 친부임을 인정하는 서류에 서명할 것을 명령했다. 하지만 두 모녀에 대한 잡스의 차가운 태도는 이후에도 바뀌지 않았다. 브레넌은 비정한 남편을 둔 벌로 정부에서 나오는 보조금으로 근근이 연명했다고 한다."[95]

잡스가 딸을 버렸다면 베조스는 조강지처를 버렸다. 그는 조만장자

252

에 등극하면서 젊은 시절 함께 온라인 서점 아마존을 만들었던 아내 맥킨지를 버렸다. 세기의 이혼이었다! 맥킨지는 위자료로 350억 달러, 우리나라 돈으로 약 39조 8천억 원을 받았다. 덕분에 이혼과 함께 미국에서 두 번째로 부유한 여성이 되었다. 베조스가 어려움의 터널을 근근이 통과하며 동고동락했던 아내를 버린 이유는 로렌 산체스라는 유부녀 때문이었다. 영웅이 배우자나 연인 등 인간관계에서 겪는 어려움은 보통 자신의 예사롭지 않은 출생에서 비롯한 경우가 많다. 버리거나 도망치거나 아니면 평생을 독신으로 산다.

그런 베조스의 서재에는 어떤 책들이 있을까? 그리스 로마신화나 호메로스의 『일리아스』와 『오디세이아』, 헤로도토스의 『역사』, 버질의 『아이네이스』가 꽂혀 있을까? 잡스처럼 『리어왕』이 꽂혀 있을까? 놀랍게 그는 이시구로의 『남아있는 나날』을 추천했다. 온 세계를 떠들썩하게 만들었던 세기의 이혼을 결행한 사람치고는 어딘지 모르게 로맨틱한 구석이 있다. 그는 이언 뱅크스의 소설들을 함께 읽다가 리처드 도킨스의 『눈먼 시계공』이나 월터 아이작슨의 『벤저민 프랭클린 전기』를 읽기도 한다. 짐 콜린스의 『좋은 기업을 넘어 위대한 기업으로』 같은 경영서를 읽다가도 프레더릭 브룩스의 『맨먼스 미신』과 같은 공학서를 읽기도 한다. 한마디로 잡탕 부야베스가 따로 없다. 이런 독자를 흔히 잡식주의적 독서광이라 부른다. 편집증적으로 한 분야만 파는 고독한 독자가 있는가 하면 베조스처럼 일정한 기준 없이 그때마다 손에 잡히는 대로 책을 읽는 이들도 있다. 전자가 깊이에 강점을 갖는다면, 후자는 넓이에 강점을 갖는다. 어쩌면 후자가 세상의 모든 물건을 다 파는 21세기 만물상 아마존을 경영하는 베조스에게 딱 맞는 독서법일지 모른다.

253

베조스의 서재에 꽂혀 있는 책들

가즈오 이시구로, 『남아있는 나날(민음사)』

앨런 C. 그린버그, 『회장님의 메모(이콘)』

제이슨 프라이드(외), 『리워크: 지금까지 일한 방식은 틀렸다(21세기북스)』

프레더릭 브룩스, 『맨먼스 미신: 소프트웨어 공학에 관한 에세이(케이앤피IT)』

피터 드러커, 『목표를 달성하는 경영자(유엑스리뷰)』

스티브 그랜드, 『Creation: Life and How to Make It』

클레이튼 크리스텐센, 『혁신기업의 딜레마(세종서적)』

마크 제프리, 『마케팅 평가 바이블(전략시티)』

짐 콜린스, 『성공하는 기업들의 8가지 습관(김영사)』 『좋은 기업을 넘어서 위대한 기업으로(김영사)』

엘리야후 골드렛, 『더 골(동양북스)』

나심 탈레브, 『블랙 스완(동아시아)』

샘 월튼, 『샘 월튼: 불황 없는 소비를 창조하라(21세기북스)』

리처드 도킨스, 『눈먼 시계공(사이언스북스)』

월터 아이작슨, 『벤저민 프랭클린: 인생의 발견(21세기북스)』

아치 브라운, 『강한 리더라는 신화(사계절)』

조지 스토크, 『Competing Against Time』

제임스 배럿, 『파이널 인벤션: 인공지능, 인류 최후의 발명(동아시아)』

앤드류 애덤스, 『Think Like a Titan』

크리스치아니 코레아, 『드림 빅(나무한그루)』

조 스터드웰, 『아시아의 힘(프롬북스)』

모이세스 나임, 『The End of Power』

이언 뱅크스, 『플레바스를 생각하라(열린책들)』 『공범(열린책들)』 외 다수

티모시 가이트너, 『스트레스 테스트(인빅투스)』

윌리엄 손다이크, 『아웃사이더(아이지엠세계경영연구원)』

254

서재에서 탄생한 위대한 CEO들

샘 월튼의
『샘 월튼』

세계 최대의 창고형 할인매장 체인인 월마트Walmart는 미국 문화의 상징이자 현대 유통 역사의 기념비와 같다. 월마트는 1962년 미국 아칸소 주의 벤톤빌이라는 시골 마을에 구멍가게 같은 할인매장을 열면서 시작되었다. 당시 미국에서는 포드자동차의 기술적 약진과 전후 시대의 경제성장, 중산층의 확대 등으로 본격적인 '마이카' 시대가 개막하던 시점이었다. 이제 집집마다 자동차를 한 대씩 보유하며 기동성을 확보하게 되면서 더 이상 가게가 집 앞에 있을 필요가 없어진 것이다. 샘 월튼이 월마트를 개척할 때에는 이미 시어스나 타깃과 같은 공룡 유통기업들이 대도시에서 하나둘 대형 할인점을 개장하고 있었다. 후발주자로서 이들과 경쟁하기 위해서는 유통 비용과 마진을 최소화하여 가격을 무조건 낮추는 전략밖에는 없었다. 가격 경쟁력을 확보하려면 땅값이 싼 곳에 대형 창고를 짓고 번들이나 대량으로 물건을 구매할 수 있는 소비자들을 유인해야 했다. 그는 한 번 온 손님이 점차 초저가 물건에 길들여지고 한두 개 아이템을 사던 소비자들이 구매 품목을 늘리면서 장기적으로는 수익률을 높일 수 있을 거라고 판단했다. 이러한 월튼의 판단은 적중했다. 사업을 시작한 지 얼마 되지 않아 월마트는 아칸소 일대에 이미 24개의 마트를 운영할 수 있게 되었다. 1968년에는 아칸소를 벗어나 미시시피와 오클라호마에 점포를 개설하면서 전국구로 영역을 넓혔다. 월마트의 신화는 이렇게 틈새를 파고드는 전략에서 시작되었다.

21세기 유통의 왕이 베조스라면 20세기 유통의 황제는 단연 샘 월튼Sam Walton일 것이다. 그는 1918년 미국 오클라호마 주 킹피셔에서 농부의 아들로 태어났다. 미국뿐 아니라 전 세계를 강타했던 경제 대공황 시기와 맞물려 월튼 가족의 궁핍하고 가난한 삶은 그로 하여금 공부보다는 일찌감치 직업 전선에 뛰어들게 만들었다. 어려서는 아버지의 농장 일을 도와 허드렛일을 했고 십 대 때에는 목장에서 우유를 짜거나 동네에 신문을 돌리면서 푼돈을 벌어야 했다. 고등학교 졸업 후, 그는 가족을 부양하려면 자신의 몸값을 올려야 한다는 생각에 대학에 진학하기로 결심한다. 그가 대학을 갈 수 있는 길은 ROTC 후보생으로 임관하여 장학금을 받는 것밖에 없었다. 입학과 편입 끝에 미주리대학에서 경제학을 전공한 그는 1940년 졸업하자마자 아이오와 주에 있던 J.C.페니에 경영 후보생으로 입사하게 된다. 당시 그는 월급으로 75달러를 받았고 그 직장에 18개월을 다녔다. 그때 태평양전쟁이 일어나며 전쟁의 마수가 미국까지 집어삼킨다. 당시 오클라호마에 소재한 듀퐁 군수물자 공장에 다니고 있었던 월튼은 육군에 지원하여 군 복무를 하게 된다.

전쟁이 누구에게는 위기면서 또 다른 누구에게는 기회가 되기도 한다. 월튼은 분명 후자였던 것 같다. 그는 1945년 제대와 함께 군에서 장병들에게 주는 혜택을 이용하여 2만 달러가량 사업 자금을 융통할 수 있었고, 이를 가지고 아칸소 주 뉴포트에 벤프랭클린이라는 조그만 상점을 개장하게 된다. 그의 나이 26세였다. 농장 일을 하며 몸에 밴 부지런함과 대학에서 배운 경영 노하우 덕분에 상점은 개장한 지 3년 만에 판매량이 8만 달러에서 22만 5천 달러로 급상승했다. 자고로 장수가 너무 전투를 잘하면 왕이 시기를 하고, 상인이 너무 장사를 잘하면 주인이 욕심을 부린다는 옛말이 있다. 건물주는 월튼의 성공을 눈여겨보았고 임대계약을 갱신할 때쯤 되었을 때 월튼을 쫓아내고 말았다. 자신의 손으로 악착같이 일군 상점을 눈 뜨고 코 베이는 식으로 잃어버리자, 월튼은 자기 소유의 상점이 비즈니스에서 얼마나 소중한지 뼈저리게 깨닫는다. 그 깨달음의 결과가 앞서 말한 아칸소의 벤톤빌 매장이었다.

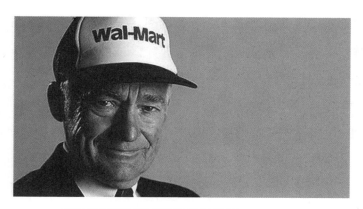

유통의 형태를 바꿔 버린 월마트의 창업자 샘 월튼(출처: google.com)

월튼의 월마트는 유통과 물류의 혁신을 이룩했다. 까르푸나 월마트

257

가 우리나라에서는 맥을 못 추고 퇴출되었지만 전 세계에서 창고형 할인매장 월마트의 아성은 여전하다. 그는 전문적인 경영 철학을 갖춘 제대로 된 1세대 유통업계 CEO면서 오늘과 같은 할인매장 유통의 패러다임을 구축한 설계자로 평가받는다. 그런 그를 오늘날 인터넷 만물상을 경영하는 베조스가 리스펙트하는 것은 어찌 보면 지극히 당연한 일일지 모른다. 월튼의 전기에는 다섯 배나 많이 오주문한 문파이를 처리하기 위해 매장에서 문파이 먹기 대회를 열거나, 소비자들을 끌어모으기 위해 특가상품 TV를 매장에 숨겨 놓고 보물찾기를 벌인 일화 등 샘월튼이 얼마나 창의적인 아이디어를 가진 사업가였는지 자세히 소개되어 있다. 그 바탕에는 고객을 제일로 놓는 그의 서비스 정신이 깔려 있다.

"소매업에 뛰어든 이래 나는 줄곧 하나의 기본 원칙을 고수해 왔다. … 즉 소매업에 있어서 성공의 열쇠는 고객에게 그들이 원하는 것을 주는 것이다. 그리고 실제로 고객들은 품질 좋은 상품의 폭넓은 구색과 최저 가격, 구매한 물건에 대한 만족 보증, 친절하고 똑똑한 서비스, 편리한 이용 시간, 자유로운 주차, 즐거운 쇼핑 경험 등 모든 편의를 바랄 것이다."[96]

베조스가 월튼에게 배웠던 가치는 혁신이었다. 월튼는 유통업계에서 거의 최초로 위성 시스템을 이용하여 재고 관리를 시행한 인물이었다.

"일단 인공위성의 레이더 전파탐지 장치를 상점 내에 갖추게 되자 우리는 전화선을 통해 그 모든 데이터를 벤톤빌로 모을 수 있었기 때문에 위성 시스템은 절대적으로 필요한 것이 되었다. … 위성 시스템은 우리에게 굉장한 도구였고, 우리의 기술진들은 그것을 우리 회사 최대의 경쟁 우위로 이용할 수 있도록 방법을 찾아내는 굉장한 일을 해냈다."[97]

이러한 인공위성 시스템 덕분에 월마트는 재고 품목 하나하나의 회전 기록을 확보하게 되었고 분기별로 판매 추이에 대한 향후 전망을 정확하게 세울 수 있었다. 덕분에 한발 앞선 상품 프로모션과 분명한 재고 관리를 통해 획기적으로 비용을 절감할 수 있었다. 이는 고스란히 가격 인하로 이어졌다. 월마트가 경쟁자들을 이길 수 있었던 원인은 이처럼 자신들이 판매하는 물건에 대한 정확한 정보를 가지고 있었다는 데에서 찾을 수 있다. 이는 아마존도 마찬가지다. 2021년 아마존은 카이퍼Kuiper 프로젝트의 일환으로 2022년 말에 인공위성 2대를 우주로 쏘아 올릴 계획을 밝혔다. 지상의 물류 전쟁이 이제 우주의 위성 전쟁으로 확대된 셈이다.

모든 성공에는 숨은 조력자만큼 라이벌이 있는 법이다. 이병철에게는 정주영이 있었고, 김영삼에게는 김대중이 있었다. 월마트도 라이벌이 있었다. 바로 K마트였는데, 월마트가 막 성장하던 때 K마트는 매출이 월마트의 30배를 훌쩍 넘어서는 강적이었다.

"우리는 50개 남짓한 월마트와 11개의 잡화점에서 연간 8,000만 달러의 매출을 올렸던 데 반해, K마트는 500개 상점에서 연간 30억 달러 이상을 벌어들이고 있었다. K마트는 1962는 월마트의 첫 상점을 개점한 이래로 쭉 내 관심 대상이 되어 왔다. 나는 부지런히 K마트 상점들을 방문했다. 왜냐하면 K마트 상점들은 나의 연구 대상이었고, 우리보다 더 잘해 내고 있었기 때문이었다. 나는 많은 시간을 그들의 상점을 돌

259

아다니면서, 그 회사 직원들과 이야기를 나누고 그들이 어떻게 일을 해 나가고 있는지를 알려고 노력했다."[98]

맥도날드의 창업자 크록이 경쟁 식당의 쓰레기통을 뒤졌다는 일화처럼 월마트는 K마트의 경영 전략을 빠르게 벤치마킹했다. 경쟁자가 있었기 때문에 월마트는 오늘날 세계 최고의 유통기업이 될 수 있었다.

"우리의 경쟁자들은 우리를 강하게 단련시켜 주었다. K마트가 없었다면 우리가 오늘날만큼 훌륭한 기업이 될 수 없었으리라는 것은 지극히 명백하다."[99]

지금 월마트의 경쟁자는 단연 아마존이다. 월마트는 온라인 베이스의 아마존을 극복하기 위해 '아마존보다 더 싼 가격'을 내세운 제트닷컴과 온라인 신발 쇼핑몰인 슈바이ShoeBuy, 온라인 아웃도어 쇼핑몰인 무스조Moosejaw를 공격적으로 인수했다. 기존의 오프라인에서 가졌던 자신들의 강점을 온라인까지 확대하겠다는 전략이다.

세계는 시장을 오프라인과 온라인으로 양분하는 월마트와 아마존의 강대강 몸집 불리기 싸움을 숨죽이며 지켜보고 있다. 한 학자는 '월마트화'가 세상의 모든 물류를 집어삼킬 것이라고 경고한다. "월마트를 옹호하는 사람들은 어쨌든 월마트가 가난한 이들에게 백만 개 이상의 일자리를 제공했다고 말하지만, 월마트가 근로 빈곤working poor에 시달리는 일자리 백만 개를 만드는 지난 30년간 미국에선 그보다 몇 배 빠른 속도로 괜찮은 직장들이 사라져 가고 있다. 월마트의 영업 방식은 해외의 노동력에서 매장 내부의 노동력에 이르기까지 최저 가격을 요구하는데, 이것은 노동자들을 영구히 가난에서 벗어나지 못하도록 만든다. 이것이 세계화의 또 다른 이름인 월마트화WAL-Martization이다."[100]

월마트화의 방식은 간단하다. 전 세계 6만 5천여 개의 납품업체들은 월마트의 요구 조건을 맞추기 위해 제조 단가를 낮추게 되고, 원료와 생산에서 더 이상 손댈 곳이 없게 되면 결국 사람을 건드릴 수밖에 없다. 이렇게 원가 절감이라는 미명하에 노동자들의 임금 조건과 복지는 점차 악화되고 근로 조건은 더욱 불리하게 조정될 것이다.

그런 의미에서 베조스가 월튼을 자신의 사업 철학으로 삼았던 것은 결코 우연히 아닐지도 모른다. 그는 2013년 영국 BBC가 선정한 '올해 최고의 CEO'에 이름을 올렸지만, 이듬해인 2014년 국제노총ITUC이 선정한 '올해 최악의 CEO'로도 선정되었다. "2015년부터 2017년까지 3년간 영국에 산재한 14개 아마존 물류센터로 응급차가 출동한 건수가 600건이나 된다는 통계가 있다. 2019년에는 미국의 한 아마존 창고에서 제품 스캔 및 재고 정리 업무를 하던 남성 직원이 심장마비로 쓰러져 사망하는 사건이 발생했다. 아마존은 그가 바닥에 쓰러졌음에도 아무런 응급 조치를 취하지 않고 20여 분 방치했다는 비난을 받았다. 그 덕분에 아마존은 2019년 미국 산업안전건강위원회가 꼽은 '올해 가장 일하기 위험한 사업장' 12속 중 하나로 꼽히기도 했다."[101]

최근 베조스는 샘 월튼도 달성하지 못했던 꿈을 꾸기 시작했다. 모바일 로봇 전문업체 키바 시스템즈Kiva Systems를 통해 사람을 기계로 대체하는 것이다. 기계는 인간처럼 파업도 태업도 하지 않는다. 임금을 올려 달라고 떼쓰지도 않는다. 결국 아마존 왕국의 지향점은 무인점포, 무인 물류 공장에 있다.

프레더릭 브룩스의
『맨먼스 미신』

프레더릭 브룩스의 『맨먼스 미신』은 비록 오래된 책이지만 프로그래머들에게는 하나의 성서와도 같은 책이다. 저자 프레더릭 브룩스Frederick Philips Brooks는 미국의 1세대 컴퓨터 과학자이자 소프트웨어 엔지니어다. 1953년 듀크대학교를 졸업하고 3년 뒤 하버드대학교에서 전산학으로 박사학위를 땄으며 이후 IBM에 입사해 시스템/360 개발을 지휘한 것으로 유명하다. 이후 노스캐롤라이나대학 컴퓨터공학과를 설립해 학과장으로 20년간 봉직했다. 그가 1975년 쓴 『맨먼스 미신 The Mythical Man-Month』은 프로그래밍과 소프트웨어 개발에 있어 유명한 브룩스의 법칙을 소개하는 전문서로 오래전에 출간된 책임에도 불구하고 여전히 많은 프로그래머들에게 필독서로 꼽힌다.

저자는 컴퓨터상에서 프로그램을 작성하는 것은 마치 시를 창작하는 것과 유사하다고 말한다. 둘 다 순수에 가까운 사고를 요구하기 때문이다. 프로그래밍은 어쩌면 모든 것이 혼돈 가운데 있던 상태의 무에서 유를 창조한 신의 창세創世를 닮았다. 프로그래머 역시 아무것도 없

서재에서 탄생한 위대한 CEO들

는 무에서 오로지 상상력만으로 성을 쌓는 작업을 감행한다. 동시에 프로그래밍은 시 창작과 달리 가시적인 출력물을 만들어 낸다는 점에서 그 의미가 남다르다. 프로그래머는 백지 위에서 성을 쌓고 그 성으로 신화와 전설 속에만 있던 마법을 현실에 구현한다. 그림을 그리고 음악을 창출하며 목표물을 조준하여 발사한 미사일의 궤도를 마음대로 바꿀 수도 있다. 그래서 프로그래머들은 흔히 끝도 없는 낙관주의에 빠지기 쉽다. 개발 과정에서 생기는 예기치 못한 난관들은 프로그래머들의 머릿속에서 찾아볼 수 없다. 아직 세상에 모습을 드러내지 않은 아이디어는 펜과 잉크로 종이 위에 써놓은 조직도처럼 말끔하다.

"그래서 구현은 시간과 땀을 필요로 하는 작업이다. 이는 물리적 매체의 한계와 그 밑바탕에 깔린 아이디어의 현실 부적합성 등 두 가지 요인이 모두 작용한 결과다. 구현의 어려움에 대하여 대부분 물리적 매체를 탓하는 경향이 많다. '우리 것'이 아닌 매체가 우리의 아이디어를 방해한다는 핑계다. 하지만 이것은 우리의 자만심에 의하여 왜곡된 판단이라고 봐야 한다."[102]

하지만 이보다 더 큰 문제는 따로 있다. "두 번째로 잘못된 사고방식은 바로 견적과 일정에 사용되는 노력의 단위, 즉 맨먼스Man-Month로 표현된다. 인력의 숫자와 개월의 숫자를 곱한 결과와 마찬가지로 비용도 경우에 따라 다르다. 진행은 그렇지 않다. 그러므로 업무의 크기를 측정하는 단위로 맨먼스를 쓰는 것은 위험하고 속기 쉬운 허구(미신)다. 그것은 인력과 기간은 상호 교환이 가능하다는 의미를 내포한다."[103]

흔히 누군가 도움이 필요할 때 우리는 '일손이 필요하다'고 말한다. 영화 「기생충」에 나오는 것처럼, 피자 박스를 일일이 손으로 접는 단순

작업의 경우라면 한 사람이라도 일손이 추가되면 그만큼 일의 생산성은 올라간다. 딸기밭이나 고추밭에서 상품을 따거나 택배 물류센터에서 상하차 알바를 하는 경우도 마찬가지다. 한 사람의 노동력이 더해질수록 그만큼 일의 속도는 빨라진다. 하지만 시스템 프로그래밍은 그렇지 않다. 일손을 투입하더라도 어느 수준 이상으로는 일정을 단축시키는 효과가 전혀 일어나지 않는다. 차이는 작업이 분할 가능한 작업이냐 그렇지 않느냐에 달려 있다. 분할이 불가능한 작업의 경우 작업자들이 더 달라붙더라도 문제해결 능력은 더 이상 향상되지 않는다. 이를 도표로 나타내면 다음과 같다.

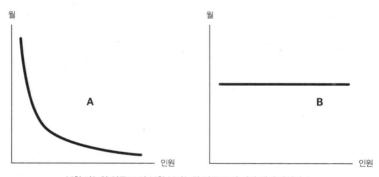

분할 가능한 임무(좌)와 분할 불가능한 임무(우)의 시간 대비 작업자 수

A는 논에 모내기를 할 때나 수확 철에 옥수수를 따는 작업에서 볼 수 있는 그래프다. 다행스럽게도 농활 대학생들이 시골에 와서 한창 바쁜 농부들의 일손을 보태거나, 고맙게도 지역 군부대에서 모내기 철에 군인들을 보내 주어 일사분란하게 오와 열을 맞춰 구령에 따라 벼를 심으면 일은 훨씬 수월하게 종료된다. 10명이 서너 일 걸려 할 일을 100명

264

이 하루 안에 끝낼 수 있는 게 이런 일감이다. 우리 주변에는 얼마든지 이런 일들을 찾아볼 수 있다. 반면 B는 전혀 다른 성질의 작업을 나타내는 그래프다. 작업에 대한 일정한 지식과 이해를 가지고 있지 않은 사람이라면 현장에 투입된다 할지라도 별로 도움이 되지 않는다. 일정한 작업자 수가 넘어가면 더 이상 작업의 효율은 늘지 않는다. 브룩스는 여기서 단순히 분할의 가능성 유무로 작업의 종류를 나누는 것은 너무 단선적인 이해라고 말한다. 여기에 커뮤니케이션이 추가되면 좀 다른 문제가 되기 때문이다.

"커뮤니케이션 때문에 추가되는 부담은 훈련과 상호 커뮤니케이션의 두 부분으로 구성된다. 모든 작업자가 기술, 작업 목표, 전반적인 전략 그리고 작업 계획에 대하여 훈련받아야 한다. 이런 훈련은 분할할 수 없다. 그러므로 여기에 추가되는 노력은 작업자의 수에 비례한다."[104] 이를 도표로 나타내면 다음과 같다.

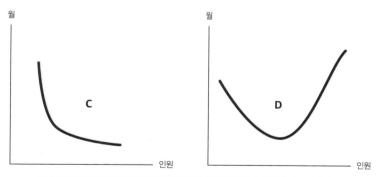

커뮤니케이션이 가능한 임무(좌)와 상호 관계가 복잡한 임무(우)의 시간 대비 작업자 수

우선 전문적인 훈련이 필요한 작업의 경우 숙련된 작업자가 늘어난다면 작업의 완성 기간을 단축시킬 수 있을 것이다. 이 상황은 고급 인

력이 투여되는 작업을 떠올리면 쉽게 이해할 수 있다. 하지만 상호 커뮤니케이션이 필요한 작업이라면 상황은 또 달라진다. 작업자가 셋이 되면 둘일 때보다 상호 커뮤니케이션의 필요성이 세 배 증가한다. 작업자가 넷이 되면 둘일 때보다 여섯 배만큼 상호 커뮤니케이션이 있어야 원활한 작업이 이뤄질 수 있다. 다시 말해서, 일정한 기술과 훈련을 거친 작업자라 하더라도 독립적으로 분할해서 작업하는 경우가 아니라 다른 동료와 '손발을 맞춰야 하는' 작업이라면 일의 시너지가 날 때까지는 커뮤니케이션의 부담이 증가할 수밖에 없을 것이다. 그것이 마치 TV 「생활의 달인」에 나올 법한 숙련자들, 이를테면 십수 년간 초밥을 만든 주방장이 마치 저울을 쓰는 것처럼 20그램의 초밥 양을 순식간에 만들어 내는 일이라면 다른 작업자와의 협업이나 커뮤니케이션이 필요하지 않기 때문에 숙련된 기술을 가진 유사한 주방장이 많으면 많을수록 완성되는 초밥양은 늘어나는 것과 같다. 하지만 여러 명의 숙련공들이 달려들어 일련의 조립공정으로 제조되는 완성차의 경우에서처럼 숙련도와 함께 작업자들 간의 상호 커뮤니케이션이 절대적으로 필요한 작업이라면 C 그래프에서처럼 동료들이나 팀과 일정한 합을 맞추는 시간이 필요하다.

하지만 소프트웨어를 구축하는 작업은 내재적으로 복잡한 상호 관계가 필요하다. 이 작업은 C와는 본질적으로 다르다. D 그래프에서 보는 바와 같이 인력이 늘어나면 처음에는 시간이 줄어드는 것처럼 보여도 결국 더 많은 시간을 들일 수밖에 없게 된다.

"이는 분할에 의하여 줄어든 개별적인 작업 시간을 순식간에 잡아먹게 된다. 그래서 인력을 추가하면 일정이 단축되기보다는 오히려 연장되는 것이다."[105]

프로그래밍이란 손발을 맞추는 기계적인 작업이 아니라 창조적인 작업이기 때문에 작업자가 늘어나면 도리어 합을 맞추는 데 시간만 더 잡아먹게 된다. 소위 '사공이 많으면 배가 산으로 간다'는 속담이 여기에 해당한다. 결국 작업에 투여된 인력은 줄이면서 일정은 조금 느슨하게 잡는 게 좋다. 비관주의는 아니라 할지라도 낙관주의를 현실주의 수준으로 낮추고 기존의 작업팀에 새로운 인력을 보강하는 실수를 저지르지 말고 늦으면 늦는 대로 팀원들에게 작업을 계속 믿고 맡기는 게 필요하다. 이에 저자는 소위 브룩스의 법칙Brook's Law을 제시한다. '일정이 늦어진 소프트웨어 프로젝트에 인력을 더 추가하는 것은 일정을 더 늦추는 결과만 낳을 뿐이다.'

브룩스는 이러한 문제점을 성서의 바벨탑 신화에 비유한다. 바벨탑은 커뮤니케이션의 부재로 결국 실패하고 말았다. "그 이름을 바벨이라 하니 이는 여호와께서 거기서 온 땅의 언어를 혼잡하게 하셨음이니라. 여호와께서 거기서 그들을 온 지면에 흩으셨더라."(창세기 11장 9절) 프로젝트에 임하는 팀원들은 브리핑이나 이메일, 회의 등을 통해 가능한 많은 방법을 동원하여 커뮤니케이션을 해야 한다. 결국 맨먼스는 사람과 시간을 상호 교환할 수 있다는 그릇된 가정에 기반하고 있기 때문에 개발팀을 이끄는 관리자라면 반드시 피해야 할 불합리하고 위험한 미신이다. 소프트웨어 프로젝트에 인력을 추가할 때 수용 가능한 총 노동력은 세 가지 측면에서 증가하는데, 작업과 혼란이 계속 반복되고, 시간을 들여 새로 투입된 인력을 계속 훈련시켜야 하며, 상호 커뮤니케이션의 필요성이 증가한다. 브룩스는 프로그램을 설계하려면 규모에 상

267

관없이 최종적으로 한 사람 혹은 두 사람이 키를 쥐고 주도하는 게 바람직하다고 주장한다. 하위 그룹에서 자잘하고 디테일한 부분에 인력이 많이 투여될 수는 있어도 결국 결정권자는 한 명이어야 한다는 것. 비유하자면 프로그램이나 소프트웨어를 만드는 작업은 대의 민주주의가 아니라 귀족정치aristocracy와 같다.

서재에서 탄생한 위대한 CEO들

가즈오 이시구로의
『남아있는 나날』

브룩스의 『맨먼스 미신』이 전문적인 공학서였다면, 가즈오 이시구로의 『남아있는 나날』은 베조스의 서재에서 꺼낸 말랑말랑하고 달달한 로맨스 소설이다. 우선 가즈오 이시구로石黑一雄는 원폭의 상흔이 고스란히 남아있던 1954년 일본의 나가사키에서 해양학자인 아버지 밑에서 태어났다. 그가 6세 되던 1960년, 영국 국립해양학연구소 연구원으로 가게 된 아버지를 따라 영국으로 이주했다. 그는 너무 어린 시절 영국으로 이민을 가는 바람에 일본에 대한 기억은 거의 가지고 있지 못하다고 고백한다. 생김새와 이름을 제외하고 조국인 일본에 대한 흔적은 그에게 거의 남아 있지 않은 셈이다. 그는 어려서부터 영미문학에 관심이 많았는데, 특히 켄트대학교에서 영문학과 철학을 전공했으며 이스트앵글리아대학교 문예창작과에서 석사학위를 취득했다. 일본어가 아닌 영어로 소설을 쓰며 1989년 그의 세 번째 소설인 『남아있는 나날The Remains of the Day』로 맨부커상을 수상했고, 2017년에는 일본인 출신 문학가로서 1968년 『설국』의 카와바타 야스나리川端 康成와 1994년 『타오르는 푸른 나무』의 오에 겐자부로大江健三郎 다음으로 세 번째 노벨문학상을 수상했다. 1993년에는 『남아있는 나날』이 영화로도 제작되었는데, 앤서니 홉킨스와 엠마 톰슨이 주연을 맡아 화제가 되기도 했다. 이시구로는 현재도 정력적으로 작품을 쓰고 있으며 2021년 최근에 신작 『클라라와 태양Klara and the Sun』을 발표하기도 했다.

가즈오 이시구로(출처: google.com)

『남아있는 나날』은 주인공 집사 스티븐스가 과거 달링턴 저택에서 일했던 켄턴 양을 만나러 가면서 겪는 6일간의 여행기다. 스티븐스가 36년간 집사로 살았던 제2의 고향과도 같은 달링턴 저택은 그가 주인으로 모시던 달링턴 경이 사망하자 미국인 패러데이 씨에게 넘어가게 된다. 그때 집사 스티븐스는 저택에 딸린 "일괄 판매 품목의 하나"로 같이 처분되는 운명을 맞는다. 소설은 결혼과 함께 일을 그만두고 저택을 떠난 켄턴 양으로부터 오랜만에 편지가 당도하면서 시작된다. 편지 속에서 그녀의 복직 의사가 명시적으로 나타나진 않았지만 행간에서 켄턴 양이 과거 저택에서 자신과 함께 일했던 나날을 그리워한다는 정서를 읽어 내고, 주인으로부터 모처럼 허락받은 일주일간의 휴가도 즐길 겸 그녀에게 다시 자신과 함께 일할 것을 권하려는 생각에 스티븐스는 그녀가 살고 있는 곳으로 여행을 떠난다. 주인이 제공해준 자동차를 직접 몰며 한적한 영국 남부 지역을 유람하는 호사를 누리는 집사 스티븐스. 켄턴 양이 사는 동네에 가까워질수록 묘하게 그녀에 대해 오랫동안 정리하지 않은 여운의 감정이 남아 있음을 깨닫게 된다. 스스로 단 한 번도 인정하지 않았던 그 감정 말이다.

주인공 스티븐스의 직업은 집사다. 그것도 자부심이 하늘을 찌르는 집사다. 그의 아버지 역시 집사였다. 영국의 대저택에서 주인을 정성껏 모시는 집사로서 스티븐스의 자부심은 자신이 맡은 임무를 완벽하게 소화해 내는 전문성에서 나왔다. 누구를 섬긴다는 것은 누구를 지배하는 것보다 더 위대한 일이며, 나아가 노예나 종이 아닌 자발적 신분의 집사로서 한 인간의 복지와 안녕을 위해 가능한 모든 서비스를 제공하는 것은 가장 숭고한 가치를 지닌 일이다. 하물며 자신이 섬기는 대상이 나라의 중요한 대소사를 책임지는 핵심 정치가이자 어디 내놓아도 손색없는 영국의 신사라 할진대 집사로서의 소임은 지구상의 그 어떤 다른 일과 견주어도 결코 뒤떨어지거나 초라하지 않다고 믿었다.

"자신이 봉사해 온 세월을 돌아보며, 나는 위대한 신사에게 내 재능을 바쳤노라고, 그래서 그 신사를 통해 인류에 봉사했노라고 말할 수 있는 사람, 그런 사람만이 '위대한' 집사가 될 수 있다."[106]

그래서 저택을 사들인 패러데이 어르신이 지인에게 자신을 요즘에 보기 드문 진짜배기 영국 집사라고 소개할 때 스티븐스는 스스로를 더

없이 자랑스러워한 것이다.

"스티븐스 당신은 정말 진품이라고. 진정한 영국의 노집사. 이 집에 30년 넘게 있으면서 영국의 진정한 귀족을 모셔 왔다고 했소."[107]

당연히 스티븐스의 촉각은 오로지 주인과 그의 지인들을 모시는 일에 집중되어 있었다. 그들이 자신의 서비스에 한 터럭만큼의 불편함이라도 느낀다면 그는 아마 혀를 깨물고 자살할 정도로 자신을 용납하지 못할 것이었다. 특히 그가 자신의 서비스를 자랑스러워하는 이유 중 하나는 자신이 섬기는 대상이 자신의 봉사가 갖는 가치를 결정한다는 전통적인 영국 집사 특유의 사고방식 때문이었다.

"우리는 더 나은 세상을 만드는 데 작게나마 기여하고 싶다는 소망을 가슴에 품고 있었으며, 직업인으로서 그 소망을 실현하는 가장 확실한 방법은 문명을 떠맡고 있는 우리 시대의 위대한 신사를 섬기는 것이라고 보았다."[108]

그래서 그는 집사로서 위대한 임무를 망각하고 대놓고 태업을 시전하거나 은근슬쩍 주인의 눈을 피해 농땡이를 피우는 자들, 자신의 일에 충심으로 임하지 않고 마치 연애가 본업인 양 이리저리 자리를 옮겨 다니는 아마추어들을 지독히도 경멸해왔다. 특히 할 일은 산더미처럼 쌓여 있는데 연애를 핑계 대거나 결혼을 한답시고 갑작스레 맡은 바 임무에서 이탈하는 집사들을 '해충과 같은 존재'로 치부했었다.

그는 모든 면에서 완벽한 집사였다. 자신에게 유일하게 부족한 점은 유머 감각뿐이라고 굳게 믿고 있었다. 유머 감각이라는 문제도 주인과의 대화 중에 자신이 임무를 수행하는 가운데 주인의 마음을 유쾌하게 만들어야 한다는 스티븐스만의 고집에서 나온 것이었다.

272

"전문가에게 농담은 결코 터무니없는 의무가 아니라 주인의 입장에서 얼마든지 기대할 수 있는 의무라는 생각마저 든다. 물론 나는 농담의 기술을 발전시키고자 이미 많은 시간을 투자해 왔지만, 내 모든 역량을 바쳐 농담이라는 이 직무에 접근한 적은 없다고 할 수 있다. 그러니 내일 달링턴 홀로 돌아가면 새로운 각오로 연습에 임해야 할 것이다."[109]

이렇게 재미라고는 눈 씻고 찾아도 좁쌀만 한 단서조차 발견할 수 없는 융통성 제로의 사내에게 청춘사업이 가당키나 할까? 그에게 신이 부여한 존재의 이유는 오로지 주인을 제 목숨처럼 섬기다 늙고 꼬부라져 덜덜 떨리는 손으로 더 이상 찻잔 하나 제대로 들 수 없을 때 은퇴하여 대저택의 뒤뜰에 마련된 공동묘지에 조용히 묻히는 게 전부였다.

어느 날, 켄턴 양은 외출 후 돌아와서는 자신이 오늘 밤 누구를 만나고 왔는지 그 지인과 무슨 일이 있었는지 전혀 궁금해하지 않는 그에게 분노를 표출한다. "스티븐스 씨, 오늘 밤 제 지인과 저 사이에 무슨 일이 있었는지 전혀 궁금하지도 않으신가요?"

그는 자신이 모시는 영국 총리와 외무장관, 독일 대사가 나누는 중요한 대화와 그에 따라 시시각각 변하는 국제 정세에 온통 정신이 팔려 있을 뿐 흔들리는 자신을 붙잡아 달라고 구조 신호를 보내는 그녀의 복잡한 속내를 들여다볼 정서적 여유를 갖지 못한다.

"미안하지만 켄턴 양, 저는 당장 위층으로 올라가 봐야 합니다. 지금 이 순간 세계적으로 중요한 사건이 이 저택에서 진행되고 있어서요."

마음을 몰라주는 남자에게 여자는 폭탄선언을 한다. "그렇게 급하시다면 요지만 말씀드리지요. 그의 청혼을 수락했어요."

스티븐스는 그녀가 결혼을 결심했다는 사실보다 그녀가 담당하던 자리에 갑자기 결원이 생기는 게 더 걱정스러워졌다. 이 정도면 정말이지 젊음과 영혼을 모두 갈아 넣었다고 할 만큼 집사직에 생의 전부를 바친 셈이다. 자신의 말에 별로 놀라지 않는 남자에게 여자는 으름장을 놓는다. "물론 사직서는 내겠습니다만 하루라도 빨리 저를 놓아 주시면 감사하겠어요." 축하한다는 빈말이 돌아온다. 여자는 남자에게 따진다. "제가 이 집에서 일해 온 지 여러 해가 되었건만, 떠난다는 소식에 겨우 축하한다는 얘기밖에 못하시나요?"

"켄턴 양, 나는 진심으로 축하했을 뿐이오. 거듭 말하지만 지금 위층에서 중차대한 일이 진행되고 있기 때문에 속히 내 자리로 돌아가 봐야 하오."[110]

『남아있는 나날』은 어떻게 끝날까? 켄턴 양과 스티븐스는 어떻게 될까? 스포일러가 되고 싶지 않기 때문에 결말은 독자분이 직접 읽어 보기를 바란다. 켄턴 양과의 만남이 끝난 이후 소설은 웨이머스의 선착장에서 우연히 작은 저택의 집사였던 한 사내를 만나 위로의 말을 듣고 난 후의 스티븐스의 모습을 보여 준다. 그는 이윽고 새 주인이 건네는 미국식 농담에 어떻게 영국 집사의 체통을 지키며 유머와 품격이 느껴지도록 받아칠 수 있을까를 고심하는 자신을 발견한다. 일주일 여행의 결말은 뫼비우스 띠와 같다. 결국 스티븐스는 그렇게 자신의 자리로 돌아왔기 때문이다.

소프트웨어 왕국을 세운
아나콘다 빌 게이츠
(마이크로소프트 창업자)

Bill Gates

10장

제 배움의 원천은
독서입니다.

_빌 게이츠

_____ 1995년, 인터넷 시대가 막 밝아 오고 있을 때, 마이크로소프트의 CEO 빌 게이츠는 '인터넷 해일The Internet Tidal Wave'이라고 불리는 메모를 마이크로소프트의 경영진에게 보낸 것으로 유명하다. 그는 그 속에서 정보초고속화도로information superhighway가 자신이 창조한 컴퓨터 산업을 앞지르려 한다는 사실을 정확히 예측하고 회사가 급변하는 산업 지형에 적응할 것을 주문했다. 이런 창의적 발상은 평소 독서에서 나온 것으로 게이츠가 독서에 회사의 사활을 걸게 된 이유가 여기에 있다. 그는 한 해 두 차례 일주일간 '생각 주간Think Weeks'을 갖는다.

"게이츠는 요즘에도 분기마다 책을 챙겨 워싱턴 주 후드 운하 근처에 있는 작은 오두막으로 일주일 동안 휴가를 떠난다. 그리고 그곳에서 책을 읽으며 생각을 정리한다. '생각 주간'이라고 불리는 이 스케줄은 그가 마이크로소프트를 창업하고 시작한 이래 지금까지 꾸준히 지키고 있는 루틴이다. 그는 매해 생각 주간에 적어도 50여 권의 책을 읽는다고 한다. 리더reader는 리더leader다. 책에서 미래의 방향을 찾는 부자, 그야말로 21세기가 바라는 부자의 진정한 모습이 아닐까?"[11]

게이츠는 지난 수십 년간 태평양 북서부 2층짜리 외딴 오두막으로 매년 두 번씩 일주일간 휴가를 떠났다. 그곳에 있는 동안, 그는 모든 기술과 문명의 이기와 단절하고 모든 가족, 친구, 직원들로부터 스스로를 유폐시킨다. 오로지 그에게 매일 두 끼의 소박한 식사를 제공하고 다이어트 오렌지 크러쉬 탄산음료를 계속 공급해 주는 직원 한 명을 제외하고 말이다. 이 고독의 누에고치 속에 있는 동안 그는 그가 트렁크에 짊어지고 들어간 수십 권의 책들과 함께 신문 기사, 업계 뉴스, 각종 보고서를 닥치는 대로 읽는다. 그는 또한 자신이 읽은 내용에 대한 반응을 적고 적극적으로 심사숙고하여 새로운 아이디어와 발상을 기록한다. 그의 이런 생각 주간 전략은 당장 효과가 있었다. 게이츠는 앞서 언급한 '인터넷 해일' 메모 외에도 마이크로소프트의 태블릿 PC와 다른 회사 혁신에 대한 아이디어를 생각해 냈다고 한다. 그에게 생각 주간은 여느 대기업 CEO들이 즐기는 호화로운 휴가가 아니다. 인터넷과 마라톤 회의, 각종 매스컴과 미디어, 그리고 동료들의 방해로부터 자유로운 환경에 스스로를 놓으며 게이츠는 정신적으로 혼란스러운 것들을 치우고 오로지 자신의 생각에만 집중할 수 있었다.

한 매체와의 인터뷰에서 그는 자신의 독서 습관에 대해 이렇게 밝힌 바 있다. "휴가 중에 저는 하루에 세 시간 정도는 독서에 바칩니다. 그리고 닥치는 대로 읽습니다. 주제와 분야를 가리지 않는 편이죠." 정신없이 바쁜 CEO에게 하루 세 시간이면 상당히 많은 시간을 독서에 할애하는 셈이다. 게다가 그런데 그의 독서 습관을 들여다보면 입이 떡 벌어진다. 그는 자신이 읽은 책의 대략 20퍼센트는 꼭 메모를 한다는 사실이다. 이 독서와 함께 딸려오는 메모 습관은 책을 읽을 때보다 두 배의 시간이 더 든다. 그렇다면 게이츠는 하루에 아홉 시간을 독서에 바치는 셈이다. 잠자고 밥 먹는 시간을 제외하면 거의 하루 종일 책을 곁에 두고 읽는 것과 같다. 그의 전 부인 멀린다에 의하면 게이츠는 책을 집어 들면 앉은 자리에서 한 시간에 대략 150페이지를 읽는다고 한다. 읽으면서 책 귀퉁이에 메모를 남기거나 협탁에 놓인 노란 메모지에 자신의 생각을 쓰는 습관이 있다. 아! 그가 지금껏 무슨 문장을 써왔는지 볼 수 있으면 좋으련만. 그래서 게이츠는 이북보다는 종이책을 훨씬 더 선호한다고 한다. 2017년 게이츠는 한 언론과의 인터뷰에서 책의 여백에 그때그때 스쳐 가는 생각들을 메모하는 것이 책의 주제를 깊이 생각하고 자신의 것으로 만드는 데 확실히 도움이 된다고 말했다. 메모의 방식은 여러 가지가 있다. 저자의 생각에 동의할 때에는 그 이유를 밝히고 저자의 주장에 동의하지 않으면 여백에 자신의 관점을 적는 식이다.

이 전략에는 과학적 사실이 숨어 있다. 연구자들은 우리가 컴퓨터가 아닌 손으로 생각을 정리하거나 필기할 때 해당 정보를 더 오래 뇌에 보관할 수 있다는 사실을 보여 주었다. 2017년 한 연구에서, 연구자들은 손으로 글을 쓰는 것이 인지 처리와 학습과 관련된 더 높은 수준의 신경 활동을 필요로 한다는 것을 발견했는데, 이것은 뇌가 새로운 정보를 암호화하고 이를 다시 해독하는 데 많은 에너지를 들게 한다. 당연히 에너지를 많이 투여한 지적 활동에 더 많은 기억을 담을 수 있다는

278

것이다. 그런 면에서 게이츠의 독서 습관은 매우 전략적이면서도 과학적이라 할 수 있다. 게이츠의 독서 습관에 대해 안 다음부터 필자도 모든 책을 읽을 때 꼭 메모와 필기를 남기는 습관을 들였다. 여러 독자분들이 읽고 있는 이 책 역시 이런 게이츠의 독서 습관 때문에 가능했다. 필자는 책을 읽으면서 책을 훼손한다는 느낌을 갖는다. 책을 얌전하게 읽는 게 아니라 마구 끼적거리고 접고 밑줄을 그으며 함부로 다루는 것이다. 그리고 일주일 뒤부터 읽었던 책을 다시 펴고 표시해 두었던 부분을 찾아가며 개인 노트북에 다시 생각들을 정리한다. 왜 일주일일까? 필자에게 일주일이란 책을 읽고 나서 내 나름대로 생각을 정리하고 저자의 생각에 함몰되지 않고 나만의 관점을 유지하기 위한 최소한의 시간이다. 어쩌면 그렇게 해서 탄생한 이 책도 게이츠의 독서 습관을 오마주한 필자 나름의 헌정일지 모른다.

확실히 게이츠의 독서 습관은 그의 경영 철학과 인생 철학에 영향을 미쳤다. 게이츠 부부의 운명을 결정한 빌앤드멀린다재단의 탄생도 사실 매체와 주제를 가리지 않는 그의 전방위적인 독서에서 비롯했다. 1998년 전 세계에서 오염된 물 때문에 3백만 명이 설사로 죽는다는 니콜라스 크리스토프의 「뉴욕타임스」 기사를 읽고 나서다.

"어느 날 게이츠는 「뉴욕타임스」 기자였던 니콜라스 크리스토프가 쓴 '제3세계에 물은 여전히 치명적인 음료'라는 기사를 보게 되었다. 인도를 비롯한 제3세계의 수질 문제를 끈질기게 추적하여 고발한 기사는 게이츠를 경악시켰다. 너무 당연한 것조차 갖추어지지 않은 곳이 세계 반대편에 존재하고 있다는 사실은 이전까지 개발도상국에 컴퓨터를 지원하고 디지털 인프라를 구축하는 고상한(?) 사회 활동을 벌여왔던 게이츠의 가치관을 뒤흔들었다. 미국과 같은 선진국에서 사용하는 수세식 화장실은 배설물을 하수로 보내기 위해 대량의 물을 낭비하는데, 이는 관개시설을 가지고 있지 못한 가난한 나라, 근본적으로 물이 부족한 나라에는 적합하지 않았다. 낭비되는 물은 줄이면서 배설물이 퇴비가 되어 에너지로 재활용될 수 있는 영구기관과 같은 화장실이 필요했다. 게이츠는 아주 간단한 조립과 설치로 지속 가능한 생태 화장실을 만들어 저개발국가에 지원하기로 결심했다. 게이츠는 화장실 경연대회를 열었고, 그곳에서 입상한 설계 도면을 가지고 직접 화장실을 제작하여 보급했다."[112]

한 인터넷 매체에서는 이러한 게이츠의 독서 습관을 다음과 같이 네가지로 정리했다.[113]

여백에 메모하기	"읽고 있는 것에 집중하는 데 도움이 됩니다. 특히 논픽션을 읽을 때 새로운 지식을 습득해 자신이 가진 지식에 접목하고 있는가를 확인해야 합니다."
완독하기	"시작한 책은 끝장을 보세요. 책을 다 읽지 못하면 핵심을 놓치거나 이해의 공백이 생길 위험이 있습니다. 부분적으로 책을 읽어도 지식을 얻을 순 있지만, 그렇게 해서는 저자의 생각을 완전히 이해할 수 없습니다."
외부와 차단하기	"독서를 위해 꼭 한 시간 이상은 시간을 비워 두세요. 독서는 여기서 5분, 저기서 10분으로 할 수 있는 일이 아닙니다. 여러분의 독서에 아무것도 방해가 되지 않게 차단하세요."
선호하는 방식대로	"저는 종이책을 선호합니다만 여러분에게 맞는 것을 찾으세요. 왜냐하면 좋아하는 독서 스타일을 찾아서 편하게 읽으면 더 많이 책을 읽게 될 가능성이 높기 때문입니다."

그가 생각 주간으로 모은 책들은 큰 산을 이루어 마이크로소프트뿐

만 아니라 업계 전체의 성장 방향과 트렌드를 주도하는 모멘텀이 되었다. 과연 그의 서재에는 어떤 멋진 책들이 꽂혀 있을까? 그의 서재를 정리하며 한 사이트에서는 226권을 올려놓기도 했다. 지면상 그가 읽고 추천한 책들을 모두 소개할 수는 없고 그중에서 최근 책들을 중심으로 정리했다.

게이츠의 서재에 꽂혀 있는 책들

바클라프 스밀, 『Energy and Civilization』, 『Should We Eat Meat?』 외 다수

매튜 워커, 『우리는 왜 잠을 자야 할까: 수면과 꿈의 과학(열린책들)』

윌리엄 로젠, 『역사를 만든 위대한 아이디어(21세기북스)』

스코트 피츠제럴드, 『위대한 개츠비(민음사)』

캐럴 S. 드웩, 『마인드셋: 원하는 것을 이루는 태도의 힘(스몰빅라이프)』

리드 호프먼(외), 『블리츠스케일링(쌤앤파커스)』

율라 비스, 『면역에 관하여(열린책들)』

데이비드 맥케이, 『Sustainable Energy: Without the Hot Air』

재레드 다이아몬드, 『어제까지의 세계: 전통사회에서 우리는 무엇을 배울 수 있는가(김영사)』

데이비드 M. 오쉰스키, 『Polio: An American Story』

리처드 도킨스, 『현실 그 가슴 뛰는 마법(김영사)』

비잘 P. 트리베디, 『Breath from Salt』

조슈아 포어, 『1년 만에 기억력 천재가 된 남자(갤리온)』

피터 버핏, 『워런 버핏의 위대한 유산: 억만장자의 특별한 자녀교육법(라이프맵)』

스티븐 핑커, 『우리 본성의 선한 천사(사이언스북스)』

타라 웨스트오버, 『Educated: A Memoir』

미셸 알렉산더, 『The New Jim Crow: Mass Incarceration in the Age of Colorblindness』

앤디 퍼디컴, 『당신의 삶에 명상이 필요할 때(스노우폭스북스)』

에제키엘 J. 에마뉴엘, 『Reinventing American Health Care』

에이모 토울스, 『모스크바의 신사(현대문학)』

대럴 허프, 『새빨간 거짓말, 통계(더불어책)』

매튜 데스몬드, 『Evicted: Poverty and Profit in the American City』

조 스터드웰, 『아시아의 힘(프롬북스)』

폴 콜리어, 『The Future of Capitalism: Facing the New Anxieties』

에즈라 F. 보걸, 『덩샤오핑 평전: 현대 중국의 건설자(민음사)』

톰 라이트, 『Billion Dollar Whale』

레온 헤서, 『The Man Who Fed the World』

마크 레빈슨, 『더 박스: 컨테이너는 어떻게 세계 경제를 바꾸었는가(청림출판)』

조던 엘렌버그, 『틀리지 않는 법: 수학적 사고의 힘(열린책들)』

한스 로슬링(외), 『팩트풀니스(김영사)』

데이비드 포스터 월리스, 『끈이론(알마)』

서재에서 탄생한 위대한 CEO들

한스 로슬링(외)의
『팩트풀니스』

보통 CEO들은 팩트와 통계로 움직인다. 비즈니스의 향배를 놓고 중요한 결정을 내릴 때 시장을 분석하고 업황을 평가한다. 그래서 우리가 흔히 '팩트로 말한다'고 말할 때 팩트fact는 의견이나 판단, 주관적 정서와 추상적 평가를 제거한 액면 그대로의 사실을 보겠다는 뜻이다. 물론 시장은 팩트로만 돌아가지 않는다. 주식시장은 기업의 펀더멘털과 시장의 센티멘털이 만나 형성된다. 재무제표나 보고서에 등장하는 다양한 숫자는 기업의 한 해 영업에 대한 냉엄한 결과치지만, 주가와 시총은 해당 기업에 대한 투자자의 기대감과 전망, 냉탕과 온탕을 오가는 시장의 흐름이 모두 반영된 것이다. 그래서 사실 투자자들뿐만 아니라 기업을 운영하는 CEO들조차 시장의 의견과 기업의 팩트 사이에서 판단력을 잃고 헤매는 경우가 있다. 한스 로슬링의 『팩트풀니스Factfulness』는 이런 부분에서 시장을 평가하고 전망을 예측하는 데 명확한 그림을 제시하는 책이다.

물론 게이츠가 로슬링의 『팩트풀니스』를 추천 도서로 선정한 것은 단순히 기업의 마케팅을 염두에 둔 것은 아니다. 앞서 밝힌 바와 같이 게이츠는 그의 아내와 함께 제3세계 의료 보건 체계에 대한 혁신과 진료 효율성 증진을 위해 오랫동안 노력해 왔다. 이들은 게이츠멀린다재단을 설립하여 장비부터 의료체계 전체를 뜯어고치는 데 정책에서부터 물품, 교육, 홍보, 보급에 이르기까지 매우 실질적인 지원을 아끼지 않았다. 『팩트풀니스』를 저술한 한스 로슬링Hans Rosling이야말로 그 분야에 독보적인 인사다. 그는 스웨덴의 현직 의사이자 통계학자로 빅데이터를 활용하여 전 세계 보건과 의료 문제를 정확하게 진단하는 일을 해왔다. 그는 유엔이 수집한 데이터를 활용해 인구 예측, 부의 이동에 관한 연구 논문과 통계 정보를 공유하고 있다. 특히 그는 방대한 양의 세계 각국의 인구 통계를 분석해 향후 각국의 인구 전망과 소득 문제에 관한 전망을 내놓고 있다. 개인적으로 게이츠의 활동을 측면에서 지원하고 조언하는 일을 해왔으며, 현장을 누비며 자신의 딸과 함께 비영리 벤처 갭마인더재단을 설립하기도 했다. 이들이 통계에 기반하여 제작한 세계지도는 센세이션을 일으키기도 했다.

책에서 저자는 세상이 둘로 나뉜다는 편견을 깨기 위해 '개발도상국'과 '선진국'이라는 범주를 먼저 제시한다. 대부분의 사람들은 개발도상국을 '못사는 나라', 선진국을 '잘사는 나라'쯤으로 여긴다. 이런 편견은 '동양'과 '서양', '저소득층'과 '고소득층' 같은 이분법에서도 그대로 드러난다. 하지만 저자는 세상이 이런 이분법으로 존재하지 않는다고 못 박는다. '가난한 개발도상국'이라는 집단은 따로 존재하지 않는다. 오늘날 75퍼센트에 이르는 대다수 인구가 중간 소득 국가에 산다. 이들은 가난하지도, 부유하지도 않다. 한쪽 극단에 국민 대다수가 극도로

284

빈곤하게 사는 나라가 여전히 존재하고 그 반대 극단에 북아메리카와 유럽, 일본, 한국, 싱가포르 같은 일부 잘사는 국가가 존재하지만, 지구 상의 절대다수의 국가는 대부분 그들 사이에 끼어 있다. 우리의 이미지 속에 그려진 저소득 국가라고 하면 아프가니스탄과 중앙아프리카공화국, 소말리아 등 고작 9퍼센트에 지나지 않는다.

"세계는 가족 구성원 수와 아동 생존율에서만 탈바꿈한 것이 아니다. 인간 삶의 꽤 많은 영역에서 이와 비슷한 현상이 나타난다. 소득, 관광, 민주주의, 교육, 보건 의료, 전기 보급의 수준을 나타내는 여러 도표가 전해 주는 이야기는 한결같다. 한마디로, 세상은 더 이상 예전처럼 둘로 나뉘지 않는다. 오늘날에는 다수가 중간에 속한다. 서양과 그 외, 선진국과 개발도상국, 부자와 빈자 사이에 간극이 존재하지 않는다. 따라서 간극을 암시하는 이쪽 또는 저쪽이라는 단순한 분류는 쓰지 않는 게 옳다."[114]

이에 저자는 소득 수준을 네 단계로 나눌 것을 요청한다. 아래 도표에서 사람 1명은 10억 인구를 나타낸다. 그러니 일곱 명의 사람은 현재 70억의 세계 인구를 대표한다. 도표에 나오는 것처럼 대부분의 인구는 중간 두 단계 내에서 살고 있다. 맨 왼쪽에 있는 10억 명의 인구는 하루 1달러 이내로 살아간다. 그 옆에 30억 명의 인구는 하루 4달러를 벌고 3달러를 저축한다. 그 옆에 20억 명의 인구는 하루 16시간 주 7일을 일하며 하루 16달러를 번다. 맨 오른쪽에 10억 명의 인구는 하루 32달러를 번다. 저자는 모든 인간의 역사는 1단계에서 출발했으며, 10만 년이 넘도록 누구도 1단계를 넘어서지 못했다고 단언한다. 아니, 200년 전만 해도 세계 인구의 85퍼센트는 여전히 극도로 빈곤한 1단계에 머물러 있었다. 그림에서 보는 바와 같이 60억 명의 인구는 정도의 차이만 있을 뿐 꽤 그럴듯한 삶을 영위하고 있다. 이들은 끼니를 굶지 않아도 되며 원하는 만큼 자녀를 교육시킬 수 있으며 미래를 위해 일정한 재정적 플랜을 가동하고 있다. 기초적인 의식주에 위협을 느끼는 인구는 채 10억 명이 되지 않는다. 우리가 알게 모르게 사실로 받아들이고 있는 개발도상국과 선진국이라는 구분은 그 어디에도 찾아볼 수 없다.

한스 로슬링은 빅데이터의 위력을 보여 주었다.(출처: wikipedia.org)

2017년 기준 물가 차이를 반영한 1인당 1일 소득(단위: 10억 명) (출처: 『팩트풀니스』 중에서)

왜 이런 일이 일어나는 걸까? 저자는 우리가 이분법적 사고를 추구하는 극적인 본능이 있기 때문이라고 말한다. 이른바 '간극 본능'이다.

인간은 좋은 것과 나쁜 것, 영웅과 악인, 우파와 좌파, '우리'와 '그들'처럼 세상을 뚜렷이 구별되는 범주로 나누길 좋아한다. 문제는 이러한 두 범주 사이에 존재하는 간극은 실체가 전혀 없다는 점이다. 저자는 이처럼 쉽게 빠질 수 있는 간극 본능을 억제하기 위해 사실충실성factfulness에 기반하여 극단 비교나 평균 비교 같은 평가를 조심하라고 조언한다. 통계를 범주화하기 전에 다수를 보면 언제나 겹치는 부분이 존재하며 두 범주 사이에 가상의 간극이 실지로 존재하지 않는다는 걸 깨닫게 된다는 것. 통계를 위에서 내려다보면 언제나 시야가 왜곡될 수밖에 없다. 산 정상에 올라서 발아래를 내려다보면 모든 게 다 똑같이 작게 보이지만, 사실 세상은 절대 그렇게 단순하지 않다. 이분법적인 통계를 가지고 국가의 정책을 수립하거나 기업의 전략을 짠다면 분명 머릿속에서만 존재하는 간극으로 큰 낭패를 당하기 쉽다.

이어 저자는 간극 본능 이외에 사실충실성을 해치는 인간의 본능들을 열거하고 있다. 먼저 '부정 본능'이 있는데, 이는 좋은 것보다 나쁜 것에 더 주목하는 본능이다. 이 본능이 강력한 이유는 인간이 과거를 늘 잘못 기억하고, 언론이 사건을 왜곡시키며, 정황상 부정적 시각이 더 똑똑해 보이기 때문이다. 매체를 접할 때 부정적 뉴스가 많이 보도된다고 해서 세상이 전부 그렇지만은 않다는 사실충실성을 염두에 둘 필요가 있다. 그다음 저자는 '직선 본능'을 언급한다. 모든 그래프가 직선일 거라는 믿음이다. 세계 인구가 단지 계속 증가할 것이라는 공포감이 대표적인 직선 본능의 결과물이다. 하지만 인구는 계속 증가하지 않는다. 전문가들에 따르면, 오늘날 76억 명의 세계 인구가 증가세에 있다가 21세기가 끝날 무렵 100억과 120억 사이에서 평평해질 것이라고 예측하기 때문이다.

"인구 성장이든 그 밖의 다른 상황이든 항상 직선을 상상하는 본능을 억제하는 최선의 방법은 세상엔 여러 형태의 곡선이 있다는 걸 기억하는 것이다. 세상의 많은 것을 직선이 아니라 S자 형태, 미끄럼틀 형태, 낙타 혹 형태 같은 극선으로 표현할 수 있다."[115]

이어 저자는 '공포 본능'을 말한다. 이는 인간의 뇌에 깊이 내재되어 있는 공포감을 부추기는 본능이다. 보통 언론과 정치가가 이런 본능을 추동하여 대중을 선동하는 경우가 많다. 불타는 시신, 살해당해 토막 난 시체, 지진으로 건물더미에 갇힌 사람, 납치된 아이, 처참한 항공기 추락사고 등 공포를 조장하는 뉴스가 매체를 도배한다. 하지만 실제 세상은 인류가 맞이했던 그 어느 때보다 더 안전하고 평화롭다. 그 이유는 자연재해가 줄었기 때문이 아니라 인구 다수가 더 이상 1단계에 머물러 있지 않기 때문이다.

이 밖에도 저자는 비율을 왜곡해 사실을 실제보다 부풀리는 '크기 본능', 한두 가지 사례로 전체를 도식화하는 '일반화 본능', 타고난 특성이 사람, 국가, 종교, 문화의 운명을 결정한다는 '운명 본능', 복잡한 생각보다는 단순한 생각에 끌리는 '단일 관점 본능', 안 좋은 일이 일어난 이유를 특정 대상에게서 찾으려는 '비난 본능', 위험이나 위기가 임박했다고 느끼는 '다급함 본능'을 사실충실성을 해치는 주범이라고 말한다.

이 중에서 대표적인 단일 관점 본능에 대해서 말해 보자. 단순한 설명은 사람들에게 인기가 많다. 군더더기 없이 모든 해답이 딱딱 떨어지기 때문이다. 세계가 단순해지면서 모든 문제는 단 하나의 원인이 있어 그것만 막으면 그만이다. 이런 식으로 세계를 재단하면 해결책을 궁리하는 데 들이는 시간이 대폭 절약된다. 복잡한 각주와 난해한 통계, 사소해 보이지만 사실 매우 치명적인 자잘한 예외들은 모두 제거된다. 논리에 주름을 입히는 모든 걸림돌들은 싹 정리되고 처음부터 끝까지 일관된 설명으로 다림질한 명제만 남는다. 특히 전문가들일수록 자신의 전문 분야만 빠삭하게 알고 있을 뿐 그 외 분야에서는 일반인들과 마찬가지로 까막눈에 가깝다. 아니, 어떤 분야는 평균적인 대중의 이해도보다 더 낮다. 오늘날 높기로 악명 높은 미국의 1인당 의료비 지출은 약 9,400달러에 육박한다. 미국이 소속된 4단계 다른 자본주의 국가의 의료비 지출의 2배가 넘는 수치다. 그러나 미국인들은 다른 나라보다 기대 수명이 3년이나 짧다. 이 평균 3년은 매우 큰 수치다. 미국이라는 사회가 모든 면에서 유토피아와 같을 거라는 단일 관점이 틀어진 대표적 사례다. 반면 산유국도 아닌 한국은 어느 나라보다 빨리 1단계에서 3단계로 진입했다. 이 기간은 군부 독재 시기와 맞물린다. 산업 발전을 이룬 국가가 모두 민주주의 국가라는 단일 관점이 또 빗나간 셈이다. 실제로 2012~2016년 전 세계에서 가장 빠른 경제성장을 이룬 나라 열 곳 중 아홉 곳은 민주주의 수준이 낮았다.

로슬링이 말한 사실충실성은 이러한 왜곡된 판단을 부르는 본능들을 교정하고 사물이나 사건을 있는 그대로 바라보도록 우리를 훈련시켜 준다. 그가 말한 사실충실성은 게이츠 부부가 제3세계의 사회와 경제, 기아, 보건 문제를 보다 정확하게 이해하는 데 매우 중요한 역할을 했음에 틀림없다. 그래서 그를 백신으로 막대한 자산을 일구려는 욕심에 전 세계 코로나 팬데믹을 일으킨 주범으로 몰아가는 각종 음모론자들에게 『팩트풀니스』는 왜곡된 언론이나 거짓 뉴스에 현혹되어 사실충실성에서 이탈하지 말라고 경고하는 것 같다.

289

스티븐 핑커의
『우리 본성의 선한 천사』

인간은 폭력적인 존재다. 일찍이 정신분석학자 프로이트는 인간에게 살고자 하는 욕망(리비도)과 함께 죽고자 하는 욕망(타나토스)이 있는데, 이 죽음 충동이 자신에게 향하면 자살로, 남에게 향하면 폭력과 살인으로 이어진다고 말했다. 그는 먼저 성적 욕망인 리비도가 인간을 지탱하는 생의 에너지이자 모든 욕구의 핵심이라고 생각했다. 모든 인간은 리비도를 충족시키는 방향으로 움직이며 이를 프로이트는 쾌락원칙이라고 불렀다. 그런데 성적 욕망에 사디즘과 마조히즘은 왜 존재할까? 프로이트는 남을 괴롭히거나 반대로 남에게 괴롭힘을 당하는 것, 즉 통증에서 쾌락을 느낀다는 것은 리비도 안에 양가감정이 있음을 증명해 주는 것이라고 생각했다. 이를 토대로 죽음 충동이라는 개념이 등장했다. 죽음 충동은 쾌락원칙의 또 다른 측면인 셈이다. 이로써 그간 쾌락원칙으로 설명할 수 없었던 여러 가지 인간의 행동들에 의미를 부여할 수 있게 되었다. 프로이트는 인간의 폭력성 역시 이런 관점에서 설명 가능하다고 보았다.

일찍이 학자들은 인간이 본성적으로 선한가 악한가를 두고 오랜 논쟁을 벌여왔다. 토머스 홉스는 인간을 본성적으로 악한 존재로 규정하고 사회계약에 근거한 강력한 입법과 사법으로 이를 다스려야 한다고 주장했다. 인간은 규제 없이 놔두면 서로를 물고 뜯는 '만인의 만인에 대한 투쟁' '인간이 인간에게 이리'인 상태에 놓여 있다. 그는 『리바이어던』에서 사회질서가 유지되기 위해서는 자연인보다 강한 인공적 인간으로서의 국가가 절실히 요구된다고 말했다. 이와 대척점에 서 있는 인물이 장 자크 루소다. 그에게 인간은 본성적으로 선하고 자유롭게 태어난 존재지만 사회와 문명이라는 쇠사슬에 묶인 죄수와 같다. 자연은 인간을 선하고 자유로운 존재로 낳았으나 사회가 그 인간을 사악한 노예로 만들어 서로를 잔인하게 물어뜯는 이기적 존재로 변질시켰다는 것이다. 이러한 그의 주장은 '자연으로 돌아가라'는 명제로 압축될 수 있다.

과연 인간의 폭력성은 어디서 오는 걸까? 홉스의 말대로 인간의 폭력을 법이나 제도로 길들일 수 있는 걸까? 아니면 루소의 말대로 도리어 법이나 제도가 인간을 폭력적으로 몰아가는 걸까?

『우리 본성의 선한 천사』를 쓴 스티븐 핑커Steven Pinker는 오늘날 생존한 과학자 중에서 가장 대중적으로 유명한 저자 중 한 명으로 「타임스」지는 2004년 그를 가장 영향력 있는 인물 100인 중 한 명으로 꼽았다. 그는 1954년 캐나다 퀘벡에서 중산층 유대인 가정에서 태어났다. 1976년 캐나다 맥길대학교에서 학사학위를, 1979년 하버드대학교에서 실험심리학으로 박사학위를 받았다. 1982년부터 21년간 MIT의 뇌인지과학과 교수로 봉직하다가 적을 옮겨 2003년부터는 하버드대학교에서 학생들을 가르치고 있다. 핑커는 언어학과 인지과학, 뇌과학을 연결한 독특한 학문적 여정으로 과학과 윤리, 문화, 종교, 역사 등 다양한 분야의 책들을 정력적으로 써왔다. 그의 저서는 국내에서도 인기가 많아 그간 『우리 본성의 선한 천사』뿐만 아니라 『언어 본능』이나 『빈 서판』 등 대표 저작 대부분이 번역 출간되었다. 그의 출세작 『언어 본능』은 언어가 인간이 선천적으로 보유한 본능과도 같다고 주장한다. 도킨스가 『이기적 유전자』에서 해밀턴의 근친도 이론을 진화론적으로 대중화시켰다면, 핑커는 『언어 본능』에서 노엄 촘스키의 이론을 인지과학적으로 대중화시킨 책이다. 『빈 서판』에서 핑커는 인간이 태어나면서 타불라 라사tabula rasa, 즉 빈 서판 같이 백지로 태어나지 않으며 환경의 지배에 비해 사소하다고 무시할 수 없을 만큼 적잖은 선천적인 재능과 유전적 본성을 지니고 탄생한다고 주장했다.

게이츠의 서재에 꽂혀 있는 핑커의 『우리 본성의 선한 천사The Better Angels of Our Nature』는 이런 일련의 저작들과 연장선에서 쓰인 책이라 할 수 있다. 링컨의 연설에서 책 제목의 모티브를 따온 그는 인간이 역사적으로 복잡한 사회조직을 구성하고 법을 세우고 언어를 통한 네트워크를 구축하면서 폭력이 현저히 감소했다고 주장한다. 폭력의 세계적 추세가 거의 모든 분야에서 현재로 올수록 하강 곡선을 그렸다는 것이다. 그리고 이를 여러 사건과 통계들로 뒷받침하고 있다. 그는 책에서 역사상 폭력이 감소해 왔던 여섯 가지 독특한 경향성을 지적하고 있다. 과거보다 오늘날 인류는 폭력에 덜 의존한다. 300년 전만 하더라도 부당한 모욕을 당했다고 느낀 당사자는 상대에게 '합법적으로' 결투를 신청할 수 있었다. 오늘날 대부분의 다툼은 혈투의 무대arena에서 법정court으로 간다. 칼이나 창, 아니면 맨주먹을 들고 상대를 곤죽으로 만드는 대신 변호사를 선임하고 공소장을 통해 법리 다툼을 벌인다. 불한당과 침입자에 의해 무분별하게 살해되고 저항 한 번 못해 보고 마을 사람들과 도륙당하는 일은 현저하게 줄어들었다. 물론 핑커는 인간이 과거보다 착해졌다고 말하는 게 아니다. 여전히 인간의 내면은 다섯 가지 악마와 네 가지 선한 천사가 서로 피 튀기며 싸우는 전장이다. 다만 역사적으로 다섯 가지 변곡점이 이처럼 양면적인 인간을 양순한 문명의 존재로 바꾸어 놓았다고 주장한다. 이 책은 폭력이 감소하게 된 결정적인 여섯 가지 경향성과 함께 인간 내면에 도사리고 있는 다섯 가지 악마적 본성, 네 가지 천사적 본성, 그리고 다섯 가지 역사적 힘의 역할을 설명하고 있다.

오늘날 폭력이 현저히 줄어들었다고 주장한 스티븐 핑커(출처: wikipedia.org)

우선 폭력이 감소하게 된 여섯 가지의 굵직한 경향성을 언급해 보자. 첫 번째는 평화화 과정Pacification Process으로, 대략 5,000년 전 도시와 정부를 갖춘 최초의 농업 문명이 지상에 등장하면서 무차별적인 습격과 피의 보복이 줄었으며 폭력적 사망의 비율도 5분의 1로 줄었다. 두 번째는 문명화 과정Civilizing Process이다. 중세 후기에서 20세기까지 500년간 일어난 경향으로 유럽 국가들의 살인율은 과거 10분의 1에서 50분의 1 사이로 낮아졌다. 세 번째는 인도주의 혁명Humanitarian Revolutions으로 17세기와 18세기 이성의 시대 및 유럽 계몽 시대에 시작되어 수백 년의 규모로 펼쳐졌다. 이때부터 전제 정치와 노예제, 결투, 사법적 고문, 미신적 살해, 가학적 처벌 등 용인된 폭력을 제한하려는 경향성이 시작되었다. 네 번째는 긴 평화Long Peace로 제2차 세계대전이 끝난 뒤 50~60년 동안 인류는 역사상 유례없는 비폭력 시기를 거치고 있다. 다섯 번째는 새로운 평화New Peace로 냉전이 끝난 1989년 이래 내전을 비롯하여 집단 살해, 독재 정부의 억압, 테러 등 모든 종류의 조직적 충돌이 줄었다. 마지막 여섯 번째는 권리 혁명Rights Revolutions으로 1948년 세계 인권 선언 발기와 함께 1950년대 말부터 현재까지 시민권을 비롯하여 여성권, 아동권, 동성애자 권리, 동물권 등을 옹호하는 경향성이 계속되고 있다.

반면 핑크는 할 수만 있으면 폭력을 사용하고자 하는 다섯 가지 인간 내면의 악마와 이를 저지하는 네 가지 천사를 소개한다. 먼저 악마에는 다음과 같은 것들이 있다. 포식적predatory 폭력은 단순히 목적을 이루기 위해 폭력이 수단으로 동원되는 형식을 띤다. 반면 우세dominance 경쟁은 권위와 위세, 명예, 힘의 욕구로서 개인, 인종, 민족, 종교, 국가 집단 간의 경쟁에서 비롯한다. 이외에 복수심revenge은 보복이나 처벌을 지향하는 폭력성이며, 가학성sadism은 타인의 괴로움에서 즐거움을 얻는 형식을 띤다. 마지막으로 이데올로기ideology는 공유된 신념 체계의 형태로 폭력을 정당화한다.

이와 달리 폭력을 잠재우고 협동과 이타성을 발휘하는 네 가지 선한 천사에는 다음과 같은 것들이 있다. 먼저 감정 이입empathy은 상대의 고통을 함께 느끼며 타인을 이해하고 용납하게 한다. 그다음 자기 통제self-control는 폭력에 대한 충동을 절제하도록 만든다. 반면 도덕 감각moral sense은 사회의 질서를 유지하는 규범과 터부(금기)를 통해 폭력을 제어한다. 마지막으로 이성reason은 자신의 편협한 관점에서 벗어나 합리적 선택을 하게 한다.

마지막으로 핑커는 인간 사회에서 폭력을 감소시킨 다섯 가지 역사적 힘을 언급한다. 첫 번째는 리바이어던Leviathan이다. 핑커는 홉스의 리바이어던을 한 국가의 사법제도로 규정하고 이것이 사람들의 공격성을 줄이고 사사로운 복수의 충동을 억제하는 기제로 사용되어 왔다고 말한다. 두 번째는 상업commerce으로 교역과 무역을 통해 인류는 물건과 생각을 교환할 수 있게 되었다. 재화를 팔든 사든 이익을 얻을 수 있는 상대는 죽어 있을 때보다 살아 있을 때 더 유익하다는 깨달음을 준다. 세 번째는 여성화feminization다. 폭력은 남성의 오락이었으나 사회가 여성의 이해와 가치를 좀 더 존중하는 방향으로 변하면서 사회에 뿌리내린 폭력의 흔적들이 지워졌다. 네 번째는 세계주의cosmopolitanism로 이동성과 매스미디어의 발달은 타자를 이해하고 공감하는 능력을 향상시켜 주었다. 이해는 무분별한 폭력의 행사를 줄여 준다. 마지막으로 이성의 에스컬레이터escalator of reason가 있다. 결국 이성은 폭력의 순환이 인류를 파멸로 몰고 갈 것이라는 사실을 깨닫고 이를 줄이려고 노력해야 한다는 점을 가르쳐주는 본성의 선한 천사인 셈이다.

에이모 토울스의
『모스크바의 신사』

2019년 여름, 평소 독서광으로 유명한 빌 게이츠는 재레드 다이아몬드의 『대변동』과 함께 에이모 토울스Amor Towles의 소설 『모스크바의 신사A Gentleman in Moscow』를 추천했다. 『모스크바의 신사』는 그해 여름 게이츠가 추천한 5권의 책 중에서 유일한 문학서다.

"『모스크바의 신사』 안에는 환상적인 로맨스부터 정치, 스파이, 부모 노릇, 그리고 시가 들어 있다. 엄밀히 말해 이 책은 역사적 픽션이지만, 스릴러나 러브스토리라고 부르는 게 더 정확한 표현일지 모른다. 러시아가 여러 독자들의 여행 리스트에 없다 할지라도 이번 여름 토울스가 안내하는 모스크바로의 여행은 누구라도 즐길 수 있을 거라고 생각한다."°

° 게이츠의 추천 도서와 서평은 gatesnotes.com/Books/에서 읽을 수 있다. 2019년 여름, 게이츠는 토울스의 해당 도서 외에도 다이아몬드의 『대변동』, 로즈 조지의 『5리터의 피』, 폴 콜리어의 『자본주의의 미래』, 마이클 베슐로스의 『전쟁의 대통령들』을 추천했다.

에이모 토울스(출처: wikipedia.org)

    미국 보스턴 출신의 소설가 에이모 토울스는 예일대학교를 졸업하고 스탠퍼드대학교에서 영문학 석사를 마친 재원으로 40대 후반까지 투자 전문가로 활동한 독특한 이력을 갖고 있다. 문학을 전공하고 투자회사에 들어간다? 비범한 삶의 궤적이 어딘가 모르게 낯설지 않다. 대학은 인생에 있어 매우 중요한 관문임에는 틀림없지만 전공에 맞춰 하나의 항로를 정하기에 우리네 삶은 끝도 없이 변화무쌍하다. 필자도 대학에서 사회복지학을 전공했지만 지금은 투자회사를 경영하고 있지 않은가. 토울스 역시 숫자와 돈의 흐름에 젊음을 바쳐 일하다가 중년이 다 되어서야 다시금 원점으로 되돌아온다. 1930년대 미국 대공황 시기 뉴욕을 배경으로 한 2011년 그의 첫 장편소설 『우아한 연인Rules of Civility』은 그를 일약 스타 작가의 반열에 올려놓았고, 사회적 성공에 힘입어 그는 그 원점에서 주저 없이 전업 작가의 길로 들어선다. 볼셰비키 혁명 당시 러시아를 배경으로 한 2016년 『모스크바의 신사』는 그가 쓴 두 번째 장편소설이자 본격적인 작가로 나선 이후에 쓴 첫 번째 작품이다. 2021년 최근 그는 세 번째 작품『링컨 하이웨이』The Lincoln Highway를 발표했다.[P]

　무엇보다 이 소설은 미국인이 쓴 러시아 소설이라는 점에서 특색을 갖는다. 당연히 도스토옙스키의 음산함과 톨스토이의 장쾌함을 기대해선 안 된다. 전당포 노파를 도끼로 찍어 살해하는 청년의 고뇌도, 열차에 몸을 던지는 귀부인의 절망도『모스크바의 신사』에서는 찾아볼 수 없다. 고리키나 솔제니친이 그린 모성애적 희생이나 비인간적인 수용소의 일상도 드러나지 않는다. 흔히 러시아를 배경으로 하는 많은 소설들처럼『모스크바의 신사』는 눈과 얼음, 설원, 시베리아 횡단열차, 그리고 눈 뜨고 차마 볼 수 없는 인민들의 고통스러운 현실을 그리지 않는다. 간혹 스탈린과 흐루쇼프의 존재가 어렴풋이 나타나지만 정치는 대부분 미장센에 불과할 뿐 이야기 전개에 결정적인 역할을 하진 않는다. 작품에서 예의 장대한 서사적 구조를 기대한다면 실망하기 쉽다. 소설은 30년 동안 모스크바의 붉은 광장을 마주 보고 서 있는 한 고급 호텔 안에서 일어나는 이야기만을 담고 있기 때문이다.

　소설은 1922년 6월 21일, 주인공인 알렉산드르 일리치 로스토프 백작이 모스크바 메트로폴 호텔에서 종신형을 선고받는 장면을 담은 내무 인민위원회 속기록으로 시작된다. 소설치고 특이한 구조다. 그래서일까. 소설이라기보다는 역사 보고서나 다큐를 보고 있는 것 같은 착각이 든다. 볼셰비키 재판소는 1913년 로스토프 백작이 혁명적인 암시를

<hr />

p 『우아한 연인』은『모스크바의 신사』보다 1년 늦은 2019년이 되어서야 현대문학에 의해 국내에 소개되었다.

서재에서 탄생한 위대한 CEO들

담은 시를 썼다는 이유로 가택 연금에 해당하는 종신형을 선고한다.[9] 사실 위원회가 마음만 먹었다면 백작을 사형시키거나 외딴 시베리아 수용소에 영영 가둘 수도 있었기에 자신의 주거지 안에 얌전히 머물도록 조처한 건 한때 혁명 이전 영웅의 칭호를 받았던 그에게 베푼 마지막 자비에 해당했다. 러시아 귀족 출신이었던 그의 모든 재산은 민족의 반역자로 낙인찍히며 당장 몰수되었고, 호화로운 생활을 박탈한다는 의미로 평소 머물던 호텔 스위트룸 317호에서도 쫓겨나 호텔 6층에 마련된 좁다란 다락방, 사실 방이라 하기에 민망할 정도로 오랫동안 폐쇄되었던 낡은 창고에 무기한 감금된다. 메트로폴 호텔 밖으로 한 발이라도 나간다면 즉시 총살을 당할 것이라는 위원회의 으름장은 덤이었다.

처음 몇 주, 몇 달 동안, 백작은 하루아침에 나락으로 떨어진 자신의 신세를 거두어들이는 데 적잖은 어려움을 겪는다. 지루하게 흘러가는 시간을 죽이고자 책을 꺼내 읽고, 이발소를 방문하고, 호텔의 두 레스토랑(보야르스키와 피아자)에서 식사를 하고, 호텔 바에 앉아 하릴없이 보드카를 홀짝인다. 지루함은 그렇게 백작의 삶을 천천히 파괴한다. 감옥은 시간의 누적을 경험하는 독특한 공간이다. 수인囚人이 시간의 압력을 견디어 내느냐 거기에 압사당하느냐는 오로지 취미의 유무에 있다. 백작에게 취미는 니나 쿨리코바였다. 니나는 국영사업으로 모스크바에 파견된 우크라이나 관리 아버지를 따라 호텔에 장기 투숙 중인 모험심 강한 아홉 살배기 소녀였는데, 아버지는 딸을 현지 학교에 등록시

---

9   그의 「그것은 지금 어디 있는가?」라는 시는 소설의 도입부에 실려 있다.

키지 않았기 때문에 대부분의 시간을 호텔 이곳저곳을 탐험하는 데 시간을 보내고 있었다. 서로 다른 이유로 호텔에 유폐된 두 사람은 미로 찾기라도 하듯 호텔 구석구석을 뒤진다. 니나가 호텔의 모든 방문을 열 수 있는 마스터키를 갖고 있었기 때문에 백작은 한 번도 가보지 못한 호텔 내 다양한 객실과 통로들을 열어 보게 된다. 그녀는 그 열쇠를 크리스마스 선물로 백작에게 선물한다.

백작이 감금된 지 1년 후, 그는 러시아에 새로운 변화를 열망하는 시인 미시카의 방문을 받는다. 백작의 오랜 친구인 그는 과거에 글이 청동과 철로 만들어졌으나 지금은 강철로 만들어진다고 말한다. 같은 날, 백작은 두 마리의 보르조이(러시아 견종)를 이끌고 호텔 로비에 나타난 미국의 유명한 영화배우 안나 우르바노바를 우연히 마주친다. 그들이 만난 날 밤, '호리호리한 몸매의' 그녀는 그를 자신이 머무는 스위트룸 208호로 초대한다. 함께 저녁을 먹다가 자연스레 키스를 하게 되고 둘은 그렇게 하룻밤을 보내게 된다. 백작에게 그녀는 무료한 일상에 벼락처럼 다가온 선물이었다.

"남자는 (블라우스가 바닥으로 떨어질 때) 하늘에 별이 점점이 박혀 있듯이 여자의 등에 주근깨가 점점이 박혀 있는 것을 발견한다. 혹은 (조심스럽게 이불 밑으로 들어가고 난 뒤) 시트가 옆으로 밀쳐져 벗겨졌을 때 남자는 자신이 등을 대고 누워 있으며 여자의 두 손이 자신의 가슴을 짓누르고 있고 여자의 입술에서는 숨 가쁜 명령이 새어 나오고 있다는 것을 깨닫는다. 이 같은 놀라움 하나하나가 새로운 경이로움을 불러일으키지만, 그러나 그 어떤 것도 새벽 1시에 여자가 모로 누우면서 '나갈 때 꼭 커튼을 쳐주세요'라고 또렷이 말할 때 남자가 경험하는 경외감에 비할 바는 못 된다."[116]

1926년, 여동생 헬레나가 죽은 지 10주년이 되는 날, 백작은 유폐를
견디지 못하고 호텔 옥상에서 몸을 던져 자살하려 한다. "이제 남은 것
은 극히 단순한 일이었다. 봄에 부두에 서서 따뜻해진 계절을 음미하며
처음으로 물에 뛰어들 준비를 하는 사람과 마찬가지로 그에게 남아 있
는 거라곤 허공으로 몸을 날리는 것뿐이었다. 지상 6층 높이밖에 안 되
는 곳에서 출발하여 동전이나 찻잔이나 파인애플의 속도로 떨어지는
그 여행은 겨우 몇 초밖에 걸리지 않을 것이다."[117]

백작은 휘청거리듯 난간에 몸을 기대고 저 아래 아득한 땅바닥을 응
시한다. 다행히 그때 호텔의 잡역부인 아브람이 등 뒤에 그를 애타게
부른다. 그는 지붕에 놔둔 벌통을 조심스레 꺼내어 칼로 적당한 크기를
잘라낸 다음 백작에게 건넨다. "드셔보세요." 투신 직전까지 스스로를
내몰았던 백작은 사과향을 머금은 꿀을 받아먹고 다시 삶에 대한 강렬
한 욕구를 느낀다. 옥상에서의 경험은 백작으로 하여금 자신의 삶을 더
통제하도록 결심시킨다. 더 이상 이렇게 살아선 안 되겠다는 다짐은 남
은 생을 고집스럽게 살아내겠다는 부당한 욕심이 아니라 인생의 밑바
닥에서 부르는 처절한 희망가이자 자기 앞에 놓인 운명을 순순히 받아
들이겠다는 겸손의 발로다.

백작은 이전까지 꿈에서 보거나 상상으로 생각해본 적도 없는 일,
즉 귀족이자 VIP로 드나들었던 레스토랑 보야르스키에서 단골손님이
아닌 웨이터가 되기로 결심한다. 이전까지 평생 단 한 번도 변변한 직
업을 가져본 적이 없던 그였다. 그의 직업은 그냥 태어날 때부터 귀족
이었다. 틈틈이 사냥을 다니거나 철마다 여행을 다니는 게 그에게 주어

진 업무였다. 그런 그가 레스토랑을 찾은 손님들에게 한 손에 쟁반을 들고 다가가 공손히 서빙을 한다? 뭔가 앞뒤가 맞지 않는 그림이다. 하지만 백작의 결심은 죽음을 넘어선 자신에게 던진 첫 번째 미션이었다. 따지고 보면 여기엔 긍정적인 면도 있었다. 성장 과정에서 자연스럽게 몸에 익힌 테이블 매너와 에티켓이 그가 웨이터가 되는 데 소중한 자산으로 쓰였다. 그 덕분인지 백작은 단계적으로 직급을 거쳐 수석 웨이터까지 빠르게 승진한다. 이제 그는 레스토랑의 주인인 안드레이와 주방장 에밀과도 더없이 친밀한 친구이자 동지가 된다.

1930년대에 접어들면서, 고난이 러시아를 덮친다. 볼셰비키 혁명으로 사회주의 국가가 된 러시아는 봉건 시대의 그림자를 걷어내기 위해 강도 높은 개혁을 실시한다. 어느덧 숙녀가 된 니나는 농장의 집단화를 돕기 위해 지방으로 여행을 간다. 집단화에 저항하는 많은 러시아 농민과 소작농들은 대부분은 추방되었고, 농장을 운영하기 위해 미숙련 노동력이 그 공백을 채운다. 당장 예견된 일이 일어난다. 1932년, 숙련된 노동력 부족과 악천후가 겹치면서 우크라이나에서만 수백만 명의 소작농들이 아사하는 대규모 기근이 발생한다. 공산당에 대한 니나의 믿음은 시험대에 오른다. 미시카도 당의 엄격한 예술가 검열에 대해 걱정하며, 자신의 동지이자 혁명의 계관시인인 블라디미르 마야콥스키가 스스로 목숨을 끊은 것에 대해 괴로워한다. 그렇다고 백작 주변의 사람들이 모두 내리막길을 걸은 건 아니다. 몇 년 동안 명성이 추락했던 안나는 새로운 영화에서 근사한 배역을 따내며 점차 바빠진다. 그녀는 메트로폴에 머물 때마다 백작과 사랑을 나눈다. 백작은 주근깨가 가득한 안나의 등허리에서 돌고래자리를 찾아낸다.

1938년, 니나는 아무런 소득 없이 메트로폴로 돌아온다. 그녀의 한 손에는 다섯 살 난 딸 소피야가 있다. 남자아이만큼 짧은 머리를 한 소피야는 아무 말 없이 벌거벗은 헝겊 인형을 끌어안고 있었다. 그녀는 백작에게 남편이 체포되어 시베리아로 보내졌다며, 자신이 5년 교정 노동형을 선고받은 남편을 따라 집단 수용소로 가 있는 동안 몇 달간 어린 딸을 돌봐줄 사람이 필요하다고 말한다.

"다른 선택지가 없어요. 부탁해요. 제발요." 벼랑 끝에 내몰린 사람처럼 니나는 애걸복걸한다. 백작은 니나가 시베리아로 간다면 결국 돌아오지 못할 것이라는 사실을 잘 알고 있었지만 소피야를 돌보는 데 동의하고 만다. 그러나 보야르스키에서 웨이터로 일하면서 천지 분간 못하는 아이 하나를 함께 돌본다는 게 생각처럼 마냥 쉬운 일은 아니었다. 사람들에게 조카라고 소개하고 옆에 끼고 다니는 데에도 한계가 있었다. 한편 미시카의 편집자 샬라모프는 그에게 체호프의 편지 중 문제가 되는 한 구절을 잘라 내라고 요청한다. 샬라모프가 '놀랍도록 맛있는' 독일 빵을 찬양하는 체호프의 문장이 반러시아적이라고 검열을 진행한 것이다. 총부리를 눈앞에 둔 시인이 연필이나 펜으로 시를 쓸 수 없다고 판단한 미시카는 결국 검열 요구를 거부한다. 그 대가로 시베리아행이 기다리고 있다는 사실을 알면서도. 1946년, 러시아가 제2차 세계대전에 개입하여 휘청거린다. 어느덧 열세 살이 된 소피야는 계단에서 굴러떨어지며 머리를 심하게 다친다. 호텔에서 단 한 발자국이라도 벗어나면 총알이 날아와 그의 관자놀이를 명중시킬 수 있다는 사실을 잘 알고 있으면서도 백작은 그녀를 병원으로 데려가기 위해 밤 속을 내달린다. "그리고 갑자기 그는 자신이 따뜻한 여름 대기 속에서 메트로

폴 호텔의 문밖 계단에 서 있다는 것을 깨달았다. 20년이 넘는 세월 동안 처음 있는 일이었다."¹¹⁸

1950년, 소피야는 호텔 악단 지휘자인 빅토르 스테파노비치의 사사 덕분에 재능 있는 피아니스트로 성장한다. 그녀는 이미 백작의 딸이 되어 있었다. 백작은 그녀의 미래를 걱정하며 소피야가 공산주의 사회의 그늘에서 묶여 지내는 걸 원치 않는다. 이때 날아든 비보. 미시카의 연인이 미시카가 죽었다는 소식을 백작에게 전한다. 친구의 덧없는 죽음을 들은 백작은 미련 없이 호텔을 탈출하기로 결심한다. 1953년, 소피야가 파리로 초청받았을 때, 백작은 두 사람이 탈출할 수 있는 기회를 엿본다. 그녀가 파리의 팔레 가르니에에서 라흐마니노프를 연주할 때 백작은 청중석에 앉아 그녀가 연주하는 음 하나하나를 모두 들을 거라고 다짐한다. 다음 몇 달 동안, 그는 모든 세부 사항을 계획한다. 그는 이탈리아 손님에게서 옷을, 이발사에게서 염색약 한 병을, 미국 기자에게서 모자와 재킷을 훔친다. 그는 여행 가이드북에서 소피야가 따라갈 수 있는 길을 표시한 지도를 말끔히 도려냈다. 그녀가 투어를 떠나던 날 밤, 백작은 마지막 만찬을 함께한다. 4일 후, 백작은 탈출 전날 밤 핀란드 손님으로부터 마지막 필요한 물품인 여권을 훔친다. 백작은 자신의 방으로 돌아왔을 때, 호텔 지배인이 된 비숍이 책상에 앉아 있는 것을 발견한다. 백작의 지도 중 하나를 발견한 비숍은 소피야가 투어 도중 도망칠 계획이라는 사실을 알게 되었고, 당국에 알리려고 그의 사무실로 걸어간다. 그가 사무실에 도착했을 때, 백작은 이미 권총을 들고 앉아 있었다. 그는 몇 년 전 니나가 호텔을 방문했을 때 매니저 사무실 벽면 뒤에서 권총을 발견했었다. 스탈린의 초상에 한 발을 쏜 뒤, 백작은 비숍을 총구로 겨누고 창고에 가둬 둔다.

다음 날 저녁, 소피야는 살 플레엘에서 공연을 한다. 연주 후, 그녀는 이탈리아인 옷을 입고, 머리를 자르고 염색하고, 콘서트홀 후문을 빠져나와 미국 대사관으로 달려간다. 백작이 그려준 지도를 보며. 대사관에서 백작의 친구 리처드 밴더와일은 그녀가 망명을 할 수 있도록 돕는다. 이제 백작을 호텔에서 빼내는 일만 남았다. 그때 메트로폴 1층 로비의 30대가량의 전화기가 일제히 울어 대기 시작한다. 전화벨은 백작과 리처드가 미리 합을 맞춘 사인이었다! 사방에서 울리는 전화기의 혼란 속에서, 백작은 조용히 미국인 모자와 재킷을 입고 호텔에서 걸어 나온다. 그는 페테르부르스키 역에서 스테파노비치를 만나고 스테파노비치는 모자와 재킷, 핀란드 여권을 들고 헬싱키행 기차에 탑승한다. 그러나 백작은 미국으로 망명한 소피야와 합류하는 대신 그의 고향 선술집에서 안나를 만난다. 백작이 만난 여인이 안나라는 확신은 없다. 소설에서는 다만 '호리호리한 몸매의 여인'이라고 묘사되어 있을 뿐.

소설은 두 개의 상이한 세계가 공존한다. 1922년 모스크바, 레닌의 사회주의 혁명이 제정 러시아를 무너뜨린 무시무시한 완력으로 과거의 역사를 밀어내는 격동기에 휘말려 있는 크렘린 궁과 그 길 건너 알렉산드르 로스토프가 가택 연금을 당한 메트로폴 호텔 말이다. 후자에는 기이한 체험을 가능케 해주는 온갖 군상과 인간관계, 잡동사니들로 가득하다. 소설 속 챕터의 시간은 1년에서 2년, 4년, 8년, 16년으로 두 배씩 빠르게 진행되다가 다시 8년, 4년, 2년, 1년 순으로 점차 속도를 늦춘다. 처음부터 끝까지 매우 조직적으로 쓰여진 소설이다. 게이츠는 책에서 단순히 정치범으로 가택 연금을 당한 한 신사의 생애에 투여된 관

심을 넘어 인간이 보편적으로 갖는 자유에 대한 보다 근원적인 열망을
읽었을 게 분명하다. 그리고 그 독서가 제3세계를 향한 그의 자선 행보
에 상당한 영향을 미쳤을 것으로 짐작한다.

공유사회를 예언한 이단아
트래비스 캘러닉
(우버 창업자)

Travis Kalanick

11장

우리의 전반적인 목표는
우버를 타는 비용을
차를 소유하는 비용 밑으로
끌어내리는 것이다.

_트레비스 캘러닉

2019년 5월 10일, 미국 뉴욕 증권거래소에서는 또 한 명의 조만장자가 탄생했다. 그 주인공은 트래비스 캘러닉Travis Kalanick이다. 그는 공유 차량 플랫폼 기업 우버가 IPO를 단행하며 자신이 보유한 8.6퍼센트의 지분으로 단숨에 그해 최고의 돈방석에 앉았다. 2021년 3월 11일, 동일한 장소에서 상장한 쿠팡이 10.2퍼센트의 지분을 보유한 김범석에게 약 10조 이상의 돈방석을 안겨준 것과 비슷한 수준의 잭팟이었다. 유니콘 기업의 IPO는 투자금을 댔던 대기업들에게 감독기관의 눈치를 안 보고 합법적으로 돈 잔치를 벌일 수 있는 도박장이다. 우버에 77억 달러를 투자했던 손정의의 소프트뱅크는 보유 지분 가치로 100억 달러를 가뿐히 넘어섰고, 구글의 모회사 알파벳 역시 32억 달러의 가치를 확보했다. 당일 공모가 45달러로 출발한 우버는 2021년 4월

서재에서 탄생한 위대한 CEO들

한 때 60달러를 넘어서며 고공행진을 기록하고 있다.

캘러닉은 논란의 중심에 서 있는 인물이다. 상장 당시 그는 이미 각종 스캔들과 경영 악화로 인해 CEO의 자리에서 밀려난 상태였다. 특히 산발적으로 터진 성추문은 야망으로 가득 찬 젊은 사업가가 감당하기에 버거운 장애물이었다. 그의 몰락에는 한국도 일정 부분 관련이 있었다. 그가 2014년 한국을 방문했을 때 여성 접대부가 있는 서울의 한 룸살롱을 방문했다는 루머가 뒤늦게 터지면서 안 그래도 험악했던 여론이 그에게 불리하게 돌아가기 시작했다. 캘러닉은 당시 해당 업소에 남성 임원들과 함께 여자친구도 데리고 갔다며 결백을 주장했지만, 가슴에 번호표를 단 여성 접대부들을 골라 무릎에 앉히고 꽤 추잡한 놀이를 했다는 사실이 동석했던 여성 임원에 의해 폭로되면서 체면을 구겼다. 이 여성 임원은 귀국 후 인사 부서에 이 문제를 제기했으나 묵살당했다고 한다. 그래서일까. 기업 공개를 하고 보호예수 기간인 180일을 넘긴 시점에서 캘러닉은 기다렸다는 듯이 자신이 보유한 2조 9천억 원어치의 우버 주식을 팔아 치웠다. 자신이 가졌던 지분의 90퍼센트를 처분한 셈이다. 이로써 그의 재산은 27억 달러, 한화로 약 3조 1,400억 원으로 불어났다. 이어 그는 나머지 주식도 전량 매각하며 우버와 완전히 결별했다.

비록 그의 주변에서 일어난 여러 잡음들이 그의 평판에 적지 않은 악영향을 미쳤지만, 그가 공유산업에서 이룬 혁신은 인정받아 마땅하다. 스마트폰 앱으로 승객과 차량을 이어 주는 우버는 창업 10년 만에 세계 최대 차량 공유 플랫폼으로 도약했다. 80여 개국에 진출했고 총 고객수가 1억 명을 넘어섰다. 일반인이 자신의 차량으로 운송 서비스를 할 수 있도록 도와주는 '우버 엑스', 고급 승용차를 이용한 리무진 서비스 '우버 블랙', 승객을 일반 택시와 연결해 주는 '우버 택시' 등으로 세분하여 폭발적인 인기를 끌었다.

창업 과정도 드라마틱하다. 캘러닉이 친구이자 동업자인 개릿 캠프와 프랑스 여행 도중 현지에서 택시를 잡는 일이 고역이라는 사실을 깨닫고, 공유 차량 플랫폼을 구상하게 되었다고 한다. 이후 둘은 의기투합하여 우버를 창업했고 2010년 6월 미국 샌프란시스코에서 처음 서비스를 제공하기 시작했다.ʳ 서비스는 입소문을 타고 폭발적으로 성장했고 경제공유의 개념은 다른 산업에도 영향을 미치며 '우버화ᵘᵇᵉʳⁱᶻᵃᵗⁱᵒⁿ'라는 신조어를 만들어 내기도 했다.

『엔트로피』로 유명한 미래학자 제레미 리프킨은 『한계비용 제로 사회』에서 기술의 발달이 한계비용을 거의 안 들게 하면서 인류를 소유에서 공유로 나아가게 만든다고 말했다. 기술 혁신을 통해 자본주의의 생산성이 극에 달하면 협력적 소비를 통해 모든 것을 공짜로 얻을 수 있게 된다는 말이다. 꿈같은 이야기지만 사실 우리 주변에서 이미 그 전조를 찾을 수 있다. 리프킨의 이런 주장은 이번이 처음이 아니다. 그는 일찍이 『노동의 종말』과 『소유의 종말』을 통해 미래 사회의 핵심은 소유가 아닌 공유가 될 것이라고 단언했다. 소유가 중시되던 시대에는 빌리고 빌려주는 데 일정한 비용을 내야 했지만, 접속의 시대에 들어와서는 빌리고 빌려주는 데 시간과 비용, 배경과 국경이 무용지물이 되고

ʳ 우버는 '최상', '최고'를 의미하는 독일어 전치사 '위버(über)'에서 착안한 것이다.

서재에서 탄생한 위대한 CEO들

만다. 더 이상 노동과 소유에 매몰되지 않고 네트워크에 접속하여 모든 것을 나눠 쓰는 신인류가 탄생할 것이다.

우버는 리프킨이 예견한 이런 공유의 시대를 앞당긴 대표적 기업이다. 리프킨은 공유사회를 이끄는 세 가지 원리로 디지털화된 재생에너지, 3D프린팅 기술 그리고 자동차 공유를 꼽았다. 리프킨은 책에서 한계비용 제로 사회가 낳을 세 가지 미래를 그린다. 그중 첫째는 에어비앤비나 우버 같은 공유경제의 탄생이고, 둘째는 생산자와 소비자가 만나는 프로슈머의 탄생, 셋째는 노동의 종말이다. 공유경제는 모든 재화와 서비스를 수평적으로 이동시키는 경제 민주화를 낳고, 유통 과정에 끼어 있던 중개인들이 소멸하면서 소수가 독점하던 경제적 권력이 다수에게 배분될 것이다.

리프킨은 협력적 공유사회는 기존의 산업사회의 패러다임을 일거에 바꿔놓을 것이라고 전망한다. 그가 예측한 미래는 이미 우리 곁에 성큼 들어와 있다. 차를 바꿔 쓰는 오늘날의 모습은 거의 모든 것을 함께 소유하는 공유사회를 내다본 짧은 예지몽豫知夢에 불과하다. 어쩌면 캘러닉의 비전은 진정한 '아나바다(아껴 쓰고 나눠 쓰고 바꿔 쓰고 다시 쓰고)'의 현시顯示일지도 모른다. 이것저것 사지 말고 함께 나눠 쓰자는 그의 공유 철학을 놓고 엉뚱한 상상을 해본다. 과연 그의 서재에는 몇 권의 책이 꽂혀 있을까? 설마 그는 책도 함께 공유하자고 나서지는 않을까?

캘러닉의 서재에 꽂혀 있는 책들
론 처노, 『알렉산더 해밀턴(21세기북스)』
에인 랜드, 『아틀라스(휴머니스트)』
에인 랜드, 『파운틴헤드(휴머니스트)』
오슨 스콧 카드, 『엔더의 게임(루비박스)』
손무, 『손자병법(청아출판사)』

서재에서 탄생한 위대한 CEO들

에인 랜드의

『아틀라스』

공유경제를 꿈꿨던 캘러닉의 서재에는 어떤 책들이 꽂혀 있을까? 캘러닉이 첫 번째로 꼽은 추천 도서는 에인 랜드Ayn Rand의 『아틀라스Atlas Shrugged』다. 우리나라에는 2003년 민음사에서 공역자에 의해 5권으로 출판되었다가, 2013년 휴머니스트 출판그룹에서 다시 한 명의 역자에 의해 3권으로 나누어 번역 출판되었다. 필자는 두 종류의 역서를 맞비교할 기회는 얻지 못했고 대신 2013년도 판을 읽었다. 에인 랜드라는 필명으로 알려진 러시아 태생의 미국 작가 알리사 로젠바움Alisa Rosenbaum은 1905년 러시아의 자수성가한 유태계 약사 집안에서 태어났다. 어린 시절 그녀는 부유한 가정 덕분에 양질의 교육을 받았다. 하지만 좋은 시절은 그리 오래가지 않았다. 1917년, 볼셰비키 혁명이 일어나자 공산당으로부터 전 재산을 몰수당하고 그녀의 가족은 크리미아로 내쫓긴다. 그녀에게 십 대는 불안한 지위와 예측 불가능한 미래에 대한 혼란으로 점철된 시기였다. 그녀는 자신에게 주어진 인생의 숙제들을 풀기 위해 이후 상트페테르부르크로 돌아와 대학에서 철학과 역사학을 공부한다.

그녀가 오늘날 미국에서 20세기 최고의 소설가로 사랑받을 수 있었던 결정적인 사건은 다름 아닌 1926년 박물관의 관광안내원으로 일하며 숨 막히는 삶을 살던 그녀가 미국에 거주하는 친척의 초대로 간신히 대서양을 건너는 배에 올라탄 일이었다. 유태인으로서 박해를 피해 목숨을 건질 수 있었고 미국에서 자신의 역량을 발휘할 수 있는 기회를 얻게 되었기 때문이다. 그녀는 그렇게 미국에서 자신의 철학을 구현하는 장으로 연극판을 선택한다. 그런 점에서 그녀는 극작가 헨리 밀러나 베르톨트 브레히트와 유사하다고 할 수 있다. 할리우드에서 기웃거리던 그녀는 배우 프랭크 오코너를 만나 결혼하여 미국 시민권을 얻었고, 앨리스 오코너라는 이름으로 1935년 브로드웨이에서 개막한 연극의 극본을 쓴다. 그녀가 본격적으로 대중에게 이름을 알리게 된 계기는 극본이 아니라 에인 랜드라는 필명으로 1943년 소설『파운틴헤드 Fountainhead』를 발표하면서부터였다.⁵ 이성의 원칙에 따라 자신의 소신을 굽히지 않는 건축가 하워드 로크의 일과 사랑을 담은 철학적 로맨스로 『파운틴헤드』는 그녀에게 명성과 성공을 한꺼번에 가져다주었다.

이후 여세를 몰아 1957년, 그녀는 디스토피아 소설『아틀라스』를 발표한다. 아슈케나짐 유태인으로서 그녀는 평소 어떠한 형태의 집단주의나 국가주의도 단연코 거부했으며 종종 전체주의의 이론적 배경으로 작동하는 종교와 윤리도 배격했다. 그녀에게 인류의 문명을 지탱하는 유일한 근거는 이성을 활용한 자유방임주의와 자유시장 경제체

---

s 『아틀라스』와 동일한 역자에 의해 우리말로 번역되어 있다.

서재에서 탄생한 위대한 CEO들

제를 옹호하는 자본주의뿐이었다. 이러한 그녀의 철학은 『아틀라스』에 고스란히 나타난다. 한 비평가가 이 소설을 일컬어 '미 보수주의 문학의 경전'이자 '지극히 미국적인 작품'이라고 말한 데에는 다 그만한 이유가 있다. 그녀의 소설에 대한 평가는 문학비평가들 사이에서 극명하게 갈리지만, CEO들은 대체로 호의적이다. 캘러닉뿐만 아니라 엑손모빌의 CEO 렉스 틸러슨도 『아틀라스』를 추천서로 꼽았다. 전 연방준비제도 이사회 앨런 그린스펀도 그녀의 추종자로 잘 알려져 있다. 그는 한 인터뷰에서 그녀의 자유시장 개념이 자신이 직책을 수행할 때 많은 영향을 미쳤다고 공공연히 밝혔다. 심지어 미국 내 가장 큰 은행 중 하나인 BB&T의 CEO 존 앨리슨은 그녀의 소설을 두고 이런 말을 했다. "「포천」지가 선정한 500대 CEO 중 많은 이들과 이야기하면서 나는 그들이 에인 랜드의 사상에 모두 동의하는 건 아니지만 소설 『아틀라스』가 그들의 비즈니스에 지대한 영향을 끼쳤다는 사실을 알게 되었다."

에인 랜드(출처: shesaid.blog)

소설 『아틀라스』는 미래인 것은 분명하지만 시기를 특정할 수 없는 디스토피아 시대의 미국이 등장한다. 소설 속의 미국은 의회 대신 국가 입법부가 나라를 통치하고 대통령 대신 국가원수가 지배한다. 미국은 도처에 자원 부족과 사업 실패, 생산성 저하로 인한 경제 붕괴로 치닫고 있다. 20세기 초반에 등장했던 많은 기술들이 등장하지만, 제트 비행기나 컴퓨터와 같은 이후 시대의 기술들은 자취를 찾아볼 수 없다. 역사적 인물이나 사건, 심지어 제2차 세계대전과 같은 주요 사건들에 대한 언급도 거의 없다. 미국을 제외하고 대부분의 나라들은 사회주의 또는 공산주의 국가를 암시하는 인민국가로 불린다.

태거트 대륙횡단철도의 운행 부사장인 대그니 태거트는 계속되는 경제 불황 속에서도 회사를 운영해 나간다. 대그니는 저자 에인 랜드의 분신이자 그녀의 객관주의 철학의 화신과도 같은 존재다. 태거트 가문의 맏아들이라는 이유만으로 철도회사를 물려받은 오빠 제임스가 잇따른 경영 실패로 궁지에 몰릴 때마다 그녀는 경영 일선에 나서 회사를 파산 위기에서 건진다. 경제 상황이 악화되고 정부가 성공적인 기업에 대한 통제를 시행하자 사람들은 "존 골트는 누구인가?"라는 수수께끼 같은 말을 반복한다. 이는 "아무도 대답할 수 없는 질문일랑 하지 말라"는 뜻이다. 철도회사의 사장이었던 그녀의 오빠 제임스는 오런 보일의 믿을 수 없는 어소시에이티드 스틸로부터 사는 것과 같은 불합리한 결정을 하는 것처럼 보인다. 대그니는 또한 그녀의 첫사랑인 아르헨티나의 억만장자 프란시스코 단코니아가 멕시코가 구리 광산을 국유화시킬지라도 산 세바스티안 구리 광산을 건설함으로써 가족의 구리 회사를 위험에 빠뜨리고 있다는 사실을 알고 실망한다. 이러한 위험에도

316

불구하고, 짐과 보일은 사업가인 엘리스 와이어트가 대규모 석유 매장량을 발견한 콜로라도의 리오 노르테 노선을 무시한 채 이 지역을 위한 철도에 많은 투자를 하고 있다. 철도의 손실을 만회하려고 짐은 전미철도동맹이 콜로라도와 같은 부유한 지역에서 경쟁을 금지하도록 영향력을 행사한다.

필라델피아에서는 자수성가한 철강 거물 행크 리어든이 기존 철강보다 가볍고 강한 합금인 리어든 금속을 개발한다. 대그니는 리오 노르테 노선에서 리어든 금속을 사용하기로 결정하고 이 제품의 첫 번째 고객이 된다. 행크가 로버트 스태들러 박사가 운영하는 정부 연구 재단인 국립과학연구소에 금속의 판매를 거부하자, 연구소는 금속에 문제가 있는지 확인하지 않고 이를 규탄하는 보고서를 발간한다. 그 결과, 많은 주요 단체들이 해당 노선을 보이콧한다. 비록 스태들러는 보고서의 비과학적 어투에 대한 대그니의 불평에 동의하지만, 그는 그것을 무시하기를 거부한다. 태거트 대륙횡단철도를 보이콧으로부터 보호하기 위해 대그니는 존 갤트 노선이라는 이름의 독립 회사를 짓기로 결심한다. 아내 릴리언과 지내는 삶에 불만족스러워 하면서도 의무감에 그녀와 결혼 생활을 유지하고 있었던 행크는 대그니에게 매력을 느끼고, 존 갤트 노선 개통식에 참석했을 때 급기야 둘은 연인으로 발전한다. 휴가 중에 행크와 대그니는 대기 중의 정전기로 돌아가는, 불완전하지만 꽤 혁명적인 모터를 탑재한 버려진 공장을 발견한다. 그들은 모터를 개발한 발명가를 찾기 시작하고, 대그니는 모터를 다시 제작하기 위해 과학자 쿠엔틴 대니얼스를 고용한다.

프란시스코와의 대화를 통해 대그니와 행크는 그가 의도적으로 구리 회사에 해를 끼치고 있다는 사실을 깨닫는다. 정부가 직원들의 퇴직을 금하고 모든 특허를 국유화하라는 지시를 내리자, 대그니는 이에 반발해 사임하는 등 법을 위반한다. 행크의 동의를 얻기 위해, 정부는 그에게 대그니와의 불륜을 알리겠다고 협박 메일을 보낸다. 태거트 대륙횡단철도의 터널 중 하나에서 큰 재난을 겪은 후, 대그니는 업무에 복귀한다. 돌아오는 길에 그녀는 쿠엔틴 다니엘스도 항의의 표시로 그만둔다는 통보를 받고 쿠엔틴 다니엘스를 설득하기 위해 사방팔방 찾아다닌다. 다니엘스에게 가는 길에 대그니는 존 갤트라는 엔지니어가 모터를 발명하고 버렸다는 이야기를 뜨내기 노동자를 만나며 듣게 된다. 그녀는 전용기를 타고 다니던 다니엘스를 뒤쫓던 중, 그녀는 재계 리더들이 실종되는 사건 이면의 숨겨진 비밀을 발견한다. 그녀는 갤트의 굴치라고 알려진 고립된 계곡에 추락한다. 그녀는 부상에서 회복하는 동안 파업자들이 자신의 동기를 그녀에게 납득시키고 그녀는 갤트와 사랑에 빠지게 된다. 갤트는 그녀에게 파업에 동참해줄 것을 설득한다. 철도를 포기하고 싶지 않았던 대그니는 갤트의 굴치를 떠나면서 정부가 독재정권으로 전락했다는 것을 알게 된다. 프란시스코는 행크의 제철소를 무장 인수하는 것을 막는데 도움을 주고 행크가 파업에 참여하도록 설득한다. 갤트는 대그니를 따라 뉴욕으로 가서 전국 라디오 방송을 무단으로 해킹해 소설의 주제와 랜드의 객관주의를 설명하는 3시간짜리 연설을 한다. 당국은 갤트를 체포하고 국가 경제 회복을 이끌도록 설득했으나 실패하자 그를 가두고 고문했다. 정부는 결국 무너지고 갤트는 파업자들이 세상과 다시 합류할 수 있다고 발표하면서 소설은 막을 내린다.

소설 중간에 존 골트의 이름으로 등장하는 매우 장황한 연설은 저자 에인 랜드의 객관주의 철학을 잘 보여 준다. 저자는 미국이 집산주의자들의 탐욕으로 무너지는 상황에서 한때 유럽을 휩쓴 전체주의의 망령을 떠올린다. 그 기시감은 결국 저자로 하여금 불가피한 파업을 통해 새로운 세계를 창조한다는 노동자의 과업을 제시하게 했다.

"권리의 개념을 상실한 여러분, 권리는 신의 선물, 믿음에 의해 받아들여지는 초자연적인 선물이라는 주장과 권리는 사회의 선물로 사회의 독단적인 변덕에 의해 깨질 수 있다는 주장 사이에서 무력하게 흔들리는 여러분, 인간 권리의 근원은 신의 법칙도, 의회의 법칙도 아닌 정체성의 법칙입니다. A는 A고, 인간은 인간입니다. 권리는 인간의 바람직한 생존을 위해 요구되는 존재의 조건입니다. 인간이 지상에서 살기 위해서는 자신의 정신을 이용해야 하고, 자신의 자유로운 판단에 따라 행동해야 하며, 자신의 가치를 위해 일하고 그 일의 결과물을 소유해야 합니다. 지상에서의 삶이 인간의 목적이라면 인간은 합리적인 존재로 살 권리가 있습니다. 자연은 인간이 비합리적이 되는 것을 금합니다. 그 어떤 단체나 국가라도 인간의 권리를 부정하는 것은 잘못된 것입니다. 그것은 악이고, 반생명적인 것입니다."[119]

론 처노의
『알렉산더 해밀턴』

18~19세기 미국 대통령이라면 고작 워싱턴과 링컨 정도 알고 있는 우리에게 알렉산더 해밀턴은 낯선 인물임에 틀림없다. 그도 그럴 것이 18세기 미국 유력 정치가로서 정작 대통령은 되지 못했던 비운의 인물이기 때문이다. 숙적이자 정치적 반대파였던 제퍼슨에 밀려 만년 2인자로 살았지만 미국인들에게는 엄연히 '건국의 아버지founding fathers' 중 한 명으로 추앙받는, 어린 시절 위인전에서 한 번쯤은 읽어야 하는 대표적인 정치가로 꼽힌다. 무엇보다 오늘날 미국인들이 일상에서 주고받는 10달러 지폐를 통해 매일 마주치는 인물이기도 하다. 미국 지폐에 초상화가 새겨진 인물 중 역대 대통령이 아니었던 사람은 알렉산더 해밀턴과 벤저민 프랭클린(100달러) 단 두 명뿐이라고 하니, 미국인들에게 해밀턴의 위상이 어느 정도인지 가늠할 만하다. 역사에 만약이란 없지만, 만에 하나 그가 대통령이 되었다면 미국 역사는 과연 어떻게 흘러갔을까?

미국 10달러 지폐에 새겨진 해밀턴의 초상화(출처: wikipedia.org)

　부끄러운 이야기지만 캘러닉의 추천이 아니었다면 필자 역시 해밀턴이라는 야누스적 인물에 대해 전혀 모르고 지나갔을 것이다. 최근 해밀턴의 일대기는 브로드웨이 뮤지컬로 새로이 조명을 받으며 케케묵은 역사의 공동묘지에서 화려하게 부활했다. 린-마누엘 미란다의 뮤지컬 「해밀턴」은 평단으로부터 작품성도 인정받으면서 2016년 드라마 부문 퓰리처상을 수상했고, 같은 해 11개 부문에서 토니상을 받는 쾌거를 이뤘다. 필자는 이번에 처노가 쓴 해밀턴 전기를 읽으며 유튜브를 통해 일부 뮤지컬 장면들을 시청했다. 역동적인 퍼포먼스와 랩이 어우러진 환상적인 무대에 한동안 넋을 잃고 바라보았다. 단편적인 영상에 아쉬운 마음을 접으며 조만간 코로나가 잠잠해지면 브로드웨이로 날아가 반드시 뮤지컬 「해밀턴」을 보고야 말겠다는 다짐을 했다. 과연 캘러닉이 감명받은 해밀턴의 파란만장한 인생을 전기작가 처노는 어떻게 그렸을까?

　알렉산더 해밀턴Alexander Hamilton은 1755년 1월 11일 영국령 서인도제도의 네비스 섬에서 사생아로 태어났다. 사실 태어난 연도도 불확실하다. 당시 사생아는 생년월일을 늦게 신고하거나 출생 자체를 숨기는 경우가 허다했기 때문이다. 아버지는 스코틀랜드 귀족 가문 출신의 부유한 상인 제임스 해밀턴이었고, 어머니는 프랑스 위그노와 영국인의 혼혈인 레이철 포셰트였다. 미천한 출신 배경 때문에 정상적으로 교회 부속학교에 다닐 수 없었던 해밀턴은 유태인 학교에서 공부할 수밖에 없었다. 덕분에 그는 유태교와 유태인들에 대해 여느 정치가보다 호의적이었다. "외부의 영향을 많이 받는 어린 시절에 유태인에게 많이 노출되었던 탓인지 해밀턴은 평생 유태인을 숭배했다."[120]

그나마 그가 11살이 되던 해 어머니가 황열병으로 세상을 등지자 사고무친 일개 고아 신세로 전락하며 학교 교육은 더 이상 받지 못하게 되었다. 이후 장돌뱅이와 무역상을 따라다니며 장사를 익힌 그는 1772년 15세가 되었을 때 우연한 기회로 미국 유학길에 오르면서 일대 운명의 전기를 맞게 된다. 우리로 치면 중학교 2학년 나이다.

미국은 그에게 약속의 땅이자 기회의 나라였다. 미국 보스턴에 도착한 해밀턴은 엘리자베스타운 아카데미에 입학했다. 얼마 안 가서 1775년 13개 식민지들과 본토 영국 사이에서 전쟁이 일어났다. 전쟁은 아무것도 가진 게 없던 해밀턴에게 도리어 기회가 되었다. 여러 전투에서 무공을 세운 해밀턴은 훗날 미국의 초대 대통령이 되었던 조지 워싱턴 장군의 눈에 들게 된다. 그는 요크타운 전투에서 영국군에 승리를 거두는 데 결정적인 역할을 했고 베르사유 조약을 통해 공식적으로 미국이 영국으로부터 독립하는 데 초석을 놓았다. 이후 해밀턴은 무주공산이었던 식민지에 새로운 나라를 건설하고 독립국가로서 헌법과 정치제도를 완비하는 일에 투신한다. 1789년 워싱턴이 미국의 초대 대통령으로 선출되었을 때 그는 해밀턴을 초대 재무장관으로 임명하였다. 이때 해밀턴은 미국 최초의 중앙은행이라고 할 수 있는 제1전미은행The First Bank of the United States을 출범시켰다. 당시만 해도 각 주마다 제각기 외국환이 통용되고 있었는데, 해밀턴은 이런 복잡한 문제들을 해결하기 위해 미국에 중앙은행이 필요하다고 주장했다. 세금을 징수하고 통화량을 조정하고 정부와 기업 간의 경제 정책을 조율할 때 중앙은행의 역할이 필수적이라고 본 것이다.

해밀턴은 1795년 재무장관직을 사임했지만 공직 생활에서 물러나지 않았다. 변호사 활동을 재개하면서, 그는 조언자이자 친구로서 워싱턴과 가까이 지냈다. 그는 재무장관 사임 후 도리어 경제전문가이자 정치가로서 입지가 점점 더 굳건해졌다. 그러면서 그를 견제하는 정적들도 늘어났다. 해밀턴은 1800년 대통령 선거에서 토머스 제퍼슨과 애론 버가 동수의 선거인단을 얻어 연방하원에서 대통령을 결정할 때 제퍼슨을 지지하면서 미국 역사의 흐름을 바꾸는 데 결정적인 역할을 했다. 반면 그 일로 정적이었던 애론 버는 그의 평생의 원수가 되었다.

"미국 역사상 알렉산더 해밀턴만큼 열성적인 사랑과 혐오를 불러일으킨 인물은 그리 많지 않다. 오늘날까지도 그는 '제퍼슨식 민주주의'와 '해밀턴식 귀족주의'를 비교하는 상스러운 역사 만평에 발목이 잡혀 있는 듯 보인다. 농업 중심의 사회 전망을 고집했던 제퍼슨과 그 추종자들은 해밀턴을 미국의 메피스토펠레스이자 은행과 공장, 증권거래소 등과 마찬가지로 악마적 술수를 옹호하는 자라고 여겼다. 이들은 그를 영국 왕실에 맹종하는 졸개, 사실상의 군주제주의자, 마키아벨리론을 믿는 음모자, 혹은 카이사르가 되고자 하는 사람 등으로 격하시켰

다."¹²¹

해밀턴은 인간의 근본적인 자유를 인정하고 누구보다 찬양했지만 본성에 도사리고 있는 어두운 이기심을 경계했다. 인간은 생물학적으로 다른 동물들처럼 자기보존을 위해서라면 남을 짓밟고 넘어갈 수 있는 이기적 존재다. 인간의 탐욕과 권력욕은 문명이 가르친 고상한 인류애나 이타심을 뛰어넘을 만큼 강력하다. 따라서 인간의 자유란 타인의 자유를 침해하지 않는 선에서 확보될 수 있을 뿐이다. 이런 점에서 해밀턴은 루소보다 홉스를 더 닮았다고 할 수 있다. 해밀턴은 이런 인간관을 바탕으로 든든한 법치국가와 강력한 대통령제를 주장했다. 당시 미국은 영국으로부터 독립을 이루어낸 뒤 국가의 기틀을 새롭게 구상하고 설계하는 단계에 있었는데, 중앙 집권적 대통령제를 주장하는 연방주의자들과 지방 분권적 의회제를 주장하는 분리주의자들이 대립하고 있었다. 해밀턴은 정계에서 대통령제를 강력히 지지하는 대표적 인물이었다. 대통령에게는 과거 군주에 버금가는 권력이 주어져야 한다. 오늘날 미국의 정치제도는 상당 부분 이러한 해밀턴의 구성물이라고 봐도 무방하다.

아직 할 일이 많이 남아 있는 해밀턴에게 운명의 날이 다가왔다. 1800년 제퍼슨이 대통령에 당선된 이후 정계를 잠시 떠나 「뉴욕 이브닝 포스트」를 창간한 해밀턴은 1804년 뉴욕 주지사에 출마한 애론 버를 비방하는 글을 신문에 실었다. 이에 분노한 버는 해밀턴에게 정식으로 사과를 요구했고 이를 받아들이지 않을 경우 남자답게 결투duel에 임할 것을 통보했다. 해밀턴은 정적인 애론 버에게 고개를 숙이느니 결투를 받아들이겠다고 말하며 둘의 결투는 성사되었다. 1804년 7월 11일

새벽 뉴저지 위호켄의 바위투성이 난간에서 둘의 결투는 시작되었다. 공교롭게도 해밀턴의 장남 필립이 3년 전에 목숨을 잃은 결투 장소와 비교적 가까운 곳에서 결투가 벌어졌다. 제비뽑기로 자리가 정해졌다. 이윽고 둘은 일정한 규칙에 따라 총을 뽑았고 두 사람의 총구는 일시에 불을 뿜었다. 해밀턴이 쏜 총알은 버의 머리 바로 위로 날아가 나뭇가지를 맞춰 부러뜨렸지만, 버가 쏜 총알은 해밀턴의 복부를 정통으로 관통하고 말았다.

해밀턴은 정적 애론 버와의 결투에서 결국 목숨을 잃게 된다.(출처: wikipedia.org)

"해밀턴과 버는 이제 훗날 헨리 애덤스가 '미 연방 초기 정치사에서 가장 극적인 순간'이라고 묘사한 바로 그 순간에 직면해 있었다. 펜들턴이 준비되었느냐고 묻자 두 사람은 그렇다고 대답했다. 펜들턴의 입에서 '제자리로'라는 구령이 떨어졌다. 해밀턴과 버는 서로를 향해 총을 겨누었다. 굉음과 함께 양쪽에서 총이 거의 동시에 아니면 몇 초 간격을 두고 불을 뿜었다. … 해밀턴은 발끝으로 선 채 격렬하게 경련을 일으키다가 왼쪽으로 몸을 틀더니 바닥에 머리를 박으며 쓰러졌다. 자신이 치명상을 입었다는 사실을 알았는지 그는 곧바로 '나는 이제 죽은 목숨이네'라고 말했다."[122]

운명의 장난인지 해밀턴은 필립을 보살폈던 똑같은 의사의 진찰을 받았다. "해밀턴은 자신이 버에게 원한이 없고 죽어가는 이 순간에도 마음만은 평화로우며 하나님과 운명을 겸허히 받아들였다고 무어 주교에게 되풀이해서 말했다. 세상을 떠나기 15분 전까지도 그는 말짱한 정신을 유지했다. 그러다가 1804년 7월 12일 목요일 오후 2시, 알렉산더 해밀턴은 마흔아홉 살의 나이로 평온하고 조용하게, 거의 아무런 소리도 내지 않고 세상을 떠났다. 결투에서 부상을 입고 쓰러진 지 서른한 시간 만이었다. 열정과 드라마로 가득했던, 비할 데 없이 높고 또 깊었던 격정적인 삶 뒤에 찾아온 죽음은 감사하게도 평온했다. 올리버 월콧 주니어는 자신의 아내에게 이렇게 썼다. '그렇게 이 시대의, 아니 모든 시대를 통틀어 가장 위대했던 사람 중 한 명이 떠났소.'"[123]

이렇게 위대한 미국 건국의 아버지는 술에 취한 남정네들이 순간의 객기로 맞장을 뜨는 것처럼 자존심 하나 지키기 위해 생명을 담보로 결투를 신청하고 또 이를 받아들이는 문화 때문에 49세라는 젊은 나이에 허망하게 개죽음을 당했다.

우선 『알렉산더 해밀턴』은 대략 1,400페이지를 훌쩍 넘는 두터운 분량으로 아직 표지도 넘기지 못한 독자들에게 위압감과 좌절감을 준다. 책등을 세워서 한 대 맞으면 이내 시퍼렇게 멍이 들 정도로 책의 두께와 무게부터 예사롭지 않다. 필자 역시 둔중한 벽돌을 방불케 하는 해밀턴 전기를 곁에 두고 틈틈이 읽는 데 거의 6개월 이상이 소요됐으니까. '이걸 쓴 인간은 분명 편집증 환자거나 강박적 수집광일거야.' 도중에 몇 번이고 읽던 책을 집어던지고 싶은 결기를 억누르는 데 살인적인 인내심이 요구되었다. 이처럼 엽기적(?) 분량의 전기를 쓴 론 처노는 몇 해 전 필자가 『부자의 역사』를 집필하면서 일찍이 만난 적이 있다. 『부의 제국』이라는 록펠러의 전기였는데, 그때는 다행히 두 권으로 분책되어 있어서인지 체감상 이처럼 힘들진 않았던 것 같다.' 최고의 전기 작가답게 처노는 이번에도 방대한 사료史料를 뒤지며 해밀턴의 생애를 그 누구도 할 수 없을 만큼 드라마틱하게 재구성해 내는 데 성공했다. 그럼에도 감히 여러분들에게 한번 읽어 보라고 추천하기가 매우 주저된다. 18~19세기 미국의 건국 과정에서 일어난 개략적 사건들을 연구하는 전공자거나 오늘날 미국 경제 시스템의 역사적 뿌리를 더듬어 가고 싶은 사학자가 아니라면 이 책에 큰 관심을 갖기 힘들지 모른다. 다만 수면제로도 고칠 수 없는 불면증으로 수개월째 고생하고 있는 분이거나 '과연 내가 어디까지 참을 수 있을까?' 하고 스스로 인내심의 한계를 느껴 보고 싶은 괴짜 독자라면 한 번쯤 도전해볼 만하다.

마지막으로 그의 서재에 해밀턴의 전기를 다시 꽂아 놓으며 문득 한 가지 의문이 든다. '캘러닉은 과연 이 책을 다 읽었을까, 아니면 지금도 여전히 읽고 있을까?'

---

t 두 권의 록펠러의 전기도 합치면 1,300페이지가 넘는다.

오슨 스콧 카드의
『엔더의 게임』

캘러닉이 꼽은 세 번째 추천 도서는 소설 『엔더의 게임 Ender's Game』이다. 이 작품은 미국인이 가장 사랑하는 작가 중 한 명인 오 슨 스콧 카드Orson Scott Card가 1977년 발표한 SF 소설이다. 평단과 대중 모 두에게 칭송을 받은 베스트셀러다. 1985년에 장편소설 부문에서 네뷸 라상을 받았고 이듬해에는 휴고상을 수상했다.ᵘ 잘은 모르지만 SF 소 설로 두 상을 연속으로 수상한 작품은 이제껏 『엔더의 게임』이 유일하 다고 한다. 1999년에는 100대 근대 장편소설 중에 59위로 뽑혔고, 전미 도서관협회가 꼽은 '청소년들이 읽어야 할 100대 필독서'로 선정되기

---

u 휴고상이 흥행적 측면을 주로 고려한 상이라면, 네뷸라상은 주로 작품의 완성도를 고려한 상이다. 이런 두 개의 상을 연속으로 수상 했다는 것은 흥행성과 문학성을 고루 갖췄다는 뜻이다. 이에 「뉴 욕타임스」 기자 제럴드 조너스는 소설의 줄거리가 Z등급의 TV 방송용 싸구려 SF 영화를 닮았다고 혹평하면서도 주인공인 엔더 가 반바지를 입은 작은 나폴레옹을 닮았다며 등장인물의 탁월한 전개에는 후한 점수를 주기도 했다.

도 한 고전이다. 특히 「스타워즈」류의 우주전쟁 스토리에 매료되는 것으로 유명한 미국인들에게 인기가 높다. 대중의 인기에 힘입어 소설은 2013년 영화화되기도 했다.

저자인 카드는 1951년 워싱턴 주 리치랜드에서 독실한 모르몬교 가정의 셋째 자녀로 태어났다. 그는 모르몬교 3대 회장으로 유타 주에 정착하는 데 혁혁한 공을 세운 브리검 영의 고손자로 모르몬교가 세운 교육기관인 유타 주 브리검영대학에서 고고학과 신학, 문학을 공부했다. 『엔더의 게임』곳곳에서도 자신의 종교적 배경이 진하게 묻어나는 설정이 발견된다. 대표적으로 작품 주인공의 어머니가 모르몬교 신자로 등장한다. 카드는 모르몬교의 전통에 따라 브라질에서 2년 동안 선교활동을 하기도 했으며 최근까지 공개 석상에서 자신의 신앙을 밝히는 데 주저하지 않았다. 자신의 출세작인 『엔더의 게임』이 영화화되었을 때 동성애를 비난하는 종교적 입장을 두둔했다가 여론의 뭇매를 맞은 적이 있었는데, 그때 카드는 몇몇 단체들의 사과 요구에도 끝까지 자신의 입장을 철회하지 않았다. 그 때문인지 해리슨 포드와 벤 킹슬리 등 화려한 캐스팅과 1억 1천만 달러라는 천문학적인 예산을 들였음에도 불구하고 영화는 한마디로 폭망했다.

필자는 일전에 영화로 먼저 보았고 이번 기회에 책으로 다시 읽었다. 폴 베호벤 감독의 영화 「스타쉽 트루퍼스」가 떠오른 것은 외계종족 포믹이 단순히 갑각 곤충을 닮았다는 이유만은 아니었다. 할리우드 영화라면 어김없이 등장하는 성장 테마가 드러났기 때문이다. 줄거리는 다음과 같다. 지구는 출생지 미상의 외계인 버거Bugger의 침공을 받는다. 이를 난세의 영웅 메이저 래컴Mazer Rackham의 영도하에 간신히 막아낸 인류는 비범한 아이들을 전사로 훈련시켜 장차 일어나게 될 미래의 침공을 대비하고자 한다. 여기서 잠깐? 왜 아이들일까? 이 질문은 『엔더의 게임』이 갖는 가장 중요한 철학을 표면으로 부상시킨다. 주인공 앤드류 위긴, 줄여서 엔더Ender는 전사로 차출되어 적들의 가상 침공을 상정하여 게임으로 유년병들을 훈련시키는 군사학교에 보내진다.ᵛ 그라프 대령은 엔더의 기지 넘치는 전략과 위기 상황에서 더욱 번뜩이는 판단력, 대원들을 규합하는 통솔력을 높이 평가하여 그를 지구 최고의 전투 지휘관으로 키우려고 한다. "내 임무는 세계 최고의 군인, 역사상 최고의 군인을 키워 내는 것이다. 우리에게는 나폴레옹, 알렉산더가 필요하다. 나폴레옹이 최후의 전쟁에서 패했고 알렉산더는 요절했다는 점을 제외한다면. 우리에게는 율리우스 카이사르가 필요하다. 물론 그가 암살되었다는 점은 제외해야겠지. 나의 임무는 그러한 인물과 그를 도울 인물들을 만들어 내는 것이다."¹²⁴

그렇게 샐러맨더 부대에 선발된 주인공 엔더는 일곱 살이라는 어린 나이에도 불구하고 뛰어난 지도력과 남다른 판단력, 경쟁자들을 압도하는 게임 실력으로 부대의 에이스로 부상한다. 소설은 그가 한 명의 훌륭한 전투 지휘관으로 성장하는 모습을 여러 에피소드들로 보여 준다. 게임을 거듭할수록 어린애의 태를 벗고 점차 인간 병기가 되어 가는 소년병들의 모습 속에서 성장소설의 면모를 느낄 수 있지만, 반대로 가상이라고 하지만 아무것도 모르는 아이들을 데려다 놓고 적들을 죽

ᵛ 엔더(Ender)는 '종결자'의 의미를 지니고 있기 때문에 그 자체로 스토리상 하나의 복선으로 작용한다.

이고 짓밟아 이기는 것만 가르치는 장면에서 과도한 폭력성을 부추기고 나아가 아동학대에 해당하는 선동과 훈련을 강요하는 것 같았다. 실지로 피도 눈물도 없이 아이들을 마구 굴리는 그라프 대령의 모습에서 개인적으로 킬링필드의 비극을 초래한 캄보디아의 크메르 루즈군과 폴 포트Pol Pot가 겹쳐 보이기도 했다. 아직 윤리의식이 채 영글지도 않은 십 대 초반의 아이들(게다가 엔더는 일곱 살에 불과하다!)을 주도면밀한 전투기계로 육성하는 정책은 적에 대해 일말의 동정심도 느끼지 못하게 하려는 고도의 술수처럼 보였기 때문이다.

우주전쟁의 모티프를 창조한 오슨 스콧 카드(출처: wired.com)

우여곡절 끝에 엔더는 결국 버거와의 최후의 전쟁에서 인류를 이끌 지휘관으로 선출된다. 엔더와 그의 부하 소년병들은 최후의 시뮬레이션만을 남겨 놓게 된다. I.F. 사령관이 참관하는 이번 시뮬레이션을 성공적으로 통과하면 엔더는 전군을 지휘하는 지휘관이 될 수 있다. 엔더는 함대를 버거 모성에 직접 돌입시킨 뒤 최종병기로 자폭하는 가미가 제식 전략을 선보인다. 그 전략은 멋지게 성공한다. 적의 함대는 궤멸되고 버거의 행성은 초신성이 폭발하듯 깨져 나간다. 엔더의 전함은 폭발하지 않고, 적의 대병력과 그들의 행성이 있던 곳에는 아무것도 남아 있지 않았다.

"편대장들의 환호 소리가 귀를 울렸다. 엔더는 헤드세트를 벗었다. 하지만 실내 역시 비슷한 환호성으로 가득 차 있었다. 군복을 입은 사람들이 서로 부둥켜안은 채 웃고 소리치고 있었다. 어떤 사람은 울고 있었다. 무릎을 꿇거나 엎드려 기도하는 사람들도 있었다. 엔더는 모두지 이해할 수가 없었다. 분명 뭔가 잘못된 것이다. 그들은 당연히 화를 내야만 했다."[125]

모든 상황을 지켜보던 그라프 대령은 엔더에게 뛰어가 울면서 그를 꼭 껴안는다. 옆에는 엔더의 롤모델인 메이저 래컴이 서 있었는데, 그는 어리둥절해하는 엔더에게 충격적인 비밀을 전한다. "엔더, 지난 몇 주간 넌 우리 함대의 총사령관이었다. 이건 3차 침공이었어. 게임은 없었다. 전부 실제 전투였고, 넌 버거들을 상대했던 것이란다. 너는 모든 전투에서 승리했고 오늘 마침내 적의 본거지에서 그들과 싸웠던 거다. 거기엔 버거 여왕들, 모든 식민지로부터 돌아온 여왕들이 전부 모여 있었고, 넌 그들을 모두 없애 버린 거야. 이제 버거들은 다시는 우리를 공격할 수 없다. 네가 해낸 거야."[126]

그랬던 것이다. 모든 것은 컴퓨터 가상 시뮬레이션 게임이 아니라 진짜 전투였던 것이다. 엔더가 시뮬레이션이라 생각했던 모든 작전과 전략은 실제 군대와 함선을 원격 지휘한 것이었고, 군의 지휘부는 일부러 이 사실을 엔더가 모르게 감추었다. 이유는 엔더가 작전 중에 쓸데

없이 인간의 사사로운 감정에 휘말려 적을 동정하거나 부하들을 연민하지 않고 오로지 게임에만 열중할 수 있도록 배려하기 위함이었다. 그것도 모른 채 엔더는 그간 만나는 적이면 그게 누구든 아무렇지 않게 닥치는 대로 죽였던 이전의 모든 게임들이 진짜 전투였다는 사실에 충격을 받는다. 비록 인간은 아니었지만 우주 저편의 고등한 생명체들을 자신의 손으로 흔적도 없이 지워 버린 것이다. 그는 형편없이 추악한 내면의 폭력성과 잔인성을 스스로 직시하고 만다. 그는 참회하는 마음으로 버거 종족의 흔적을 찾아 나선다. 그렇게 태양계를 벗어나 그들의 행성이 있던 곳에 당도한 엔더는 거기서 수정된 버거 여왕의 번데기들을 발견한다. 민달팽이처럼 생긴 수컷들이 애벌레 여왕과 교미하고 수십 수백만 버거들을 만들어 내고 있었다. 거기서 엔더는 정신적 교감을 통해 여왕 버거와 대화를 이어간다. 여왕 버거는 엔더에게 말한다. "우리는 당신을 좋아해요. 당신들을 해칠 생각은 없었어요. 당신들을 어느 정도 이해하게 된 뒤에는 절대로 침략하려 하지 않았어요. 당신들을 만나기 전에는 우주에서 지적인 생명체는 우리뿐이라고 알고 있었어요. 서로의 꿈을 꾸지 못하는 외로운 존재들을, 어떻게 지적인 생명체라고 생각할 수 있겠어요? 어떻게 알 수 있었겠어요? 우린 함께 평화롭게 지낼 수도 있었어요. 믿어주세요. 믿어주세요. 믿어주세요."[127]

엔더는 여왕의 진심 어린 메시지를 믿었고, 고치 하나를 얻어와 지구로 돌아온다. 엔더는 여왕 버거와 나눈 대화들을 기록으로 남겨 책으로 남긴다. 그 책에는 한때 서로를 죽였던 외계종족의 반성과 평화를 희구하는 다짐이 들어 있었다. 그 책은 많은 지구인들의 마음을 사로잡았고, 새로운 시대를 살아갈 이들의 삶의 지표로 여겨졌다. 시간이 흘

러 그 책은 성전聖典이 되었고 사상은 종교가 되었다. 우주를 여행하는
이들에게 그것은 유일한 종교가 되었다. 소설은 이렇게 끝난다.

대화에 기술을 입힌 철학자
스튜어트 버터필드
(플리커/슬랙 창업자)

Stewart Butterfield

12장

나는 아이였을 때도
꽤 사업가적 기질이 있었다.
나만의 레모네이드 가판대를
갖고 있었으니까.
12살 때 난 세븐일레븐에서 파는
핫도그 가격을 흥정해서
빵에 넣기 전의 핫도그를 사서
해변에서 되팔곤 했다.

_스튜어트 버터필드

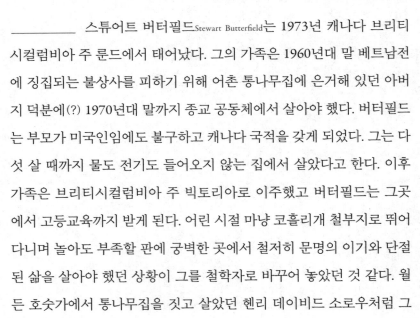

_____ 스튜어트 버터필드Stewart Butterfield는 1973년 캐나다 브리티
시컬럼비아 주 룬드에서 태어났다. 그의 가족은 1960년대 말 베트남전
에 징집되는 불상사를 피하기 위해 어촌 통나무집에 은거해 있던 아버
지 덕분에(?) 1970년대 말까지 종교 공동체에서 살아야 했다. 버터필드
는 부모가 미국인임에도 불구하고 캐나다 국적을 갖게 되었다. 그는 다
섯 살 때까지 물도 전기도 들어오지 않는 집에서 살았다고 한다. 이후
가족은 브리티시컬럼비아 주 빅토리아로 이주했고 버터필드는 그곳
에서 고등교육까지 받게 된다. 어린 시절 마냥 코흘리개 철부지로 뛰어
다니며 놀아도 부족할 판에 궁벽한 곳에서 철저히 문명의 이기와 단절
된 삶을 살아야 했던 상황이 그를 철학자로 바꾸어 놓았던 것 같다. 월
든 호숫가에서 통나무집을 짓고 살았던 헨리 데이비드 소로우처럼 그

336

도 소박하면서도 진솔한 삶을 꿈꿨는지 모르겠다. 이는 학업에도 그대로 이어져 그는 1996년 빅토리아대학교에서 철학 학사학위를 받았고, 1998년 영국 케임브리지대학 클레어칼리지에서 철학 석사학위를 받았다. 그의 관심 분야는 정신철학과 인지과학이었다.

대화에 기술을 입힌 철학자 스튜어트 버터필드(출처: google.com)

철학자의 삶을 살고 싶었던 버터필드에게 일생일대의 터닝포인트가 찾아왔다. 2000년, 친구인 제이슨 클래슨Jason Classon의 우연한 제안으로 그가 세운 그래드파인더Gradfinder.com라는 스타트업에 동참하게 된 것이다. 그래드파인더는 학교 동문들을 찾아주는 사이트로 1999년 우리나라에서 시작되어 한때 큰 이슈가 되었던 아이러브스쿨과 비슷한 콘셉트의 플랫폼이었다. 당시 닷컴 버블이 막 꺼지고 있던 상황이었지만 IT 업계에서 일하며 버터필드는 자신의 오랜 관심사였던 인지과학과 인맥을 연결하는 플랫폼 사이의 관련성이 어떻게 현실에서 구현될 수 있는지 확인했다. 2년 뒤 그는 블로거였던 카트리나 페이크Caterina Fake와 결혼했고, 친구 클래슨과 함께 의기투합하여 멀티플레이어 온라인게임을 개발하는 회사 루디코프Ludicorp를 창업했다. 루디코프가 내놓은 첫 번째 게임은 네버앤딩Neverending이었다. 이후 이들은 사진 공유 사이트의 아이디어를 구현해 보기로 하고, 2004년 대망의 플리커Flickr를 창업한다. 플리커는 스마트폰의 대중화와 맞물려 사진을 찍고 공유하려는 젊은 세대의 취향을 저격하면서 단번에 인기를 얻게 된다. 플리커의 잠재성을 눈여겨보았던 야후는 2005년 인수를 제안했고 버터필드는 플리커를 3천 500만 달러(약 375억 원)에 팔았다.

야후에 들어가 총책임자로 플리커를 운영하던 버터필드는 새로운 도전을 위해 2008년 야후를 퇴사하고 이듬해 온라인게임 개발사 타이니스펙Tiny Speck을 창업한다. 결국 온라인게임의 매력을 떨쳐낼 수 없었던 것이다. 그러나 상황은 엉뚱한 방향으로 펼쳐졌다. 그는 글리치Glitch라는 대규모 온라인게임을 개발하고 있었는데, 팀 내 원활한 커뮤니케이션을 위해 슬랙Slack이라는 툴을 만든 게 화근(?)이었다. 개발자들이 한자리에 모여 회의를 하는 시간조차 아까웠던 버터필드는 자신이 앉은 자리에서 구성원 간의 완벽한 소통을 지원하는 프로그램을 개발했는데, 이 프로그램이 생각보다 너무 잘 만들어진 것이었다. 정작 야심차게 선보인 글리치는 게임 시장에서 폭망했으나 글리치를 개발하는 보조 툴로 만든 슬랙은 바로 시장에서 입질이 왔다. 2009년, 그는 슬랙 테크놀로지스Slack Technologies를 세우고 CEO에 오른다. 2013년, 버터필드는 클라우드 기반의 팀 커뮤니케이션 앱 슬랙을 출시했다. 2014년 2월 슬랙은 매주 5~10퍼센트씩 성장하여 8월 첫째 주에 12만 명 이상의 일일 사용자가 등록될 정도로 폭발적인 성장을 거듭했다. 슬랙은 2019년

6월 나스닥에 상장되면서 시총 240억 달러를 올리는 기염을 토했다. 주당 26달러에 상장되었는데, 거래 첫날에 48퍼센트가 오른 38.50달러에 장을 마감했다. 이전부터 아마존이나 마이크로소프트 등 대기업으로부터 인수 및 협업 제안이 줄을 이었으나 결국 세일즈포스가 2021년 7월 277억 달러(약 30조 5,100억 원)에 인수를 마쳤다.

누구보다 커뮤니케이션의 중요성을 알았던 버터필드는 『결정적 순간의 대화』나 『미움받을 용기』 같은 책을 추천하고 있다. CEO로서 그의 성장은 그의 서재에서 나온 것임을 부인할 수 없다.

버터필드의 서재에 꽂혀 있는 책들

기시미 이치로(외), 『미움받을 용기(인플루엔셜)』

케리 패터슨(외), 『결정적 순간의 대화(김영사)』

이안 보고스트, 『Play Anything』

로버트 J. 고든, 『미국의 성장은 끝났는가(생각의힘)』 외 다수

줄리 주오, 『팀장의 탄생: 실리콘밸리식 팀장 수업(더퀘스트)』

도리스 컨스 굿윈, 『권력의 조건: 라이벌까지 끌어안은 링컨의 포용 리더십(21세기북스)』

J.D. 밴스, 『힐빌리의 노래: 위기의 가정과 문화에 대한 회고(흐름출판)』

마이클 폴란, 『마음을 바꾸는 방법 금지된 약물이 우울증, 중독을 치료할 수 있을까(소우주)』

아빈저연구소, 『상자 밖에 있는 사람: 진정한 소통과 협력을 위한 솔루션(위즈덤아카데미)』

에밀리 베이즐론, 『Charged』

알렉스 길리, 『Devil's Harbor』 외 다수

M. 미첼 왈드로프, 『The Dream Machine』

기시미 이치로(외)의
『미움받을 용기』

버터필드의 서재에서 찾은 첫 번째 책은 우리에게도 꽤 익숙한 기시미 이치로의 『미움받을 용기』다. 젊어서 인지과학과 마음을 연구한 버터필드에게 심리학 대중서 추천은 어찌 보면 지극히 당연한 귀결일지 모른다. 기시미 이치로岸見一郎의 『미움받을 용기嫌われる勇気』는 프로이트의 수제자였던 알프레트 아들러의 심리학을 대중적으로 풀어낸 자기계발서다. 원서는 2013년 11월 출간되었는데 아들러 전문가인 철학자 기시미 이치로와 전문 작가인 고가 후미다케古賀史健가 함께 썼다. 저자들은 아들러의 목적론 철학이 그 의미와 가치에 비해 상대적으로 대중에 덜 알려졌다고 생각하여 그의 심리학을 쉽게 설명하고자 청년과 철학자를 등장시켜 가상의 대화를 통해 주제를 전달했다. 책은 일본에 출간되자마자 선풍적인 인기를 끌었다. 이 책이 일본에서 인기를 끈 건 소위 '사토리 세대悟り世代'로 불리는 일본의 젊은 세대의 정서와 맞아떨어졌기 때문이라는 분석이다. 국내에는 1년 뒤인 2014년 11월 출판사 인플루엔셜이 소개했으며 일본에서처럼 2014년과 2015

년에 베스트셀러에 올랐다. 인기에 힘입어 2016년에는 후속편인 『미움받을 용기 2』도 출판되었다.ʷ

심리학자 알프레드 아들러Alfred Adler는 1870년 오스트리아 빈에서 헝가리 출신의 상인이었던 유태인 아버지의 둘째 아들로 태어났다. 그는 어려서 매우 병약했으며 수레에 치여 죽을 고비를 넘기기도 했다. 바로 아래 남동생이 그가 세 살일 때 같은 침대에서 자다가 죽은 사건과 함께, 어린 시절 형과의 갈등과 경쟁의식으로 인한 스트레스는 평생 그를 괴롭힌 정서적 문제가 되었다. 빈대학교에서 의학을 전공하던 중 정신분석학자 프로이트의 강연을 듣고 그의 문하에 들어간다. 초창기에 그는 프로이트를 도와 빈정신분석학회를 창설하는 데 일조했으며 스승이 쓴 『꿈의 분석』에 서문을 작성할 정도로 철저히 프로이트의 이론에 심취했다. 아들러는 융을 비롯한 프로이트의 제자들 중에서 가장 뛰어난 실력을 보여 '프로이트의 양아들'이라는 칭호를 들을 만큼 수제자의 역할을 했다. 하지만 모든 심리를 성적 문제로 본 프로이트의 범성론凡性論에 회의를 느껴 그와 갈라서게 되었고 독립적인 학회를 구성하기에 이르렀다. 어린 시절의 트라우마를 하나의 숙명이라고 보았던 프로이트와 달리 아들러는 교육과 훈련을 통해 얼마든지 극복할 수 있는 문제로 보았다. 인간은 성적 욕망 외에도 다양한 원인으로 열등감을 느끼며

---

w 우리말로 '깨달음의 세대'라는 뜻의 사토리 세대는 2010년대 장기불황의 끝자락에 선 일본의 2030세대를 가리키는 말로 높은 청년 실업률로 현실을 자각하고 희망도 의욕도 없이 무기력해진 청년들을 말한다. 이들은 아예 사회로의 진출을 포기하고 도전이나 노력을 쓸데없는 것으로 치부해 버린다.

이를 해결하는 과정에서 인격의 왜곡이 발생한다고 주장했다. 이는 프로이트의 정신분석학을 정면으로 부정한 학설이었고 이후 학회를 비롯하여 강연과 기타 활동에서 스승과 갈등을 일으키는 주된 요인이 되었다. 이후 나치가 세력을 얻어 가면서 유태인에 대한 박해가 점차 시작되자 위협을 느낀 아들러는 1934년 미국으로 이주했다. 하지만 그는 강연을 위해 영국 애버딘대학교를 방문했다가 심근경색으로 죽고 말았다.

『미움받을 용기』의 이론적 토대를 제공한 알프레드 아들러(출처: thoughtco.com)

『미움받을 용기』는 이런 아들러의 개인심리학을 잘 반영한 심리학 대중서다. 우리는 누구나 남들에게 인정을 받고 싶은 욕구가 있다. 그것이 개인적인 인정이든 사회적인 평판이든, 사람들은 남들의 평가에 목을 매고 자신의 가치를 타인의 관점에 가볍게 양도해 버린다. 그래서 남들에게 칭찬을 받으면 우쭐하고 기분이 좋다가도 비판을 받으면 금세 침울해지고 만다. 동서고금을 막론하고 역사에서 정적과 자객에 의해 죽는 이들의 숫자보다 아첨꾼과 친구에 의해 몰락하는 이들의 숫자가 월등히 많은 이유도 여기에 있다. 저자들은 책에서 인간에게 예의를 갖추고 격식을 차리다 보면 정작 자신의 삶을 놓치게 된다고 진단한다. 모든 고민이 인간관계에서 비롯된 것이며 스스로를 구속하는 인간관계에서 벗어나 진정한 자유를 누리지 못한다면 불행해질 거라고 조언한다. 『미움받을 용기』가 말하는 핵심은 다음의 인용문으로 압축할 수 있다.

> 철학자: 몇 번이고 말했지만, 아들러 심리학에서는 "모든 고민은 인간관계에서 비롯된 고민이다"라고 주장하지. 즉 우리는 인간관계에서 해방되기를 바라고, 인간관계로부터 자유로워지기를 갈망하네. 하지만 우주에서 혼자 사는 것은 절대로 불가능해. 생각이 여기에 이르렀다면 '자유란 무엇인가'에 대한 결론은 나온 것이나 마찬가지라네.
>
> 청 년: 뭔데요?
>
> 철학자: 단적으로 말해 "자유란 타인에게 미움을 받는 것"일세.
>
> 청 년: 네? 무슨 말씀이신지?
>
> 철학자: 자네가 누군가에게 미움을 받는 것. 그것은 자네가 자유롭게 살고 있다는 증거이자 스스로의 방침에 따라 살고 있다는 증표일세.[128]

저자는 프로이트와 아들러를 비교하며 인생의 주인공은 결국 자신이며 삶의 향배를 결정짓는 키는 자신이 쥐고 있다는 사실을 강조한다. 이를 설명하기 위해 '소유의 심리학'과 '사용의 심리학'을 거론한다. 프

343

로이트는 인간이 트라우마를 갖고 살아가는 존재기 때문에 모든 문제의 원인은 결정론으로 귀결될 수밖에 없다고 말하며 소유의 심리학을 설파했다는 것이다. 한 마디로 모든 문제는 내가 이런 트라우마를 '소유'하고 있기 때문이라는 것. 이런 도식에는 나의 결단과 의지가 비집고 들어갈 틈이 없다. '어쩔 수 없어, 난 이렇게 생겨 먹었는걸.' 소유의 심리학은 이처럼 현실에 안주하게 하거나 숙명론으로 흐르도록 만든다. 반면 저자는 아들러의 심리학, 즉 사용의 심리학으로 사고의 모드를 전환하라고 조언한다. 인간은 과거의 트라우마에 휘둘릴 만큼 나약한 존재가 아니다. 목적론의 입장에 서서 자신의 인생을 스스로 선택하고 결정할 수 있다. 즉 아들러가 말하는 용기의 심리학은 어떤 트라우마를 소유했느냐가 아니라 그 트라우마를 어떻게 사용하느냐에 대해 말해준다.

소유의 심리학	사용의 심리학
프로이트	아들러
트라우마	자유의지
결정론	목적론

　　자유의지를 지나치게 강조하다 보면 자칫 이기적이라는 인상을 주기 쉽다. 하지만 놀랍게도 아들러는 인간관계의 지향점이 공동체 감각을 갖는 것에 있다고 말한다. 공동체 감각이란 사회적 관심social interest이라고 할 수 있는데, 자신의 관심에 집중하지 않고 사회적 관심으로 확대할 것을 주문한다. 자신의 관심에 집중하는 사람은 불행해질 수밖에

없다. 대표적인 자신의 관심으로 꼽은 것이 인정 욕구다. 주변 사람들의 인정을 받고 싶은 욕구, 남들이 자신을 어떻게 평가하는가에 집중할수록 자신의 관심에 매몰되기 쉽다. 얼핏 주변 사람들을 자신의 관심사 속에 끌어들이는 것 같아도 사실 나 외에는 관심이 없는, 지극히 자기중심적인 삶이다. 공동체 감각을 갖는 것은 타인을 친구로 간주하고 그들을 자신의 영역 안으로 받아들이는 것이다. 자기에 대한 집착을 버리고 이를 타인에 대한 관심으로 돌려 자기 수용과 타자 신뢰, 타자 공헌을 이루는 것이다.

> 자기 수용: 자기 자신을 있는 그대로 받아들이는 자세
> 타자 신뢰: 인간관계에서 타자를 그대로 믿는 자세
> 타자 공헌: 자신의 일을 통해 타자에게 이익이 되는 자세

아들러가 말하는 자기 수용은 자기 자신을 있는 그대로 받아들이는 자세다. 자기 수용은 자기 긍정과는 다르다. 자기를 수용한다는 것은 무조건 자신을 긍정한다는 의미가 아니기 때문이다. 자신을 무조건 긍정하겠다는 자세도 또 다른 집착에 불과하다. 두 번째 타자 신뢰는 인간관계에서 타자를 있는 그대로 믿는 자세를 말한다. 타자를 믿는다는 것은 그가 배신할지도 모른다는 것을 잊는 것이다. 온전히 타자를 믿을 때 비로소 믿음이 싹틀 수 있다. 마지막으로 타자 공헌은 자신의 일을 통해 타자에게 이익이 되는 자세를 말한다. 이는 자기희생과는 전혀 다르다. 남이 내게 무엇을 해주느냐가 아니라 내가 남을 위해 무엇을 해주느냐를 생각하는 것이다. 맹목적으로 자신의 것을 포기하고 나누어

345

주는 것이 아니라 타자를 믿고 그에게 도움이 되는 존재로 남는 것을 말한다.

아들러는 공동체에 단순히 인간만 포함시킨 것이 아니다. 공동체 안에는 동식물과 주변 환경도 들어간다. 아들러의 심리학에 환경문제가 들어갈 수 있는 여지가 확보된 셈이다. 아들러가 프로이트의 심리학에서 벗어나 진정 타자를 공동체를 이루는 동등한 동반자로 인식하고 이 관계를 주변 환경으로까지 확대시킨 점은 21세기 지구촌 환경문제에 시사하는 바가 크다. 결국 아들러가 말하는 공동체 감각은 우리가 살고 있는 지구와 관계를 맺는 것에서 얻어지는 느낌이다. 소속감은 태어나면서 주어지는 게 아니라 스스로 획득하는 것이다. 이 관계는 수평적 관계지 수직적 관계는 아니다. 결국 아들러는 인간관계를 수직적 관계에서 수평적 관계로 돌려놓아야 한다고 주장한 셈이다.

이안 보고스트의
『플레이 애니띵』

우린 "삶은 게임이다"라는 말을 많이 들어왔다. 그러나 저자는 서문에서 이 익숙한 명제부터 격파한다. "삶은 게임이 아니다." 게임이 되려면 제약이 있어야 한다. 뭔가 알 것 같지만 알쏭달쏭한 그의 말에 흥미를 느껴 『플레이 애니띵』을 집어 들었다. 비디오게임 디자이너이자 미디어 철학자라는 독특한 이력을 가진 이안 보고스트^{Ian Bogost}는 책에서 필요한 것보다 더 많은 것을 가진 풍요의 시대에 살면서도 더 불행한 삶을 살아가는 이들에게 놀이의 회복력에 대한 21세기 문화 전반의 이야기를 들려준다. 우선 놀이를 주제로 철학을 전개한 것은 보고스트가 처음이 아니다. 일찍이 칸트 이후 서구에서 근대 학문의 하나로 미학^{美學}이 탄생하면서 놀이에 대한 관심은 철학의 한 분과로 격상되었다. 놀이가 단순히 비석 치기나 술래잡기처럼 아이들이나 하는 잉여적 행위가 아니라 동물과 구별되는 인간만의 고유한 특성이라는 것이다. 프리드리히 실러는 인간성의 상실을 극복하기 위해 놀이가 필요하다고 주장하며 인간을 '놀이하는 인간'으로 규정했다. 실러는 인간의

'놀이충동'을 잘 발현시킬 수 있는 교육이 절실하다고 말했다. 이후 네덜란드의 문화사가 하위징아Johan Huizinga는 『호모 루덴스Homo Ludens』에서 놀이야말로 태초부터 인간의 문화 속에 함께 있어 왔고, 놀이가 문화의 한 요소가 아니라 문화 자체가 놀이라고 말했다. 인간이 동물과 가장 다른 점은 호모 루덴스, 즉 놀이에 있다는 것. 그는 인간의 문화뿐 아니라 제도와 법률, 심지어 전쟁마저 놀이의 형태를 띠고 있다고 주장했다. 이후 프랑스의 문화사회학자 로제 카이와는 『놀이와 인간Les Jeux et les Hommes』에서 인간을 놀이꾼joueur으로 규정하고 놀이를 아곤, 알레아, 미미크리, 일링크스로 범주화했다. 이를 도표화하면 아래와 같다.

아곤	알레아	미미크리	일링크스
경쟁, 대결 의지↑ 규칙↑ 경주, 격투기, 축구, 체스	운, 우연 의지↓ 규칙↑ 룰렛, 내기, 제비뽑기, 복권	흉내, 모방 의지↑ 규칙↓ 인형 놀이, 장난감, 연극, 공연	현기증, 공포 의지↓ 규칙↓ 회전목마, 그네, 춤, 곡예, 스키, 등산

아곤Agon은 경쟁을 기반으로 한 놀이를 말하는데, 주로 상대와 겨루어 이기는 권투, 레슬링, 축구, 체스 등의 매치match가 여기에 해당한다. 양자에게 모두 공평한 규칙(룰)이 적용되는 게 매우 중요하며 전략과 기술을 동원하여 상대를 이기면 게임을 끝난다. 결국 아곤은 공정한 규칙에 입각한 경쟁이기 때문에 순수하게 경쟁을 통해 상대를 이기고 자신의 실력을 입증하는 게 목적이다. 반면 알레아Alea는 우연을 기반으로 한 놀이를 말하는데, 참가자의 의지보다 게임의 승패를 순전히 운에 맡기는 주사위 놀이나 포커, 마작, 도박, 룰렛, 슬롯머신 등이 여기에 해당

한다. 아곤과는 정반대로 확률과 통계가 작동하는 게임으로 참가자가 승패에 영향력을 행사할 수 없기 때문에 예상 밖의 결과와 짜릿한 재미를 선사한다. 반면 미미크리Mimicry는 모방이나 흉내를 통해 형성된 놀이를 가리키며, 소꿉놀이, 역할 놀이, 장난감 놀이, 연극, 공연 등이 여기에 해당한다. 앞선 두 가지 놀이에 비해 규칙성은 미미하며 간단한 역할(롤)이 주어지면 보통 그 안에서 참가자의 자유로운 행동이 가능하다. 마지막으로 일링크스Ilinx는 현기증이나 공포를 기반으로 한 놀이로 서커스나 롤러코스터, 스키와 같은 일시적 무아지경을 일으키는 종목들이 포함된다. 번지점프처럼 자신의 한계를 경험하면서 일종의 경련과 흥분, 실신의 근사치에 도달하는 놀이는 카타르시스라는 색다른 재미를 준다.

저자 보고스트는 이러한 철학과 인류학, 미학, 그리고 사회학의 토대 위에서 21세기 놀이의 새로운 패러다임을 기술한다. 그는 자신의 네 살배기 딸이 지루한 쇼핑몰에서의 일상을 즐거운 놀이로 승화시킨 것을 보고 하위징아의 '매직 서클magic circle'을 떠올렸다고 말한다. 매직 서클은 마법이나 놀이가 통하는 공간으로 그 안에서는 일상에서 통용되지 않는 새로운 놀이의 규칙이 적용된다. 지루함과 권태가 밀려드는 일상에 위협을 느끼는 사람은 즉흥적으로 매직 서클을 그려 일상을 놀이터로 만들 수 있다. 보고스트는 인간의 모든 행위와 활동, 인간관계, 심지어 직장과 이해관계마저 놀이로 취급하는 것이 인생을 즐기는 열쇠라는 가설을 제시한다. 로베르토 베니니 감독의 영화 「인생은 아름다워」를 보면 제2차 세계대전이라는 엄혹한 현실을 배경으로, 그것도 언제 가스실로 끌려가 죽을지 모르는 집단수용소에 갇혀 있으면서도 어

349

린 아들에게 이 모든 것이 게임이라고 말하는 아빠 귀도가 주인공으로 등장한다. 전쟁의 참상에 매몰되어 아들이 동심을 잃지나 않을까 걱정이 앞섰던 귀도는 독일군을 이기면 상으로 멋진 탱크를 받는다고, 이 사실을 아무에게도 누설하지 말고 게임에서 착실하게 점수를 따는 팀이 이긴다는 규칙을 만들어 낸다. 귀도는 죽음의 그림자가 드리운 아우슈비츠마저 매직 서클로 만들어 버린 셈이다.

놀이의 위대함을 말한 이안 보고스트(출처: google.com)

저자는 놀이play와 재미fun에 대해 일반인들이 갖고 있는 직관적인 가정에 도전한다. 우리는 그 어느 때보다도 풍요로운 시대에 살고 있으면서도 늘 인생이 재미없고 지루하다고 느낀다. 그래서 그 지루함을 잊기 위해 놀이에 빠진다고 생각한다. 하지만 저자에 의하면, 이는 거대한 착각이다. 현대인들이 이런 착각에 빠지는 주된 이유는 자유를 자꾸 한계와 제약을 벗어난 상태로 보기 때문이다. 보고스트는 말한다. "우리는 자유를 한계의 사실을 벗는 도피로 바라보는 대신에 내재된, 혹 발명된 제한들의 의미를 탐사할 기회로 해석해야 한다."¹²⁹ 게임이 재미있는 이유는 도리어 그 안에 여러 제약이 존재하기 때문이다. 축구를 한번 생각해 보자. 세상에서 제일 간단하게 축구 규칙을 설명하자면, '11명이 한 팀을 이루어 공을 차거나 굴려서 서로의 골대 안으로 차 넣는 게임'이라고 할 수 있다. 맨 처음 그라운드에 발을 디딜 수 있는 인원은 한 팀에 반드시 11명이어야 한다, 손이나 팔은 절대 사용해선 안 된다, 꼭 발과 머리, 몸통만을 이용해야 한다, 공이 라인을 넘어가면 아웃이다, 측면 라인을 넘어가면 반드시 발이 아닌 손으로 공을 던져 넣어야 한다, 공격자보다 앞서 있는 수비자에게 공을 패스하면 오프사이드가 된다 등등. 축구가 재미있는 이유는 바로 게임 내에 이러한 제약들이 존재하기 때문이다. "게임은 재미있기 때문이 아니라 제약이 있기 때문에 끌리는 것이다."

저자는 책에서 세상의 모든 것을 이런 식으로 바라보자고 제안한다. "우리가 모든 것을 축구와 테트리스 게임을 대하듯 대한다면, 그것들이 편리하기 때문에, 혹 그러기를 우리가 바라기 때문에, 혹 그렇지 않을까 봐 우리가 두려워하기 때문이 아니라 그 자체로 가치 있고 미덕인 것으로 대한다면 어떨까?"¹³⁰

일상의 재미는 여기서 발생한다. 놀이의 중요한 요소는 그것이 즐겁고 구조적이지 않다는 것이 아니라 종종 인위적으로 부과된 제약들의 도전에 대한 위험과 좌절감을 수반하기 때문이다. 규칙은 경험의 즐거움을 제한하는 게 아니라 흥미롭고 창의적인 경험을 위한 놀이터를 제공한다. 2021년을 뜨겁게 달군 넷플릭스 드라마 「오징어 게임」도 이와 같다. 오징어 게임의 핵심은 이러한 제약을 준수하면서도 상대를 이기는 데에 있다. 룰을 지킨 상대의 승리는 마땅히 존중받을 가치가 있다.

"게임이 던져 주는 궁극적인 교훈은 만족감과 보상에 대한 것도, 매체와 기술에 대한 것도, 예술과 디자인에 대한 것도 아니다. 그것은 겸손과 집중력, 그리고 관심에 대한 교훈이다. 놀이는 겸손함을 배양한다. 그것이 우리로 하여금 사물들을 우리가 원하는 방식이 아닌 있는 그대로 대하도록 요구하기 때문이다. 우리가 그냥 놔둔다면, 놀이는 만족에 대한 비결이 될 수 있다. 그것이 행복이나 즐거움을 제공하기 때문이 아니라 (분명 그럴 수 있지만), 우리가 사물과 사람, 그리고 우리 주변의 환경에 대해 보다 큰 존경심을 추구하도록 돕기 때문이다."[131]

모든 것을 다할 수 있지만 게임에서는 제한이 존재한다. 이것이 아이러니다. 2020년 픽사의 애니메이션 「소울」에도 등장했던 월러스Wallace의 물고기의 비유는 이러한 게임의 아이러니를 잘 보여 준다. 어느 날 어린 물고기 한 마리가 나이 든 물고기에게 물었다. "전 바다라는 걸 찾고 있어요. 혹시 바다가 어디에 있는지 알려 줄래요?" 나이 든 물고기는 반문한다. "바다라고? 네가 지금 있는 이곳이 바다란다." 어린 물고기는 깜짝 놀라 되묻는다. "여기가 바다라구요? 여기는 물이겠죠. 제가 원하는 건 그냥 물이 아니라 바다라구요, 바다!"

보고스트는 월러스의 비유에 등장하는 어린 물고기가 자신이 사는 곳이 바다라는 사실을 몰랐던 것을 아이러니라고 말한다. "아이러니는 현실에 거리를 둔다. 아이러니는 우리 자신의 욕구를 가지고 외부 세계의 양립불가능성과 싸우는 데 우리의 주된 방법이 되어왔다."[132] 아이러니는 우리 시대의 위대한 타격이다. 아이러니는 그리스어로 이로노이아ironoia라고 한다.ˣ 파라노이아가 사람에 대한 두려움이라면 이로노이아는 사물에 대한 두려움이다.

버터필드는 보고스트의 책에서 놀이의 가치를 어떻게 느꼈을까? 그가 평소 재미로 만들어본 어플 하나가 훗날 시총 30조가 넘는 하나의 기업으로 탈바꿈했다. 어쩌면 이것이야말로 아이러니가 아닐까?

---

x 아이러니의 어원인 에이로네이아(eironeia)는 그리스 희극에 나오는 등장인물 에이론(eiron)에서 나왔다.

케리 패터슨(외)의
『결정적 순간의 대화』

언어철학자 폴 그라이스Herbert Paul Grice는 일찍이 대화의 격률conversational maxims을 제시하며 이상적인 대화가 네 가지의 격률에 의해 이뤄진다고 주장했다. 그가 말한 대화의 격률에는 양의 격률과 질의 격률, 관계의 격률, 방식의 격률이 있는데, 이 네 가지 격률을 지킬 때 비로소 온전한 대화가 가능하다고 말했다. 양의 격률은 대화를 할 때 상대에게 필요한 정보를 충분하게 제공해야 한다는 것이고, 질의 격률은 소문이나 거짓이 아닌 진실한 정보만 제공해야 한다는 것이며, 관계의 격률은 상대방에게 의미 있고 관계가 있는 정보를 제공해야 한다는 것이며, 방식의 격률은 정보를 말할 때 모호하거나 애매하게 전달하지 말고 명료하고 간결하게 제시해야 한다는 것이다. 이를 사분면으로 정의하면 다음과 같다. 대화의 사분면에서 나에게 강점인 것과 약점인 것을 표시해 보자.

354

양(quantity)	질(quality)
충분한 양의 정보를 주되 지나치지 않게	진실한 정보를 주되 정직하게
관계(relevance)	방식(manner)
주제와 관련된 정보만을 정확하게	모호한 표현을 피하고 단순하게

　사실 우리 일상은 모두 대화로 이루어져 있다. 첩첩산중에 초가삼간을 짓고 자연인으로 고독하게 살아가는 사람이 아니라면 끊임없는 대화와 의사소통이 일상의 대부분을 차지한다. 오늘날 파편화된 디지털 세계에서도 대화의 기술은 절대적으로 필요하며, 형해화된 인간관계 속에서도 대화의 원칙은 반드시 지켜져야 한다. 슬랙을 창업한 버터필드는 누구보다 대화의 중요성을 알고 있을 것이다. 대화의 매체만 달라졌을 뿐 대화의 원칙과 커뮤니케이션 속도는 오히려 더 중요해졌기 때문이다. 대화의 포자는 관계망을 타고 빠르게 퍼진다. 오늘날 철 지난 정보는 유통기한을 넘긴 신선식품과 같다. 오늘날 대화의 사분면에서 속도velocity가 추가되어야 하는 이유가 여기에 있다. 말의 씨앗이 자라 대화를 구성하고 오가는 대화 중에서 간취된 핵심 메시지는 한 개인과 기업을 살리는 격률이 된다. 이를 우리는 '결정적 순간의 대화crucial conversation'라고 이름 붙일 수 있겠다. 버터필드가 여러 책들을 제쳐두고 케리 패터슨의 『결정적 순간의 대화』를 자신 있게 추천하는 이유가 바로 여기에 있다.

　저자 케리 패터슨Kerry Patterson은 조직 내 소통과 기업 경영의 효율성을 높이는 대화 방식을 연구했다. 그는 스탠퍼드대학교에서 박사학위

355

를 취득했고 이후 브리검영대학교에서 학생들을 가르쳤다. 2004년에는 조직행동 분야에서 가장 탁월한 기여를 한 인물에게 수여하는 다이어상을 받았으며 바이탈스마트VitalSmart를 조직하여 대인관계 기술, 조직문화, 팀워크 등과 관련한 훈련 프로그램을 개발 및 운영해 왔다. 2002년 첫 출간된 『결정적 순간의 대화』는 2백만 권 이상이 팔렸으며 전 세계 28개 언어로 번역 소개되었다. 공저자로 이름을 올린 세 명은 바이탈스마트를 창업한 동료들이다. 조셉 그레니Joseph Grenny는 세계 최고의 조직 내 커뮤니케이션 전문가로 현재 바이탈스마트의 회장이다. 30년 동안 「포춘」지 선정 500대 기업의 커뮤니케이션 컨설팅을 해왔다. 그뿐만 아니라 후진국의 경제적 자립을 돕는 비영리단체 유니투스를 설립해 활발한 사회환원 사업도 벌이고 있다. 론 맥밀런Ron McMillan은 코비 리더십센터의 공동 설립자로 현재는 연구개발부 부사장으로 재직하고 있다. 사회학과 조직행동학 분야의 전문가로 지난 25년 동안 HP, GM, P&G, 디즈니 등에서 일선 관리자부터 최고 경영자에 이르기까지 다양한 직급의 사람들을 대상으로 교육 프로그램을 운영해 왔다.

베스트셀러 『성공하는 사람들의 7가지 습관』으로 유명한 스티븐 코비 박사가 추천한 『결정적 순간의 대화』는 어떤 내용들이 담겨 있을까? 우리는 흔히 대화가 안 되는 상대방에게 "너랑은 말이 안 통해"라고 쏘아붙인다. 소통의 단절은 관계가 긴밀하고 중요할수록 우리에게 더 크게 다가온다. 먼저 저자들은 일상에서 우리가 마주하는 결정적 순간의 대화는 다음과 같은 것들이 있다고 말한다. 사귀던 사람에게 헤어지자고 말하는 것, 공격적으로 행동하는 직장 동료와 대화하는 것, 친구에게 오래전에 빌려 간 돈을 갚으라고 말하는 것, 반항적인 십 대에게 충고하는 것, 부부간의 성관계에 대해 배우자와 의논하는 것, 좋지 않은 수행평가에 대해서 말하는 것, 시부모에게 간섭을 줄여 달라고 말하는 것, 함께 일하는 동료에게 그의 몸과 발에서 고약한 냄새가 난다고 말하는 것 등이다.

『결정적 순간의 대화』를 쓴 케리 패터슨(출처: google.com)

결정적 순간의 대화들을 주욱 읽다 보니 최근 매스컴에 종종 등장하는 데이트폭력 사건들이 떠오른다. 방어와 회피가 원만한 대화를 가로막지 않았을까? 저자들은 이렇게 말한다. "주목할 만한 사실은 우발적인 범죄의 가해자와 피해자 사이에는 범죄가 일어나기 전에 한동안 대화가 없었다는 공통점이 있다는 것이다. 친구, 연인 혹은 이웃 사이였던 이들 가해자와 피해자는 번듯한 직업이 있고, 세금도 꼬박꼬박 내고, 서로의 생일에 선물도 주고받던 그런 사람들이었다. 그러다가 어떤 문제가 발생하면서 오해와 불신의 골이 깊어졌고, 속으로 분을 삭이다가 결국 그것을 이기지 못하고 피해자를 공격했던 것이다."[133]

결정적 순간의 대화는 대부분 까다롭고 중대한 문제를 다루고 있다. 어쩌면 개인의 인생에서 중요한 변곡점으로 작용할 순간일지 모른다. 이때 우리는 상대에게 상처를 주지 않기 위해, 동시에 나 자신도 상처를 받지 않기 위해 대화를 회피하거나 에둘러 말하곤 한다. 이렇게 회피된 대화의 여파는 생각보다 크고 오래간다. 시간이 흐르며 대화는 줄고 오해는 쌓인다. 결정적 순간의 대화가 이뤄지는 것은 결단의 문제지 호불호의 문제가 아니다. 인간적 유대가 강하고 끈끈한 동료애로 뭉친 조직이나 기업들을 들여다보면, 이들 모두가 수다쟁이가 되는 마법에라도 걸린 것처럼 서로 활발하게 대화를 이어 나간다는 사실을 발견하게 된다. 저자들은 이런 대화를 '열린 대화'로 규정한다. 열린 대화가 구성원들 사이에 하나의 문화로 자리 잡고 있기 때문에 아무리 감정적이고 민감하고 까다로운 주제일지라도 구성원들은 대화를 통해 쉽게 합의점이나 해결책에 도달한다. 저자들은 이렇게 말한다. "이에 우리는 자신 있게 말할 수 있다. '결정적 순간의 대화'를 어떻게 하면 잘 이끌어 나갈 수 있을지에 대해 배우면 당신의 커리어, 다른 사람들과의 관계, 심지어 건강까지도 모두 좋아질 것이다. 당신뿐 아니라 주변의 모든 사람들이 그렇게 될 때, 당신의 조직은 물론 이 사회가 지금보다 한결 생기 넘치는 곳이 될 것이다."[134]

저자들은 책에서 성공적인 대화의 기본 전제로 대화에 참여한 이들 모두 서로의 의견이 공개적으로 공유되어야 한다고 말한다. 이를 '의견 공유 대화'라고 부른다. 성공적인 대화는 필요한 정보가 숨김없이 모두 공개될 때 일어난다. 정보가 모두 공개되면 참여자들은 자신의 의견과 감정, 자신의 논리를 더욱 솔직하게 드러낼 수 있다. 나아가 결정적 순간의 대화를 통해 이루고자 하는 본질적인 목표를 위해서는 대화에 참여하는 사람들 모두의 사고방식이 공유되어야 한다. "위험스럽고 논쟁의 수위가 높고 감정적인 대화를 잘 이끌어 나가는 사람들은 그 대화와 관련된 모든 정보—다른 사람들이 가지고 있는 것이든 자신이 가지고 있는 것이든—를 공개적으로 끄집어낸다. 이것이 핵심이다."[135]

대화에서 가장 피해야 할 것은 의견 공유가 자칫 감정적으로 흐르는 것이다. 감정이 격해지면 정보를 왜곡하기 쉽고 방어기제를 통해 수동적 대화를 이어가는 경향이 생긴다. 감정의 대화는 결국 두 극단으로 흐르는데, 아무런 말도 하지 않고 가만히 있거나 자신의 의견을 필요 이상으로 강력히 주장하는 것이다. 이는 말다툼이지 바람직한 의견 공유 대화라 할 수 없다.

저자들은 책에서 감정적 대화의 세 가지 문장을 제시한다. "그건 내 잘못이 아냐." "전부 너 때문이야." "그 길밖에 없어." 이 세 문장은 대화 가운데 반드시 피해야 할 말이다. 우리가 대화 중에 감정이 격해져서 이와 같은 변명을 자주 하는 이유는 대화를 망쳐 놓은 아쉬움을 달래거나 자신의 행동을 합리화하기 위해서다. "그건 내 잘못이 아니야"라는 말은 내가 피해자라고 호소하는 문장인 동시에 상대가 가해자라고 주장하는 문장이다. "전부 너 때문이야"라는 말은 상대방의 잘못을 노골적으로 지적하는 문장이다. 이것은 앞선 문장보다 더 나쁘다. "그 길밖에 없어"는 현 상황을 바꾸는 데 아무런 노력을 하지 않겠다는 선언이다. 결국 문제를 해결하기보다는 문제를 앞으로 계속 끌고 가겠다는 의지를 보이는 것이며 이를 통해 상대를 압박하는 것이다. 저자들은 이런 감정적 대화를 피하기 위해 다음과 같은 대화의 기술들을 제시한다.

'대화의 전체 상황을 파악하라.'

'일상적인 대화가 중대한 대화로 변하는 순간을 포착하라.'

'대화 참여자들이 불편한 심기를 갖지 않도록 하라.'

'대화 참여자들의 반응을 주의 깊게 살피라.'

'스트레스 상황하에서 보이는 자기 자신의 반응을 파악하라.'

'상대방이 무엇 때문에 두려움을 갖고 있는지 파악하라.'

'적절한 때를 골라 사과하라.'

'의도를 분명히 전달하여 오해를 없애라.'

'공통의 목적을 찾으라.' 등등.

대화를 이끌어 가는 다섯 가지 기법

1. 있는 그대로의 사실을 말하라.
2. 당신의 의도를 설명하라.
3. 상대방의 생각을 물어보라.
4. 지나치게 단정적인 어투를 사용하지 말라.
5. 반대 의견을 내도록 하라.

책을 읽다 보면 마치 로버트 풀검의 『내가 정말 알아야 할 모든 것은 유치원에서 배웠다』를 읽고 있는 착각이 들 정도다. 어린이로 돌아가 「뽀뽀뽀」를 시청하는 것 같은 느낌? 『결정적 순간의 대화』는 밋밋한 책이다. 이미 우리가 익히 알고 있는 것들이지만 실천하기 쉽지 않은 대화의 기술들, 나만 맞고 상대방은 언제나 틀리다는 독선으로 어그러졌던 그간의 모든 관계들, 논쟁에서 지는 것은 내 지위를 잃어버리는 것이라고 착각했던 말다툼들을 생각나게 하는 책이다. 하지만 매우 실

용적인 책이기도 하다. 괜히 추상적인 개념들과 고리타분한 이론들로 독자를 가르치려 드는 듯한 책은 아니다. 동시에 대화가 기업의 퍼포먼스에 매우 중요하다는 사실을 다시 한 번 상기시켜 주는 유익한 책이기도 하다. 일례로 저자들은 「포춘」지가 선정한 생산성이 높은 500개 기업을 조사해 보니 성과 관리 제도가 성과 향상에 별 영향을 미치지 않았다는 사실을 알아냈다. 심지어 이들 기업 가운데 절반 이상은 제대로 된 성과 관리 제도를 가지고 있지도 않았다. 성과가 높은 회사는 실적이 나쁜 직원을 해고하는 대신 상사와 그 문제에 대해 대화를 나누고 효과적인 해결책을 찾는 데 매진한다는 것이다. 아마 버터필드는 슬랙을 통해 이를 실천하고 있는지 모른다. 소통이 전부다!

맺음말

코로나-19라는 전례 없는 세계적인 팬데믹으로 근 2년간 우리는 직장인이 회사로 출근하지 않고 학생이 학교로 등교하지 않는 시대를 목도하고 있습니다. 처음에는 불편한 게 한두 가지가 아니었습니다. 비대면회의가 생활화되었고 공공시설 이용이 제한되었습니다. 회사에 확진자가 한 명이라도 발생하면 사옥이 일주일간 폐쇄되고 직원들은 졸지에 전면 비대면 재택근무를 해야 했습니다. 점심시간이면 자주 가던 회사 주변 단골 곱창집도 맘 편히 갈 수 없었고, 사람들이 조금이라도 붐비는 행사라면 아예 방문할 엄두조차 낼 수 없었습니다. 발길이 뚝 끊긴 시내 식당가는 유령이 어슬렁거리는 것처럼 을씨년스러웠고, 하루가 다르게 줄어드는 매출에 매달 월세 내기도 빠듯한 소상공인들의 곡소리가 골목마다 메아리치고 있는 것 같습니다.

하지만 모든 사회 환경적 재앙은 기존의 산업군에 대대적인 변혁과 재편을 가져옵니다. 14세기, 유럽 인구의 3분의 1을 앗아갔다는 흑사병은 길드를 중심으로 똘똘 뭉쳐 있던 장인 중심의 경제 구조를 일거에 무

362

너뜨렸고, 급격한 인구 감소로 인한 노동력의 부재는 점진적인 분업화와 기계화를 열망하는 기업가의 출현을 불러왔습니다. 이후 구텐베르크의 인쇄술과 영국의 산업혁명은 이러한 변화의 정점에서 일어난 매우 자연스러운 변혁의 결과일 뿐입니다. 코로나-19 역시 4차 산업 시대의 변혁과 맞물려 산업 전반에 새로운 지각변동을 일으키고 있습니다. 한쪽에서는 과거의 영광을 뒤로하고 산업 전반이 일거에 몰락하는 초유의 사태를 맞았지만, 다른 한쪽에서는 비대면 시장이 새로운 수익 모델을 찾으면서 한두 해 만에 수십조 원의 물류 시장으로 성장했습니다.

그러한 움직임 중에 하나가 바로 메타버스metaverse 산업입니다. 요즘 메타버스 관련 뉴스가 연일 매스컴을 뜨겁게 달구고 있습니다. 팬데믹이 장기화되면서 대면 환경에서 이루어졌던 각종 업무와 활동이 인공지능과 증강현실, 가상현실 및 디지털 트윈digital twins이 융복합된 메타버스 공간에서 가능해지고 있습니다. 게다가 MZ세대가 시장에 새로운 소비자 집단으로 등장하면서, 기존 오프라인 시장brick-and-mortar market의 산업 잠재력을 뛰어넘는 새로운 가상시장이 메타버스 플랫폼 위에 하나둘 세워지고 있습니다. 로블록스나 세컨드라이프 등 가상세계 플랫폼에서는 이미 건물을 올리고 비즈니스를 창업하여 어마어마한 매출을 올리고 있는 개인과 기업들이 속속 등장하고 있습니다. 이제 메타버스는 단순히 게임 세계의 아바타를 꾸미고 아이템을 구매하는 수준을 넘어 '다중세계'를 지향하고 궁극적으로 호모 데우스로 나아가는 사피엔스의 진화를 가능케 하는 것입니다.

이런 사회적 변화와 역동적인 혁신은 모두 고립된 개별적인 사건들이 아닙니다. 움직이는 모든 것은 인과관계로 묶여 있습니다. 저는 이런 관

363

계를 CEO들의 서재에서 발견했습니다. 덕분에 요즘 저는 메타버스와 장례 서비스를 묶은 메타버스 사업을 구상하고 있습니다. 또한 졸음운전과 음주운전으로부터 운전자를 보호하기 위한 인공지능 특허 기술을 확보하여 국내 시장과 해외 시장에 동시 출원을 준비하고 있습니다. 전작『부자의 역사』를 쓰면서 구상해 오던 사업들이 하나둘 본격적인 첫발을 뗄 수 있게 된 것은 아이러니하게도 전 지구적 팬데믹의 영향 때문이었습니다. 위기는 기회이기도 합니다. 늘 남들이 가지 않는 새로운 혁신의 길을 제시해왔던 세계적인 CEO들의 발자취는 현실에 매몰되지 않고 눈앞의 위기에 주눅 들지 않으며 역사를 관통하여 면면히 흐르는 인류 지성사의 고갱이를 간취해 낸 치열한 독서의 흔적들입니다. 이제 그 결과를 한 권의 책으로 묶어 냅니다. 여러 독자들도 기라성 같은 기업가들의 서재에 파묻혀 시간 가는 줄 모르고 독서삼매에 빠지는 희열을 느끼기를 바라는 것은 저만의 욕심은 아니겠지요?

364

미주

01 장정일, 『빌린 책, 산 책, 버린 책(마티)』, 37.

02 피터 틸, 『제로 투 원(한국경제신문)』, 이지연 역, 37.

03 틸, 48.

04 프랜시스 베이컨, 『새로운 아틀란티스(에코리브르)』, 김종갑 역, 15.

05 베이컨, 54-55.

06 베이컨, 87.

07 존 로크, 『성서를 통해 본 기독교의 이치(아카넷)』, 이태하 역, 193.

08 로크, 210.

09 로크, 7.

10 나심 탈레브 저, 『블랙 스완(동녘사이언스)』, 차익종 역, 27.

11 탈레브, 26.

12 탈레브, 34.

13 탈레브, 81.

14 닐 개블러, 『월트 디즈니(여름언덕)』, 김흥옥 역, 124.

15 개블러, 287.

16 개블러, 221-222.

17 개블러, 414.

18 개블러, 523-524.

19 개블러, 11.

20 개블러, 1177.

21 로버트 아이거, 『디즈니만이 하는 것(쌤앤파커스)』, 안진환 역, 163-164.

22 아이거, 220.

23 아이거, 308.

24 알렝 드 보통, 『여행의 기술(청미래)』, 정영목 역, 291.

25 드 보통, 128.

26 드 보통, 130.

27 김영하, 116-117.

28 드 보통, 307.

29 드 보통, 308.

30 애슐리 반스, 『일론 머스크, 미래의 설계자(김영사)』, 안기순 역, 226.

31 반스, 228.

32 버나드 칼슨, 『니콜라 테슬라 평전(반니)』, 박인용 역, 30.

33 칼슨, 88.

34 칼슨, 485.

35 칼슨, 486.

36 신도 마사아키, 『니콜라 테슬라: 과학적 상상력의 비밀(여름언덕)』, 김은진 역, 13.

37 닉 보스트롬, 『슈퍼인텔리전스: 경로, 위험, 전략(까치)』, 조성진 역, 11.

38 맥스 테그마크, 『라이프3.0(동아시아)』, 백우진 역, 45페이지 참고.

39 테그마크, 47.

40 테그마크, 170.

41 테그마크, 428.

42 이몬 버틀러, 『읽기 쉬운 국부론 요약(율곡출판사)』, 이성규 역, 29.)

43 버틀러, 83-84.

44 손무, 『손자병법(청아출판사)』, 이현서 평
    역, 214.

45 리드 호프먼 외, 『블리츠스케일링(쌤앤파
    커스)』, 이영래 역, 55.

46 호프먼, 74-75.

47 시바 료타로, 『료마가 간다(동서문화사)』,
    1권, 박재희 역, 33.

48 료타로, 8권, 299-300.

49 https://www.joongang.co.kr/article/
    6280057#home

50 https://www.joongang.co.kr/article/
    6191042#home를 참고

51 레이 크록, 『사업을 한다는 것(센시오)』,
    이영래 역, 71.

52 크록, 148-149.

53 크록, 149.

54 크록, 330.

55 크록, 345.

56 우치다 타츠루, 『사가판 유대문화론(아
    모르문디)』, 박인순 역, 71.

57 타츠루, 96.

58 후지다 덴, 『유태인의 상술(범우)』, 진웅
    기 역, 73-74.

59 덴, 34.

60 덴, 18.

61 최종훈, 『부자의 역사(피톤치드)』, 426-
    427.

62 토머스 쿤, 『과학혁명의 구조(까치)』, 김명
    자, 홍성욱 역, 172.

63 앞의 책, 152.

64 최종훈, 409.

65 유발 하라리, 『사피엔스(김영사)』, 조현
    욱 역, 53.

66 하라리, 125.

67 하라리, 588.

68 최종훈, 389-390.

69 최종훈, 376.

70 스즈키 순류, 『선심초심(해뜸)』, 김호성 역,
    13.

71 순류, 9.

72 순류, 64.

73 순류, 69.

74 순류, 65.

75 최종훈, 397-398.

76 순류, 31.

77 허먼 멜빌, 『모비 딕(작가정신)』, 김석희 역,
    246.

78 멜빌, 90.

79 멜빌, 160.

80 멜빌, 682.

81 클레이튼 크리스텐센, 『혁신기업의 딜레
    마(세종)』, 이진원 역, 132-133.

82 리처드 도킨스, 『이기적 유전자(을유출판
    사)』, 홍영남(외) 역, 72.

83 도킨스, 43.

84 도킨스, 180.

85 도킨스, 367.

86 재레드 다이아몬드, 『총, 균, 쇠(문학사
    상)』, 김진준 역, 680-681.

87 다이아몬드, 271.

88 다이아몬드, 282.

89 마이클 키벅, 『황인종의 탄생(현암사)』, 이
    효석 역, 99.

90 다이아몬드, 15.

91 빅터 프랭클, 『죽음의 수용소에서(청아출
    판사)』, 이시형 역, 90.

92 프랭클, 85.

93 최종훈, 426-427.

94 리처드 L. 브랜트, 『원클릭: 아마존 창립
    자 제프 베조스의 4가지 비밀(자음과모
    음)』, 안진환 역, 44.

95 최종훈, 387.

96 존 휴이, 『샘 월튼(북이십일)』, 김미옥 역,
    263.

97 휴이, 317-318.

98 휴이, 286-287.

99 휴이, 286.

100   전성원, 「샘 월튼, 유통혁명의 근원지이자 근로 빈곤의 양산자, 월마트」, 『인물과사상(인물과사상사)』, 101.

101 최종훈, 443.

102 프레더릭 브룩스, 『맨먼스 미신(케이앤피북스)』, 김성수 역, 35.

103 브룩스, 36-37.

104 브룩스, 38.

105 브룩스, 39.

106 이시구로, 149.

107 이시구로, 158.

108 이시구로, 148.

109 이시구로, 302.

110 이시구로, 271.

111 최종훈, 337.

112 최종훈, 335-336.

113 https://www.inc.com/justin-bariso/bill-gates-follows-4-rules-to-get-most-from-reading-books.html

114 한스 로슬링(외), 『팩트풀니스(김영사)』, 이창신 역, 46.

115 로슬링, 133.

116 에이모 토울스, 『모스크바의 신사(현대문학)』, 서창렬 역, 198.

117 토울스, 268.

118 토울스, 481.

119 에인 랜드, 『아틀라스 3』, 민승남 역, 850.

120 론 처노, 『알렉산더 해밀턴(21세기북스)』, 서종민, 김지연 역, 44.

121 처노, 17.

122 처노, 1283-1284.

123 처노, 1293.

124 오슨 스콧 카드, 『엔더의 게임(루비박스)』, 백석윤 역, 72.

125 카드, 448-449.

126 카드, 450.

127 미주, 카드, 483-484.

128 기시미 이치로(외), 『미움받을 용기(인플루엔셜)』, 전경아 역, 186.

129 Ian Bogost, 『Play Anything(Basic Books)』, xi.

130 Bogost, x.

131 Bogost, xii.

132 미주, Bogost, 10.

133 케리 패터슨(외), 『결정적 순간의 대화(김영사)』, 김경섭(외) 역, 35.

134 패터슨, 27-28.

135 패터슨, 45.

서재에서 탄생한
위대한 CEO들

1판 1쇄 | 2022년 8월 10일

지은이 | 최종훈
펴낸이 | 박상란
펴낸곳 | 피톤치드

디자인 | 김다은 교정 | 양지애
경영·마케팅 | 박병기
출판등록 | 제 387-2013-000029호
등록번호 | 130-92-85998
주소 | 경기도 부천시 길주로 262 이안더클래식 133호
전화 | 070-7362-3488
팩스 | 0303-3449-0319
이메일 | phytonbook@naver.com

ISBN | 979-11-92549-04-0(03320)

• 가격은 뒤표지에 있습니다.
• 잘못된 책은 구입하신 서점에서 바꾸어 드립니다.